DROEMER

Albert Kitzler

Vom Glück des Wanderns

Eine philosophische
Wegbegleitung

Besuchen Sie uns im Internet:
www.droemer.de

Aus Verantwortung für die Umwelt hat sich die Verlagsgruppe
Droemer Knaur zu einer nachhaltigen Buchproduktion verpflichtet.
Der bewusste Umgang mit unseren Ressourcen, der Schutz unseres Klimas und
der Natur gehören zu unseren obersten Unternehmenszielen.
Gemeinsam mit unseren Partnern und Lieferanten setzen wir uns für eine
klimaneutrale Buchproduktion ein, die den Erwerb von Klimazertifikaten zur
Kompensation des CO_2-Ausstoßes einschließt.
Weitere Informationen finden Sie unter: www.klimaneutralerverlag.de

Eigenlizenz April **2021**
Droemer Taschenbuch
© 2019 Droemer Verlag
Ein Imprint der Verlagsgruppe
Droemer Knaur GmbH & Co. KG, München
Alle Rechte vorbehalten. Das Werk darf – auch teilweise – nur mit
Genehmigung des Verlags wiedergegeben werden.
Redaktion: Dr. Thomas Tilcher
Covergestaltung: Isabella Materne
Coverabbildung: Shutterstock.com/DenisKrivoy
Satz: Adobe InDesign im Verlag
Druck und Bindung: CPI books GmbH, Leck
ISBN 978-3-426-30176-0

Wandern in Muße ist Nicht-Handeln.
Wunschlosigkeit ist leicht zu ernähren,
Bedürfnislosigkeit braucht keinen Aufwand.
Die alten Weisen nannten das:
Wanderschaft, bei der man die Wahrheit pflückt.
Zhuangzi

Zu spät trat er in mein Leben,
zu früh ging er wieder hinaus.
In memoriam
Mike Patterson

Meinen lieben Brüdern
Günter und Gerhard

Inhalt

Vorwort

Seit 40 Jahren bin ich begeisterter Wanderer und überzeugt davon, dass ich dem Wandern einen Großteil meiner Lebensphilosophie zu verdanken habe. »Meine« Lebensphilosophie, das ist im Wesentlichen die praktische Philosophie und Weisheitslehre der großen Denker der westlichen und fernöstlichen Antike, die ich mit meinen eigenen Lebenserfahrungen verschmolzen habe. Damals ist alles Wesentliche, das wir wissen sollten, um ein gutes Leben zu führen, in einer Breite, Tiefe und Klarheit gedacht und ausgesprochen worden, wie sie später nicht mehr erreicht wurde. Dieses Wissen und seine Bedeutung für unsere Zeit und unser Leben, verbunden mit meinen persönlichen Erfahrungen, war zentraler Bestandteil meiner bisherigen Bücher. Das soll auch in diesem Buch so sein, aber aus der Erfahrung des Wanderns heraus – einer Freizeitbeschäftigung, die viele Menschen beglückt und erfreut.

Es sollen die vielfältigen Bezüge aufgezeigt werden, die zwischen dem Wandern und der praktischen Philosophie bestehen. Im Wandern in der freien Natur finden wir alle Elemente wieder, die ein gelingendes Leben charakterisieren. Vielleicht ist gerade das der Grund, warum viele Menschen gerne wandern. Diesen gemeinsamen Elementen soll hier nachgegangen werden, soweit sie unsere alltägliche Lebensbewältigung, unsere Freude am Leben sowie den Umgang mit seinen Herausforderungen und Schwierigkeiten betreffen. So wird das Buch zu einer Meditation über das Wandern und das Leben. Es soll uns die Geheimnisse und stille Kraft des Wanderns in der Natur im Hinblick auf unsere Lebensführung und unser Lebensgefühl erschließen. Wir erfahren und verstehen, was wir schon immer gefühlt und mehr oder weniger gewusst haben: Beim Wandern geschieht mehr, als dass wir uns an der frischen Luft bewegen, unsere Muskeln kräftigen und die Natur genießen. Darüber hinaus erschließt sich uns auch Wesentliches über unser Leben im Ganzen. Vielleicht gibt es gerade deshalb keine andere Freizeitbeschäftigung, die derart heilsam und wohltuend für Körper und Seele ist wie das Wandern.

Das Buch ist eine Hommage und meine persönliche Liebeserklärung an das Wandern, die Natur und das Leben. Mit ihm möchte ich meine tiefe Dankbarkeit für die vielen beglückenden Stunden und Erlebnisse zum Ausdruck bringen, die ich beim Wandern erfahren durfte und hoffentlich noch viele Jahre erfahren darf.

Einführung

Das Denken ist für die Menschen
der Spaziergang der Seele.[1]

Wandern und Denken haben etwas Meditatives. Beides sind Formen des Unterwegs-Seins, Ausdruck und Abbild unseres Lebens, der Wegstrecke zwischen Geburt und Tod. Jeder Schritt auf diesem Weg eröffnet eine neue Perspektive; mit jedem Schritt verlassen wir einen Ort und betreten einen neuen, schreiten fort ins Unbekannte. Schritt für Schritt atmen wir die »göttliche Kraft« der Natur, des Werdens, des Seins ein, wie Ricarda Huch es formulierte.[2] Auch wenn wir dieselben bleiben, verändert uns das ständige Fortschreiten, mag die Veränderung auch noch so unscheinbar sein. Das Leben ist ein tägliches Sterben, meinte Seneca.[3] Irgendetwas fällt von uns ab, verlässt uns, vergeht; Neues entsteht, tritt an seine Stelle, nimmt unsere Aufmerksamkeit ein. Das Wandern wie das Leben stehen für Wandel und Vergänglichkeit, für Entstehen, Wachsen, Blühen und Vergehen. »Das Vergehen also und Werden wählt derjenige, der dieses Leben wählt«, sagt Platon.[4] Schon hier haben Wandern und Denken einen ersten philosophischen Berührungspunkt.

Die wenigsten werden beim Wandern an Philosophie denken. Aber die Philosophie, die den Gegenstand des vorliegenden Buches bildet, ist nicht die akademische Philosophie, die man studiert haben muss, um sie zu verstehen. Das Wort Philosophie bedeutet wörtlich übersetzt »Liebe zur Weisheit«. Mit Weisheit aber verbinden wir – wie dies schon die Menschen im Altertum getan haben, als der Begriff entstand – vor allem praktisches Wissen, das das menschliche Leben zum Gegenstand hat. Und nicht nur das Wissen ist gemeint, vielleicht nicht einmal in erster Linie, sondern unsere tatsächliche Lebenspraxis. Weise nennen wir nicht jemanden, der viel weiß, sondern der zu leben versteht, der es versteht, mit sich selbst und den anderen umzugehen und die vielfältigen Herausforderungen des Lebens im beruflichen wie im privaten Bereich meistert, auch und gerade dann, wenn es schwierig und leidvoll wird. Weisheit ist Wissen und Können, das heißt die Umsetzung des Wissens im täglichen Leben. Als das Wort »weise« im Abendland zum ersten Mal gebraucht wurde, bei dem griechischen Dichter Homer, bedeutete es »sich auf etwas verstehen«. Homer verwendete es auch, um die Kunst des Schiffsbaumeisters, des Zimmerers, des Bildhauers zu bezeichnen. Daher ist es nicht nötig, viele Bücher zu lesen, um weise zu sein. Lebensweisheit können wir überall erwerben, wenn wir das menschliche Leben in all seinen Aspekten nur aufmerksam beobachten und es verstehen lernen. Myson, den Platon zu den sogenannten Sieben Weisen zählte, war einfacher Landwirt und konnte wahrscheinlich weder lesen noch schreiben.

Ich selbst bin auf den Weg zu einer weisen Lebensführung unter anderem durch einen Landwirt gelangt, meinen Onkel, der in einem kleinen Weiler im Hunsrück lebte. Er ruhte in sich, lachte herzlich und viel, war bescheiden und selbstgenügsam, zugewandt und verständnisvoll für jedermann. Das alles hatte er weder in der Schule noch aus Büchern gelernt. Er hatte es der Natur, in und mit der er tagtäglich arbeitete, abgeschaut und sich mit dem neugierigen Blick in die eigene und die Seele seiner Mitmenschen erschlossen. Später sind mir noch andere Menschen begegnet, die ihre tiefe Lebensweisheit nicht dem Lesen von Büchern verdankten, sondern der aufmerksamen Beobachtung natürlicher Gesetzmäßigkeiten und des menschlichen Miteinanders.

Weisheit hat damit zu tun, wie wir uns zu uns selbst, zur Welt, zu unseren Mitmenschen und zur Natur verhalten, die uns im Innern prägt und im Äußeren umgibt, die vielfältig und ständig auf uns einwirkt. Sie ist unsere Lebensquelle, zu der es uns immer wieder hinzieht, als spürten wir, dass wir dort unserem Ursprung nahekommen. Dieser Ursprung ist unser Leben selbst, seine Individualität ebenso wie seine allgemeinen Grundgegebenheiten, seine Wahrheit und Weisheit. Diesem Ursprung kommen wir nahe und erleben ihn, wenn wir wandern. Das verbindet das Wandern mit Weisheit, mit der Philosophie unseres Lebens.

Die Philosophie unseres Lebens – jeder hat eine solche – erschöpft sich nicht in unserer Weltanschauung, sondern betrifft im gleichen Maße die Entwicklung, Pflege und Formung unserer Persönlichkeit und unseres Charakters. Das stand im Zentrum der antiken praktischen Philosophie in West und Ost. Dort stoßen wir auf die einhellige Überzeugung, dass Glück und Unglück in der eigenen Seele liegen und dass die Kunst des guten Lebens in dem Verhältnis begründet liegt, das wir zu uns selbst haben. Dieses Verhältnis zu uns selbst bestimmt auch maßgeblich, wie wir uns zu unseren Mitmenschen und zur Welt verhalten. Wenn wir gut mit uns, den anderen und der Welt auskommen, fühlen wir uns wohl und führen ein gutes Leben.

Das Ziel der Pflege und Entwicklung der eigenen Persönlichkeit, das gelingende Leben, bestimmten viele der alten Denker dahingehend, dass wir »naturgemäß« leben sollen. Darunter verstanden sie zunächst, dass wir die Natur, die uns umgibt, die auf uns wirkt und in uns atmet, respektieren sollen; dass wir sie in uns spüren, sie aufnehmen und uns nach ihr richten sollen; dass wir mit unserer Denk- und Lebensweise nicht in Widerspruch treten zu den Kräften und Rhythmen, die in der äußeren Natur herrschen. Wo wir die Natur schädigen, schädigen wir uns selbst. Wo wir uns ihrem Rhythmus nicht anpassen, geraten wir alsbald in Schwierigkeiten. Wenn wir erschöpft sind, brauchen wir eine Pause. Wenn wir müde sind, sollten wir schlafen; im Frühling sind wir aktiver, im Winter bedächtiger. Für alles gibt es Ausnahmen und Phasen, in denen es sich kurzfristig auch anders verhalten kann. Aber auch das entspricht der Natur, denken wir nur an Phasen, in denen das Wetter nicht der Jahreszeit entspricht.

Mit »Natur« meinten die Weisen der Antike neben der genannten äußeren Natur auch die persönliche innere Natur eines jeden Menschen mit seinen spezifischen Begabungen, Anlagen, Abneigungen und Eigenschaften. Werden wir diesen Eigenschaften nicht gerecht, entfremden wir uns von uns selbst, »unserer Natur«, und beginnen, unter dem Leben zu leiden. Haben wir den falschen Beruf, den falschen Partner oder leben wir starke Bedürfnisse nicht aus, dann fühlen wir uns nicht wohl in unserer Haut. In der Aufforderung, »naturgemäß zu leben«, zielte das antike Denken darauf ab, solche Entfremdungserscheinungen zu vermeiden. »Werde, der du bist«, sagte der griechische Dichter Pindar.[5]

Es sind diese beiden Aspekte der Natur, die äußere und innere, die vielfältig ineinanderwirken und sich gegenseitig durchdringen und bedingen. Sie verbinden das Nachdenken über unser Leben mit dem Wandern in der freien Natur. Auch wenn es uns nicht bewusst wird, ist diese wesensmäßige Verbundenheit des menschlichen Lebens mit der Natur eine Tatsache, die wir tief in uns spüren und die uns immer wieder antreibt, die Natur aufzusuchen.

Wenn in diesem Buch von Wanderungen die Rede ist, sind vor allem Wanderungen oder längere Spaziergänge durch Naturlandschaften, am Meer oder in den Bergen, Pilgerwanderungen oder mehrtägige Trekkingtouren gemeint. Das Verbindende dieser Formen des Wanderns ist der unmittelbare Naturbezug, eine Neugierde für die Umgebung, der Rhythmus des Gehens und ein Fließenlassen der Gedanken. In diesen Formen ist das Wandern und Gehen selbst der Hauptzweck. Wir verfolgen kein Ziel, wir gehen nicht zu einem Ort, an dem wir etwas zu erledigen haben. Wir verfolgen keine andere Absicht, als zu gehen, zu uns zu kommen, unseren Körper zu fordern, eine Etappe zu bewältigen, eine Gegend kennenzulernen, Eindrücke, Aussichten und das Wetter zu genießen oder ihm zu trotzen. »Des Wanderns Lust ist, dass man die Zwecklosigkeit genießt«, sagt der chinesische Philosoph Liezi.[6] Ein wesentliches Merkmal dieser Formen des Wanderns ist, dass wir den Alltag unterbrechen, der uns von morgens bis abends mit der Abarbeitung zielgerichteter Tätigkeiten auf Trapp hält und häufig unser ganzes Denken und Sinnen in Beschlag nimmt. Wir treten heraus aus der Tagesmaschinerie, in der wir innerlich immer auf etwas ausgerichtet sind, das noch zu erledigen ist, in der wir ständig etwas planen, organisieren, etwas erledigen oder vorbereiten. Selbst in den Pausen und in Ruhezeiten arbeitet es oftmals in uns weiter, und unsere Gedanken sind schon bei dem, was nach der Pause kommt.

So bleiben wir durch unser Denken, unsere Gewohnheiten und die bekannte Umgebung fest im Alltag gefangen. Erst wenn wir aus dem Haus treten, um ohne Ziel und um des reinen Wanderns willen zu einer kleinen oder größeren Tour oder zu einem Spaziergang aufbrechen, verlassen wir das Hamsterrad, brechen wir auch aus dem Alltag aus und beginnen, uns vom Gewohnten zu distanzieren. Wir schalten ab, entschleunigen, lassen los, schauen nach innen, kommen zu uns selbst. Wir werden noch sehen, dass diese Distanz der Anfang eines inneren Prozesses ist, der Körper und Seele auf vielfältige Weise erholt, nährt und stärkt, indem er in uns Gedanken hervorruft, die abweichen von dem, was wir sonst denken und tun. Auch hier berührt sich das Wandern wesentlich mit der Philosophie, die wiederum vom Stand des Fragens und der Neugier bestimmt wird. Wir hinterfragen die gewohnten Gedanken und Überzeugungen, erhellen Dunkles und Unbekanntes und stoßen vor in neue Denk- und Vorstellungsräume.

Nicht bei jedem Wandern machen wir unser Leben zum Thema. Häufig laufen assoziative Gedankenketten in unserem Kopf ab. Es können ganz banale Dinge sein, an die wir denken. Wandern wir mit anderen, sind wir selten bei uns, sondern meistens bei einem Thema, über das zufällig gerade gesprochen wird. Das sind eher selten lebensprägende Fragen. Aber immer wieder kommt es vor, dass auch dabei Wesentliches berührt wird, das mit uns selbst zu tun hat, das in uns arbeitet, etwas anstößt und neue Ideen, Vorstellungen und Entscheidungen in uns reifen lässt.

Meistens aber kommt es dazu, wenn wir entweder allein wandern oder schweigend gehen und uns den eigenen Gedanken hingeben. Dann beginnen wir, über uns selbst nachzudenken, über unsere Lebenssituation, unser Verhältnis zu anderen Menschen, über Dinge, die uns belasten oder umgekehrt große Freude bereiten. Das ist der Anfang des praktischen Philosophierens. Dann wird das Wandern in der freien Natur ein Ausflug mit sich selbst und eine

Einkehr in sich selbst. Mit sich allein sein kann gewiss auch ein Problem darstellen, insbesondere wenn wir uns einsam fühlen und darunter leiden. Es kann aber auch eine bereichernde Kraftquelle sein, wenn wir im Übrigen gute soziale Bindungen haben und das Alleinsein bewusst aufsuchen, um zu uns selbst zu kommen und uns zu besinnen. »Das ist die Geborgenheit im eigenen Innern. Darum achtet der Weise stets auf das, was er für sich allein hat«, heißt es in einem klassischen chinesischen Weisheitsbuch.[7] Was wir für uns allein haben, darüber können wir uns beim Wandern klar werden, »wenn wir unsere Gedanken wahr machen«, wie es an gleicher Stelle heißt.

Ich bin in meinem Leben viel gewandert, häufig allein,[8] auf ausgewiesenen Strecken oder in unerschlossenen Gegenden, gerne in den Bergen, bisweilen auf kleinen Steigen, aber auch in fremden Städten. Ich bin auch viel gereist, und wo ich hinkam, da bin ich gewandert. Ich bin weder Bergsteiger noch Profiwanderer, der sich Gegend um Gegend erschließt und die ganzen Alpen kennt. Daher sollen in diesem Buch auch keine Touren beschrieben oder Hinweise für das richtige Wandern gegeben werden. Das ist häufig und sehr gut in anderen Büchern geschehen. Es soll vielmehr der Frage nachgegangen werden, was das Wandern mit unserem Leben zu tun hat, wie es nicht nur unseren Körper stärkt, sondern unser ganzes Leben bereichert, wie es uns auf den Alltag vorbereitet und auf den »rechten Pfad« führen, uns seelisch-geistig stärken und entwickeln kann – kurz: Was hat Wandern mit praktischer Lebensphilosophie zu tun? Ich war immer davon überzeugt, dass es hier viele Gemeinsamkeiten gibt, über die es sich lohnt, ausführlicher nachzudenken.

Mit dieser Ausrichtung soll das Buch zugleich eine Einführung in die praktische Philosophie sein, in der Form, wie sie vor allem in der Antike in Orient und Okzident aufgefasst und betrieben wurde: als eine Suche nach dem gelingenden Leben, nach unserem Glück. Als philosophische Suche verlangt sie allerdings ein gewisses Maß an Denkarbeit. Das ist unumgänglich, wenn wir nicht an der Oberfläche bleiben, sondern etwas Neues lernen und erfahren wollen, wenn wir wachsen und reifen wollen, so wie es uns die Natur, die wir bei unserem Wandern durchstreifen, in all ihrer bunten Vielfalt und Üppigkeit vorlebt. Ohne eine solche Anstrengung gibt es keine Weiterentwicklung unserer Persönlichkeit. Der Leser möge daher auch dort, wo er beim ersten Lesen vielleicht stecken bleibt, versuchen, die Gedankengänge der großen Weisen der Vergangenheit nachzuvollziehen. Vielleicht erschließt sich das eine oder andere im Laufe der weiteren Lektüre. In allen Zitaten und Erläuterungen geht es immer um das Wesentliche unseres Lebens, und da sollten wir, wie uns Sokrates eindringlich gemahnt hat, keine Mühe scheuen. Denn was wäre wichtiger, als sich, wie er sagte, um sein eigenes Seelenheil zu kümmern.

Nehmen Sie sich beim Lesen Zeit. Ich empfehle, nicht zu viel auf einmal zu lesen und lieber das Buch immer wieder zur Seite zu legen, über bestimmte Stellen zu reflektieren und selbst nachzudenken. Das Selbstdenken ist ohnehin das Wichtigste. »Der vor allem ist gut, der selber alles erkannt hat«, sagt der griechische Dichter Hesiod.[9] Ich habe in diesem Buch zahlreiche Weisheiten aus Orient und Okzident zitiert. Sie stammen von großen Denkern und haben sich gerade aufgrund ihres tiefen Gehalts über Jahrtausende erhalten. Nicht alles wird Sie gleichermaßen ansprechen. Streichen Sie sich an oder schreiben Sie sich heraus, was Ihnen gefällt. Machen Sie sich diese Aussprüche – in welcher Form auch immer – zu Begleitern auf den künftigen Wanderungen und greifen Sie hin und wieder auf die Erklärungen in diesem Buch zurück. Auf diese Weise werden Sie die Aussprüche verinnerlichen, sodass sie Ihnen einfallen, wenn Sie in eine Situation geraten, in der Ihnen das Zitat weiterhelfen oder Orientierung geben kann.

Mir fallen ständig Aussprüche oder Gedanken aus dem überlieferten Weisheitswissen ein. Wie gute Freunde begleiten mich Sokrates, Konfuzius, Buddha und andere durch mein Leben und geben mir wertvolle Ratschläge, als stünden sie neben mir. Ihre Einsichten erhellen mir konkrete Lebenssituationen und zeigen mir, was zu tun und was zu meiden ist. Nicht dass ich sie immer eins zu eins umsetze. Häufig muss ein weiser Gedanke an die besonderen Umstände angepasst werden. Aber solche Merksätze bereichern und erleichtern den Abwägungs- und Entscheidungsprozess und weisen mir häufig den richtigen oder doch zumindest einen guten Weg. Hier erst gelangt Weisheit an ihr Ziel, wird praktisch und hilft dabei, Herausforderungen des Lebens zu bewältigen, aber auch seine Geschenke zu erkennen und zu genießen. Ich bin sehr dankbar, für mich diesen Weg gefunden zu haben. Er hat aus mir einen anderen Menschen gemacht, der gelassener und duldsamer geworden ist, der besser schläft, weniger leidet, der mehr lacht und mehr Freude am Leben hat – und der noch mehr wandert als zuvor.

Für viele Leser wird der Inhalt dieses Buches nicht neu sein. Sein Gegenstand ist unser Leben. Es sind immer dieselben ewigen Menschheitsfragen, für die wir gute und brauchbare Antworten suchen. Philosophische Vorkenntnisse werden nicht vorausgesetzt. Es gibt Wiederholungen und Überschneidungen. Ich habe sie bewusst in Kauf genommen, da sie der Vertiefung dienen, zumal im Weisheitsdenken vieles mit vielem zusammenhängt. Es ist wichtig, diese Zusammenhänge zu erkennen. Ich habe mich darum bemüht, dass jeder Leser dieses Buch verstehen und aus ihm Anregungen zum Weiterdenken und natürlich zum weiteren Wandern schöpfen kann. An der einen oder anderen Stelle ist er aufgefordert, länger über eine Passage oder ein Zitat nachzudenken, um den Gedanken nachzuvollziehen. Doch erfahrene Wanderer kennen das: Manchmal muss man den Einstieg und richtigen Weg erst mit einiger Mühe suchen; häufig aber sind gerade solche Wege, die uns herausfordern, die schönsten.

Ich fühl's, wenn ich gehe in der freien Luft,
im Wald oder an Bergen hinauf,
da liegt ein Rhythmus in meiner Seele,
nach dem muss ich denken,
und meine Stimmung ändert sich im Takt.[10]

Bettine von Arnim

Wanderwege – Lebenswege – Denkwege

Mein Leben soll eine Wanderschaft werden.[1]
Goethe

Wie eng die Verbindung von Wandern und praktischer Philosophie ist, zeigt bereits die Sprache. Wandern heißt Wege begehen. In allen Kulturen und Weisheitslehren, von denen wir eine schriftliche Überlieferung haben, ist das Wort »Weg« immer in der Doppelbedeutung von »Fußweg« und »Lebensweg«, von räumlichem und existenziellem, von körperlichem und seelisch-geistigem Fort-schreiten und damit verbundenen Fort-schritten verwendet worden. In der Philosophie kam noch die Bedeutung von »Denkweg« hinzu. Das liegt nahe, wird doch unser Lebensweg stark davon geprägt, was wir denken, wie wir die Welt und uns selbst verstehen, was unsere Wertvorstellungen und allgemeinen Anschauungen sind. »Du wirst zu dem, was im Denken und Sinnen herrscht«, heißt es in den altindischen *Upanischaden,* dem philosophischen Teil der Veden.[2] Aus unserem Denken und unseren Vorstellungen fließen unsere Entscheidungen und Handlungen, die kleinen und großen, die bewussten und unbewussten. Bevor wir auf konkrete Fragen der praktischen Lebensphilosophie und Weisheitslehre eingehen, wollen wir ein paar allgemeine Gedanken zum Thema Wege und Wandern vorausschicken, wie sie sich in der Geschichte der Menschheit, der Philosophie und der Religion dargestellt haben.

Philosophen waren häufig eifrige Wanderer, denn sie spürten die wohltuende Verbindung von Denken und Wandern. Traue keinem Gedanken, der im Sitzen kommt, meinte Nietzsche.[3] »Ich habe mir meine besten Gedanken angelaufen«, sagte der dänische Philosoph Kierkegaard, und in Bezug auf belastende Gedanken: »… ich kenne keinen Gedanken, der so schwer wäre, dass man ihn nicht beim Gehen loswürde.«[4] Heidegger, der täglich wanderte, hob die Verbindung von Wandern, Wegen und Denken durch einige seiner Buchtitel hervor wie *Holzwege, Wegmarken* oder *Unterwegs zur Sprache*. Unzutreffend aber ist der häufig zu lesende Hinweis, Aristoteles und seine Schüler hätten im Gehen philosophiert, was sich in dem Namen seiner Schule, dem Peripatos, zu Deutsch »Wandelhalle«, niedergeschlagen habe. Das dürfte eine später entstandene Legende sein.[5]

In den alten Kulturen kommt die Doppeldeutigkeit von »Weg« bereits im *Gilgamesch-Epos* aus dem 2./3. Jahrtausend v. Chr., der ältesten schriftlichen Dichtung, die wir haben, zum Ausdruck: »Gilgamesch, wohin läufst du? Das Leben, das du suchst (das unsterbliche), wirst du nicht finden.«[6] In einem ägyptischen Weisheitstext aus dem 2. Jahrtausend v. Chr. heißt es: »Ich breite vor dir eine Lehre aus und unterweise (dich über den) Weg des Lebens. Ich setze dich auf den leidensfreien Weg …«[7] Das Grundwort der alten chinesischen Philosophie heißt Dao (Tao), was häufig mit »der rechte Weg« übersetzt wird. Das Schriftzeichen setzt sich zusammen aus »Kopf« und »Fuß«.[8] Es bezeichnet den »Weg des offenen Lebens«, das »Sich-Entfalten des Weges« als Gang des Alls wie auch als Bestimmung des Menschen, der, will er zu einem »wahren Menschen« reifen, eine »geistige Wanderung« zu vollbringen hat.[9]

Im alten Indien kennt man den Yoga Marga, wobei

»Marga« Weg heißt, im übertragenen Sinn der Heilsweg, der Weg leiblich-seelischer Übungen. Für Buddha erlangen wir Erlösung von dem Leiden an der Welt, indem wir den »achtgliedrigen Pfad« beschreiten, einen Übungsweg und eine Lebenspraxis zum guten Leben.[10] Eine seiner bedeutendsten Spruchsammlungen heißt *Dhammapada,* wobei »Dhamma« die Lehre bezeichnet, »pada« den Fuß oder Weg. Der Hinduismus spricht von dem »Weg«, auf dem der Mensch sich schrittweise von Lastern befreit und zu einem guten Menschen verwandelt.[11] Im Zen bedeutet »den Buddha-Weg gehen« das Selbst kennenlernen, praktizieren und verwirklichen.[12]

Schon in den ältesten griechischen Quellen ist vom »Weg der Tugend« die Rede, der steil und steinig anhebt, auf der Höhe aber »leicht dahinzieht«, eben und angenehm verläuft.[13] Noch heute ist der Mythos von »Herakles am Scheideweg« bekannt, wo sich der Held zwischen einem mühelosen, lustvollen und einem anstrengenden, aber tugendhaften Weg zu entscheiden hat. Jesus spricht in der Bergpredigt von zwei Wegen und sagt schließlich: »Ich bin der Weg und die Wahrheit und das Leben …«[14]

Schon in vorchristlicher Zeit gab es in Griechenland und Kleinasien Wallfahrten zu Orakeln und Heilstätten des Asklepios und Apollon.[15] Daraus hat sich später die Pilgerfahrt entwickelt, die als ein Reinigungsweg angesehen wurde, der die Pilger verwandeln und näher zu Gott bringen sollte.[16] Im Alten Testament steht das Bild des Weges für die Richtung, die das Menschenleben nehmen kann.[17] In der Heilsgeschichte Israels bezeichnet der Auszug aus Ägypten den von Gott vorherbestimmten Geschichtsverlauf. Im Judentum wird die Gesamtheit aller Gesetze und Bräuche, also die Art und Weise, wie die Menschen leben und leben sollen, als Gang und Wandel bezeichnet.[18] Im

Koran wird Gott gebeten, den Menschen den »geraden Weg« zu zeigen und sie auf diesem Weg zu führen.[19]

In den Riten der Völker stoßen wir häufig auf Mysterien- und Einweihungswege, an deren Ende der Mensch als ein innerlich gewandelter hervor-geht. Den Weg gehen bedeutet hier, an dem Mysterium der Wandlung teilzuhaben.[20] Im Gehen wandeln wir uns. In Japan ist es die Bestimmung und der »Weg des Menschen« (jindo, »do« bedeutet Weg), das physische und psychische Leben in seiner Entwicklung und strukturierten Ganzheit nicht zu stören.[21] »Der Weg ist der Weg des Himmels und der Erde. Die Aufgabe des Menschen ist die, ihm zu folgen«, sagt der japanische Dichter Saigo.[22] Der Begründer der japanischen Schwertkampfschule schrieb Anfang des 17. Jahrhunderts über den »Weg der Schwertkunst«, bei der es sich sowohl um eine vom Zen-Buddhismus beeinflusste Kampfart als auch um eine Schule der Persönlichkeitsentwicklung handelt: »... die Leere, das ist der Weg, und der Weg, das ist die Leere. Die Leere hat Gutes, nicht Böses, es gibt Weisheit, Verstand und den Weg, und es gibt die Leere.«[23] »Leere« ist hier die innere Unabhängigkeit von weltlichen Anhaftungen und Offenheit für den Augenblick, in dem sich etwas ereignen kann, in dem man sich selbst begegnet. Dafür ist kein Platz, wenn der Kopf voll mit anderen Gedanken ist, wenn man »zu« ist, wenn man stehen bleibt, statt sich weiterzuentwickeln. Heutzutage wird »Leere« oft als etwas Negatives, als das Fehlen von Etwas angesehen. Die »Leere« im hier angeführten Sinn ist positiv besetzt, sie öffnet den Raum für Begegnungen, Neues, Wesentliches.

Die Reihe von Gedanken und Zitaten, in denen der Weg und das Wandern mit dem Beschreiten des eigenen Lebenswegs verglichen wird, ließe sich beliebig verlängern.

Das Deutsche Sprichwörter-Lexikon führt 394 Sprichwörter an, die meisten mit der metaphorischen Bedeutung von Lebensweg.[24] Das Wort »wandern« hängt sprachlich mit »wandeln« und »wenden« zusammen und weist in vielen Wortkombinationen auf die Wandlung und Weiterentwicklung der Persönlichkeit hin: »Wer wandert, wandelt sich mit jedem Schritt. Er bleibt nicht der Gleiche. In ihm bewegt sich etwas. Wandern und wandeln haben die gleichen Wurzeln ›wenden‹. Es geht beim Wandern um eine innere Wende, um eine Umkehr. Umkehr bleibt nicht einmalig, sondern beständiger Auftrag. Wandern heißt ›wiederholt wenden‹, sich ständig wandeln. … Wer wandert, wer fährt, der ›erfährt‹ sein Wandern als Wandlung und seinen Weg als ständige Bewegung, in die er selbst hineingenommen wird.«[25] »Weg als Metapher für unser Leben umgreift alles, was uns begegnet und geschieht, was wir erkunden und erleiden, was wir entwerfen und erreichen. Etwas bewegt uns. Wir setzen uns in Bewegung, wir haben Beweggründe und handeln verwegen. Wir wandeln Wege und deshalb wandeln wir uns. Weggefährten gehen mit uns, Wegzehrung brauchen wir und Wegweiser. Was wir ausgeschritten haben, wird uns zur Erfahrung. Wir setzen etwas in Gang, wollen Fortschritt und Wandel.«[26]

Wandern in diesem Sinne wird als ein Wandlungsgeschehen begriffen, bei dem wir uns von etwas abwenden, dem eigenen Haus, dem Gewohnten, der Heimat, dem bisherigen Leben und dem täglichen Um-gang mit unseren Mitmenschen. Gleichzeitig aber wenden wir uns etwas anderem zu, einer neuen Umgebung, neuen Gedanken, neuen Gewohnheiten, einem neuen Leben, genauer: einem Leben, das immer schon in uns angelegt war, aber bisher in der Tiefe unserer Seele verschattet und verborgen war, dem eigenen Selbst. Besinnliches Wandern erfasst unseren

Körper und Geist in seiner gesamten Fülle, stößt Fremdes und Belastendes ab und fügt zur Einheit zusammen, was in uns wesentlich ist. Es stärkt und formt Körper, Geist und Seele zu einer vollständigen Persönlichkeit. Es kann uns ganz und heil machen.

Im christlichen Kontext von Pilgerfahrten oder mönchischem Wanderleben wird immer wieder die existenzielle Bedeutung des Wanderns und Wandelns, des Auf- und Ausbruchs, des Unterwegsseins, des Loslösens, der inneren Reinigung und Läuterung, der seelischen Weiterentwicklung bis hin zur Neuerung des ganzen Menschen betont. Der Mensch wurde aus dem Paradies verstoßen und lebt seither »unbehaust« als Wanderer und Fremder in dieser Welt. »Fremd bin ich eingezogen, fremd zieh ich wieder aus«, heißt es in der *Winterreise* von Franz Schubert, deren Textgrundlage von Wilhelm Müller stammt. In der Bibel lesen wir: »Der Herr sprach zu Abraham: Geh fort aus diesem Land, aus deiner Verwandtschaft aus deinem Vaterhaus in das Land, das ich dir zeigen werde.«[27] Der eigentliche Auszug, der hier gemeint ist, ist nicht der Ortswechsel, sondern der Wandel des bisherigen Lebens und Seins. Der Mensch soll ein anderer werden, soll sich verabschieden von dem, was sein bisheriges Leben geprägt hat und mit dem er keine Erfüllung gefunden hat. Er soll seinen Charakter, seine bisherigen Werte und Haltungen ändern, ein anderer Mensch werden, eben der, der er im Innern seines Herzens schon immer war oder nach dem er sich schon immer gesehnt hat. Für diese innere Wandlung ist der äußere Ortswechsel, das räumliche Unterwegssein, das Hinausgehen in die weite Welt, in die »Hauslosigkeit«, ist das Wandern im Unbekannten notwendig.

»Und auf diesen Weg mache ich mich nur, wenn ich mich freigehe von allem, was mich daran hindert, ich selbst zu sein. Wandernd muss ich die Rollen ablegen, die ich spiele, die Masken abfallen lassen, die mein Wesen verdecken und entstellen.«[28] Für Mönche hieß das, alles aufgeben, woran sie sich bisher gebunden und über das sie sich definiert hatten wie menschliche Bindungen, gesellschaftliche Stellung, Familie, Besitz, Gewohnheiten.

In der christlich-mönchischen Tradition ist dieses Verlassen des Gewohnten, um zum eigentlichen Leben und Sein vorzustoßen, bis zum Ende gedacht und auch praktiziert worden. Der Mönch soll ausziehen aus seinen bisherigen Gewohnheiten und Gefühlen, aus seinem weltlichen Denken, ja selbst dem gesprochenen Wort. Denn die »Sprache ist das Haus des Seins«, wie Heidegger sagt.[29] Wie wir sprechen, so denken wir – wie wir denken, so werden wir. Unser Sprechen ist nicht nur Ausdruck unseres Denkens und Seins; es formt und verändert auch seinerseits unser Denken und Sein. Daher ist auch die Art, wie wir sprechen und welche Wörter wir benutzen, ein Teil unseres Lebensweges und beeinflusst ihn. Wer beispielsweise schlecht über seine Mitmenschen redet und häufig abfällige Worte für sie benutzt, bei dem entsteht und verfestigt sich Menschenfeindlichkeit oder gar Hass. Für Ambrosius, einen der Kirchenväter, ist das Schweigen und die Einsamkeit der eigentliche Auszug aus dem bisherigen weltlichen Sein und ein Weg zu Gott.[30]

All das schwingt in den metaphorischen Bedeutungen von Weg, Wandern und Wandeln mit, die wir in der Geistesgeschichte aller Kulturen, Religionen und praktischen Philosophien antreffen. Es deutet auf die tiefe innere Verwandtschaft und wesensmäßige Verbundenheit von äußerer und innerer Fortbewegung, von Wandern und Philosophie, von Ortsveränderung und Persönlichkeitsentwicklung, von Weg- und Glückssuche hin. Nietzsche spitzte diesen Sachverhalt zu: Der Mensch selbst ist der Weg.[31] Wir sind nichts anderes als ständig sich entwickelnde, verändernde, fortschreitende und im besten Fall wachsende und reifende Wesen.[32] Bei jeder längeren Wanderung erleben wir etwas von diesem körperlichen und seelischen Bewegtwerden, eine Anregung unserer Denktätigkeit, ein Nachsinnen über uns selbst, ein kritisches Beleuchten unserer gegenwärtigen Situation, aber auch die Freude an ihr, das Aufscheinen neuer Ideen und Lebensentwürfe. All das bleibt nicht ohne Folge für unser Leben, mögen wir dies auch nicht immer klar erkennen und nachvollziehen können. Diesem Zusammenhang wollen wir in dem Buch nachgehen und ihn deutlicher ins Bewusstsein heben, damit wir künftige Wanderungen noch besser nutzen und genießen können – als Auszeit wie auch als eine seelisch-mentale Bereicherung.

Die Entscheidungen für zwei große Wendungen in meinem Leben habe ich auf langen Wanderungen getroffen. Ich war 31 Jahre alt, arbeitete seit vier Jahren mit menschlich wie fachlich hervorragenden Kollegen in einer kleinen Anwaltskanzlei in Freiburg i. Br., als ich mich allein auf eine einjährige »Selbstfindungsreise« nach Südamerika aufmachte. Dabei dachte ich an die Bildungsreisen, die junge Menschen aus begüterten Häusern im 18. und 19. Jahrhundert unternahmen. Ich habe die schönsten Orte dieses Subkontinents gesehen. Täglich bin ich dort gewandert und habe abends die Gedanken, die mir beim Wandern und Erleben des fremden Landes kamen, in mein Tagebuch geschrieben, darunter auch zahlreiche philosophische Reflexionen über die verschiedensten Gegenstände. Ich habe über mein Leben nachgedacht, eine Zwischenbilanz gezogen und mich gefragt, wie es weitergehen soll. Vieles ist mir dabei aufgegangen, Persönliches wie Philosophisches. Später habe ich diese Aufzeichnungen zu einem druckfertigen Manuskript überarbeitet. Irgendwann werde ich es einmal veröffentlichen.

Als ich von dieser Reise zurückkam, war ich ein anderer geworden: freier, gelassener, ohne Ängste, voller Tatendrang. Ich gab meine Anwaltskarriere auf, überwand die Ängste vor sozialem Abstieg und wirtschaftlicher Not, ging nach Berlin und begann, Filme zu produzieren. Ich war begeistert von der Filmkunst und wollte sogenannte Arthouse-Filme machen. Das war neben der Philosophie meine zweite Leidenschaft, die mich mit 16 oder 17 Jahren ergriffen hatte. Ich wollte das Leben nicht beschließen, ohne mir die Chance gegeben zu haben, diese Leidenschaft auch ausgelebt zu haben. Zwölf Jahre später hatte ich etwa 20 Filme produziert.

Obgleich es eine wunderbare, wenn auch anstrengende Zeit war, gab ich dann ein zweites Mal alles auf, was ich mir bis dahin erarbeitet hatte. Ich riss noch einmal das Ruder meines Lebens herum und wechselte zur Philosophie, die doch stärker war als alles andere in mir. Wieder stand ich vor dem Nichts. Aber nach Heidegger soll dies die beste Ausgangssituation sein, um sich selbst zu finden, denn das Nichts oder die Leere, wie Zen-Meister sagen würden, steht auch für Ungebundenheit, innere Freiheit, Offenheit und die Möglichkeit, sich ohne äußeren Druck zu sich selbst zu entschließen. Es waren erneut lange, einsame Wanderungen, auf denen der Entschluss reifte. Ich machte eine zweiwöchige Fernwanderung auf Korsika. Vor 2000 Jahren war Seneca für bittere acht Jahre dorthin verbannt worden. Zu dieser Zeit war Korsika noch ein raue, unzugängliche, von »Barbaren« bewohnte »Wildnis«, für einen kultivierten Römer ein Schreckensort. Mir zeigte sich Korsika von seiner schönsten Seite. Die Tour wurde ein unvergessliches Erlebnis, aber auch der Anstoß dafür, meinem Leben erneut eine weitreichende Wende zu geben.

Dieses Mal war der »Schritt« mit noch mehr ökonomischen und sozialen Ängsten verbunden. Aber ich hatte schon einmal die Erfahrung gemacht, dass – wie bei manchen Bergwanderungen – dort, wo die Gefahr ist, auch das Rettende wächst, wie es Hölderlin treffend ausdrückte. Ich habe diesen Schritt nie bereut, im Gegenteil. Das gilt auch für die scheinbaren Um- oder Irrwege, die ich gehen musste, um nach 25 Jahren an mein Ziel zu kommen, das auch wieder nur ein Weg ist, jetzt aber »der rechte«. Es waren notwendige Erfahrungen, ohne die ich vielleicht nie dahin gekommen wäre, wo ich jetzt bin. Über Nietzsche ist uns Pindars bereits erwähnte Forderung »Werde, der du bist« bekannt. Weniger bekannt ist das vollständige Dichterzitat: »Werde, der du bist, aufgrund der Erfahrung« oder »wie du es gelernt hast«.[33] Ohne Um- und Irrwege, ohne Lernerfahrungen kommt niemand ans Ziel. Schließlich waren es wichtige Bedürfnisse, die mich zu diesen »Umwegen« geführt und etwas in mir befriedigt haben. Es gibt keinen geraden Weg zum Gipfel. Solche enden im undurchdringlichen Gestrüpp oder vor unüberwindlichen Hindernissen. In Kehren und Bogen verlaufen die Wander- wie Lebenswege, die zum Ziel führen.

Das waren meine großen, existenziellen Entscheidungen. Daneben gab es viele kleinere Entschlüsse, Pläne, Ideen und Gedanken, die mir bei jeder Wanderung kommen und die später in irgendeiner Form meine Lebenspraxis beeinflussen. Die Gründung von MASS UND MITTE, meiner Schule für antike Lebensweisheit, und die Namensfindung selbst gehen auf einen solchen »Wandereinfall« zurück. Tatsächlich war der Name der Schule keine Erfindung meinerseits. »Maß und Mitte« lautet die Überschrift eines bedeutenden Kapitels in dem chinesischen Klassiker *Liji (Das Buch der Riten, Sitten und Gebräuche)*. Die Überschrift ging mir nicht mehr aus dem Kopf, weil sie die Essenz des antiken Weisheitsdenkens trifft. Als auf einer Wanderung der Entschluss zur Schulgründung reifte, fiel mir dieser Name wieder ein. Die lateinischen Schriftzeichen, die kein »ß« kannten, sind der Grund dafür, dass im Logo der Schule aus »Maß« ein »MASS« wurde.

Heute habe ich bei jeder Wanderung und bei jedem Spaziergang das Smartphone in der Hosentasche, um mir mithilfe der Diktierfunktion jeden Gedanken aufzuzeichnen, der es verdient, festgehalten zu werden. Ein, zwei gute Einfälle sind immer dabei. Selbst wenn sich bei einer Wanderung keine konkreten Ideen und Pläne einstellen, sondern oftmals nur ein assoziativer Gedankenstrom durch den Kopf fließt oder wir an nichts denken, sollte der positive Effekt, der vom Wandern auf das Denken ausgeht, nicht unterschätzt werden. Der Geist scheint dabei eine ähnliche Arbeit zu verrichten wie beim Träumen während des Schlafens: So unzusammenhängend, sprunghaft und wirr die Traumarbeit häufig erscheint – so verarbeitet sie, räumt auf und ordnet.[34] Deshalb fühlen wir uns nach einer Wanderung – wie nach einem guten Schlaf – nicht nur körperlich, sondern auch geistig-seelisch erholt und erfrischt.

Weg und Wandern stehen nicht nur für die Weiterentwicklung der Persönlichkeit, sondern auch für die Erlangung neuer Erkenntnisse, für Wissens- und Perspektiverweiterung, für den persönlichen Bildungs-weg im Doppelsinn von Wissens- und Charakterbildung. Wer viel er-fährt und dabei viele Erfahrungen sammelt, der ist »bewandert«.

Homers großes Epos über die »Irrfahrten« des Odysseus, der für die Griechen das Ideal eines weisen Menschen darstellte, beginnt bezeichnenderweise mit dem Vers: »Sage mir, Muse, die Taten des vielgewanderten Mannes …«[35] Reisen wie Wandern bildet. »Durch die fremde Umgebung wird uns das Wesensnahe und Verwandte klarer und deutlicher«, meinte Kafka. »Du musst den Weg gehen, um zu erfahren, ob es der richtige ist«, lautet ein häufig anzutreffendes Sprichwort. Eine Tuareg-Weisheit sagt: »Wenn man einen Weg verliert, lernt man ihn kennen.« Umwege »erweitern die Ortskenntnisse«, meinte Kurt Tucholsky. Mögen sie auch Irrwege sein, die – wie Heidegger die »Holzwege« charakterisierte – »jäh im Unbegangenen aufhören«, so eröffnen sie doch häufig ein größeres Panorama und verschaffen einem Überblick und Orientierung.[36]

Zu den Bildungsreisen zählen die Gesellenwanderungen der Handwerker, die sogenannte Walz, die in ganz Europa verbreitet war und so alt ist wie das Handwerk selbst. Diese Reisen dienten der weiteren fachlichen Schulung, aber auch der allgemeinen Horizonterweiterung wie etwa der Erlangung von Menschenkenntnis, Selbstvertrauen und hilfreichen Er-fahrungen. Lange wurde das Wort »wandern« ausschließlich für solche Gesellenwanderungen verwendet.[37] Ab dem 17. Jahrhundert kamen die mehrjährigen Bildungsreisen der Adeligen, später auch der Bürgerlichen, hinzu, die – nicht unähnlich der »Walz« – dem Abschluss der Wissens- und Persönlichkeitsbildung dienten. Die jungen Menschen sollten Fremdsprachen lernen, Erfahrungen sammeln, ihren Geschmack an berühmten Stätten und Kunstwerken schulen, die Sitten und Gebräuche anderer Nationen kennenlernen und »weltmännisch« werden.

Platon benutzte als Erster das griechische Wort für Weg

(»hodos«), um einen Begriff zu bilden, der für das schrittweise Nachgehen, Verfolgen und Erforschen einer Sache
zur Erlangung neuer Erkenntnisse steht. So entstand das
Wort »Methode« (aus griechisch »meta« – deutsch »mit-
tels«, »durch«, »mithilfe« – und »hodos«). Nur mithilfe
eines Weges, den wir begehen, kommen wir zur Einsicht.
Auch bei Aristoteles steht der Begriff für ein geregeltes, auf
Vernunft beruhendes Erkenntnisverfahren, das er aber in-
teressanterweise nicht bloß der Theorie zuordnete, sondern auch der Lebenspraxis. Die »Methode«, sein Wissen
zu erweitern, soll dem guten Leben dienen.[38] Dasselbe gilt
für das Wandern, wie wir noch sehen werden.

Diesem Erforschen und Suchen nach Einsichten liegt
schließlich auch der letzte Bedeutungszusammenhang von
Wandern, Weg und Leben zugrunde, den wir hier behandeln möchten: der Zusammenhang von Wandern, Wege
begehen und der Suche nach dem Sinn im Leben. Der Psychiater C. G. Jung beschrieb das Wandern einmal als »ein
Bild der Sehnsucht, des nie rastenden Verlangens, das nirgends ein Objekt findet, des Suchens nach der verlorenen
Mutter«.[39] Eine der ersten und stärksten Prägungen, die
wir auf unserem Lebensweg mitbekommen, erfahren wir
als Embryo im Mutterleib, wo wir ohne eigenes Zutun alles
bekommen, was wir brauchen: Nahrung, Wärme, Schutz,
Getragenwerden und vor allem Geborgenheit. Es ist ein
paradiesischer Zustand, aus dem wir bei der Geburt gewaltsam vertrieben werden, um als erste Reaktion auf das
»Licht der Welt« entsetzt aufzuschreien und loszuheulen.
Vielleicht ist es die größte Sehnsucht unseres Lebens, diesen vorgeburtlichen Zustand der absoluten Geborgenheit
wiederzuerlangen. Hier finden wir den Sinn des univer-
salen Mythos vom Paradies, den wir in allen Kulturen antreffen. Im Wort »Nostalgie« scheint dieser Sinn bewahrt

zu sein. Es leitet sich her vom griechischen »nostos« (Rückkehr, Heimkehr) und »algos« (Schmerz). Die Nostalgie ist eine Art Heimweh, das schmerzliche Verlangen, nach Hause zurückzukehren, an den Ausgangspunkt – dorthin, von wo wir hergekommen sind, in die Heimat, zu unseren Wurzeln, an den Ursprung, zu uns selbst. Deshalb umfasst bei Homer das Wort »nostos« neben dem Schmerz der Ferne und Trennung auch etwas von der Süße einer Ankunft und erfüllten Sehnsucht.[40]

Wenn man die gesamte Überlieferung alten Weisheitswissens betrachtet und danach fragt, was die Weisen als das letzte Ziel des Menschen ansahen, finden wir ganz überwiegend, dass es das »Glück« sei, und zwar verstanden als Seelenruhe, Seelenfriede, innere Ausgeglichenheit, heitere Gelassenheit, als eine »Geborgenheit im eignen Innern«.[41] Dieses Glück war ihnen der Sinn des Lebens, Erfüllung, Erlösung vom Leiden, Ruhen in Gott oder im Göttlichen, Erleuchtung – Inbegriff all dessen, wonach wir uns tief im Innern sehnen, zu dem wir stets unterwegs sind, in dem alle unsere Handlungen ihr letztes Ziel finden. Dieses Glück sei keineswegs nur selbstbezogen, sondern schließe als eines unserer wichtigsten Bedürfnisse die Fürsorge, Zuwendung und Resonanz zu unseren Mitmenschen mit ein. Ohne sie könne niemand glücklich werden – das war die nahezu einhellige Auffassung im Altertum in West und Ost.

Wenn wir an Wandern, Wandel und Wege denken, so liegt darin immer etwas von dieser Sehnsucht und Suche nach Sinn und Glück. Es ist die »Eigenschaft des Gehens«, meint Anselm Grün, »uns den Sinn und das Ziel unseres Lebens zu erschließen ... Das Wort ›Sinn‹ bedeutet ursprünglich gehen, reisen, eine Fährte suchen, eine Richtung nehmen. Gehen heißt also, auf etwas sinnen, nach dem Sinn fragen, nach dem Ziel suchen. Wer sich auf den Weg macht, fragt nach dem Sinn seines Lebens. Gehend sucht er den Grund und das Ziel seines Unterwegsseins ... wir gehen auf eine letzte Geborgenheit zu, auf eine Heimat, in der wir uns endlich niederlassen können.«[42] »Wohin denn gehen wir«, lautet die Frage in Novalis' Romanfragment *Heinrich von Ofterdingen:* »Immer nach Hause.« »Nach Innen geht der geheimnisvolle Weg«, sagt er an anderer Stelle und fährt fort: »In uns oder nirgends ist die Ewigkeit mit ihren Welten, die Vergangenheit und Zukunft.«[43]

Das hat auch der bedeutende vietnamesische Buddhist und Mönch Thich Nhat Hanh im Sinn, wenn er über die Gehmeditation, ein achtsames, waches und präsentes Gehen und Wandern, dem er nach eigenem Bekunden einen Großteil seines Glücks verdankt, schreibt: »Beim Gehen bringen wir Geist und Körper zusammen. Nur wenn diese vereint sind, sind wir wirklich im Hier und Jetzt. Wer geht, kommt nach Hause, kommt zu sich selbst zurück.«[44] Vom Weisen sagte man, dass er überall zu Hause ist, weil er in sich ruhe.

Dorthin zu kommen ist das Ziel der Persönlichkeitsentwicklung und einer weisen Lebensführung. Es ist nur zur Hälfte ein intellektueller Prozess, ein Weg zur geistigen Reifung. Es ist ebenso ein Weg zur körperlich-sinnlichen Weiterentwicklung, eine Erziehung und Kultivierung unseres Empfindungsvermögens, eine Sensibilisierung unserer Sinne, eine Reinigung unserer Gefühle und deren Prägungen von negativen und belastenden Elementen und Beeinträchtigungen. Die durch Nachdenken und Selbstbesinnung gewonnenen Einsichten sollen in Fleisch und Blut übergehen, zu Instinkt und Emotion werden, sich zu inneren Haltungen entwickeln, die uns »Halt« und Orientierung geben und auf diese Weise unsere alltägliche Lebenspraxis prägen und leiten.

Hier erkennen wir einen wichtigen Berührungspunkt von Leben und Wandern. Im Wandern kommen unser Geist und Körper zur Ruhe. Die Gleichförmigkeit der äußeren Bewegung baut innere Spannungen ab. Das rhythmische Fortschreiten beim Wandern ist eine Art Tanz, der Körper und Geist gleichermaßen bewegt, synchronisiert, harmonisiert und sie in einen ruhigen, wohltuenden Fluss bringt. Innere Aufregung legt sich, Konflikte treten zurück, werden nivelliert und verflüchtigen sich am Ende. Wie der Schweiß die Poren reinigt, wird die Seele von überflüssigem Ballast und Müll befreit. Körper, Seele und Geist werden zur Einheit, und unsere Seelenverfassung geht über in einen Zustand wohliger Ausgeglichenheit.

Buddha, der nach seiner Erleuchtung zum »Weitstreckenwanderer«[45] wurde, um mit der Verbreitung seiner Lehre möglichst viele Menschen vom Leiden zu befreien, soll ausgiebig Gehmeditation praktiziert haben. Von dieser sagt Thich Nhat Hanh: »Wenn wir uns über etwas aufgeregt haben, können wir durch das Gehen unsere Ruhe wiedererlangen. Wir konzentrieren uns dabei vollkommen auf das Gehen, wir hören auf zu denken, uns Geschichten zu erzählen, Vorwürfe zu machen, Urteile zu fällen; wir hören mit all dem auf, was uns im Kopf herumschwirrt und uns vom gegenwärtigen Moment fernhält.«[46]

Ich übe dieses besonnene, konzentrierte und langsame Gehen in den Arbeitspausen und kann nur bestätigen, wie diese Übung neben dem Erholungszweck kurz- und langfristig innere Ruhe und Ausgeglichenheit erzeugt und stabilisiert. Diese Gehmeditation ist zwar kein Wandern, mit den wohltuenden, erholsamen wie mental stärkenden Effekten des Wanderns aber sehr nahe verwandt.

Zusammenfassung

Gehen, wandern, Wege beschreiten, sich vorwärtsbewegen und weiterentwickeln ist das, was wir tun können, um unserem Körper Ausgleich und Kraft und unserem Geist Sinn und Orientierung zu geben. Das macht uns zufriedener, heiterer, widerstandsfähiger, klarer, gelassener und glücklicher. Darin besteht die gemeinsame Schnittmenge, aber auch die gegenseitige Beeinflussung von körperlicher und geistiger Fortbewegung und Selbstkultivierung. In beiden Bereichen beschreiten wir Wege und streben auf ein Ziel zu. Wir ändern unseren Standort, unsere Perspektive, das Panorama und erweitern unseren Horizont. Wir wenden uns ab von dem einen und wenden uns etwas Neuem zu. Jeder Schritt wandelt uns ein klein wenig, lässt uns wachsen und reifen. Das letzte Ziel all unserer Wege aber ist die Zufriedenheit mit uns selbst, ist die Geborgenheit im eigenen Innern, ist heitere Gelassenheit und innere Ausgeglichenheit. Dann ist die Seele gereinigt; Konflikte sind befriedet und aufgelöst. Wir sind mit uns selbst eins geworden. In unserem Seelenleben wie in unserem äußeren Leben herrschen Stimmigkeit und Harmonie: mit uns selbst, mit den anderen und unserem Schicksal. Das schließt nicht aus, dass wir uns an den Missständen der Welt nicht auch reiben und gegen Unrecht entschieden vorgehen. Im Gegenteil: Die innere Ruhe und gefestigte Haltung geben uns Kraft und Entschlossenheit zum Wirken in der Welt. Diese in sich bewegte und bewegende Seelenruhe war für die Denker des Altertums das letzte Ziel aller Weisheit. Es war das menschenmögliche Glück. Wir können es uns erwandern.

Der Weg wird dich tragen, wie schwer du auch bist.[47]
Altes Sprichwort

Gesundheit und Glück

Gesundheit und Seelenruhe sind die Erfüllung
eines glücklichen Lebens.[1]
Epikur

Das Glück des Wanderns rührt daher, dass Wandern für Leib und Seele ein Gesundbrunnen ist. Für die Weisen der Antike waren Glück und seelische Gesundheit im Wesentlichen dasselbe. War ihnen körperliche Gesundheit die Harmonie der körpereigenen Säfte und ihr funktionsgerechtes Zusammenwirken, so war die seelische Gesundheit die innere Ausgeglichenheit der verschiedenen Seelenkräfte und Bedürfnisse, der Seelenfriede und »schöne Fluss des Lebens«. Darin wiederum sahen sie das Glück des Menschen. Sie haben zudem sehr klar erkannt, dass seelische und körperliche Gesundheit sich wechselseitig bedingen und beeinflussen. Körperliche Fitness und Gesundheit fördern den Geist und das seelische Wohlbefinden.[2] Mindestens ebenso – nach Meinung des Sokrates sogar mehr noch – stärkt aber auch das seelische Wohlbefinden den Körper, macht ihn widerstandsfähig, vermindert Krankheiten und fördert Heilungsprozesse. Wer sich um seinen Geist und um Weisheit bemüht, wird auch darauf bedacht sein, seinen Körper in einem guten Zustand zu erhalten.

Die moderne Biomedizin und hier insbesondere die Psychoneuroimmunologie hat vielfach nachweisen können, wie unsere seelische Befindlichkeit, unsere inneren Haltungen und Einstellungen, unser Denken und Vorstellen die biochemischen Prozesse in unserem Körper beeinflussen, die für die Erhaltung oder Wiederherstellung unserer Gesundheit maßgeblich sind. Das sind insbesondere die Nerven-, Hormon- und Immunsysteme, die in einem neuroendokrinen Netzwerk miteinander kommunizieren. Dieses wiederum beeinflusst in hohem Grad, ob wir erkranken, wie schwer die Krankheit ist, ob und wie schnell wir sie überwinden.

Ich habe diese Zusammenhänge aus der Perspektive des antiken Weisheitsdenkens eingehend in meinem Buch *Denken heilt! Philosophie für ein gesundes Leben* dargestellt. Dort habe ich die mentalen Übungen aufgeführt, die die alten Denker in Orient und Okzident empfohlen haben, um alltägliche Belastungen wie Stress, Ängste, Sorgen, Zorn, Wut, Gier, Neid, Eifersucht, Entfremdung, Überheblichkeit, übermäßiger Ehrgeiz oder nicht enden wollende Trauer abzubauen. In diesen Affekten sahen sie seelische Krankheiten, die geheilt werden müssen, um Gesundheit, seelisches Wohlbefinden und Glück herzustellen und zu befördern. Die praktische Philosophie verstand sich seinerzeit als Seelenheilkunde. Durch ein philosophisch geschultes weises Denken und Vorstellen und eine daran ausgerichtete Lebensführung können wir in dieser Hinsicht viel bewirken und beeinflussen. Das habe ich selbst durch zahlreiche Umgewöhnungsprozesse erfahren können. Es wurde mir auch oftmals von Teilnehmern meiner Seminare und philosophischen Schulungen bestätigt, die auf demselben Weg merkbare Fortschritte erzielt haben.

In dem vorliegenden Buch möchte ich umgekehrt darauf eingehen, wie das Wandern in freier Natur unser Denken und Vorstellen fördert – und damit zugleich unsere geistig-seelische Gesundheit und die Fähigkeit, Freude und Glück zu erleben. Bevor wir uns dabei auf die spezifisch philosophischen Aspekte konzentrieren, wollen wir uns kurz mit den medizinischen und psychohygienischen Faktoren beschäftigen, die dabei eine Rolle spielen.

In den letzten zwei Jahrzehnten sind auf dem Gebiet der Medizin und der Psychologie viele wissenschaftliche Studien durchgeführt worden, die belegen, was wir im Grunde immer schon wussten: dass regelmäßiges Wandern nicht nur unsere körperliche Gesundheit stabilisiert und stärkt und das Risiko für zahlreiche Erkrankungen wie Bluthochdruck, Herz-Kreislauf-Erkrankungen, Fettleibigkeit, Gelenk- und Atemwegserkrankungen, Altersdemenz und anderes vermindert. Es stärkt auch das Immunsystem und verbessert auf vielfältige Weise unser seelisches Wohlbefinden, schützt vor seelischen Erkrankungen, stärkt unser Resilienzverhalten, verlangsamt Alterungsprozesse und kann helfen, psychische Beeinträchtigungen wie Stress, Ängste, innere Unruhe und Depressionen abzubauen.

Wandern ist ein bewährtes Mittel zur Prävention als auch eine begleitende Therapie für zahlreiche Zivilisationskrankheiten, wie es in einer vom Bundesministerium für Wirtschaft herausgegebenen Grundlagenuntersuchung heißt.[3] Danach verstärkt Gehen die Produktion körpereigener Hormone und Botenstoffe wie Serotonin und Dopamin, die Gefühle des Wohlbefindens und Glücks hervorrufen und negative Befindlichkeiten reduzieren. Die körperliche Anstrengung beim Wandern baut Stress ab, reduziert die Produktion des Stresshormons Kortisol und erleichtert die Stressbewältigung. Vom Wandern geht eine antidepressive Wirkung aus, die derjenigen von Medikamenten und therapeutischen Behandlungen nahekommt.[4] »Von den vielen Patienten, die ich habe«, fasst der Priester, Neurologe, Psychiater und Psychotherapeut P. Ulrich Neumann seine praktischen Erfahrungen zusammen, »ist die

Hälfte geheilt, wenn sie jeden Tag wenigstens eine halbe Stunde gehen oder wandern. Die meisten psychischen Probleme entstehen oder halten sich durch mangelnde Bewegung bzw. mangels kontinuierlichen Gehens.«[5]

Der Abbau wichtiger Nervengewebe wird durch Wandern verlangsamt, die Anzahl und Aktivität von Hirnnervenzellen aber erhöht, was das geistige Leistungsvermögen steigert und einer altersbedingten Abnahme geistiger Fähigkeiten vorbeugt. Dies ist durch zahlreiche Studien belegt. Gleiches gilt für die Erkenntnis, dass Naturkontakte den Geist anregen und unsere Denktätigkeit und Einsichtsfähigkeit, unsere Kreativität sowie Konzentrations- und Lernfähigkeit beleben und stabilisierend auf Körper und Seele wirken.[6] Umgekehrt scheint das Fehlen intensiver Naturerfahrungen und Naturkontakte, die Folge der zunehmenden Verstädterung der Weltbevölkerung sind, bei vielen Kindern und Erwachsenen zu einem »Naturdefizitsyndrom« zu führen mit erheblichen negativen Auswirkungen auf die seelisch-körperliche Gesundheit. Zahlreiche »Naturtherapien« haben sich daraus entwickelt.

Die Studienergebnisse werden von dem subjektiven Erleben der Wanderer bestätigt. Bei einer Befragung zu den Motiven des Wanderns gaben die meisten an, dass sie durch das intensive Naturerlebnis, durch die dabei erlebte Stille und Ruhe am besten abschalten und entspannen können. Wandern entschleunigt, beruhigt unsere Seele und baut Stress ab. Nach einer Wanderung fühlten sich die Studienteilnehmer nicht nur körperlich fitter, sondern auch mental wohler, glücklicher und zufriedener.[7]

Wegen der wohltuenden und gesundheitsfördernden Wirkungen des Wanderns in der freien Natur haben sich in den letzten zwei Jahrzehnten zahlreiche Initiativen, Projekte und Wanderangebote entwickelt. Große Konzerne haben das Wandern für ihre innerbetrieblichen Gesundheitsprogramme entdeckt und dabei die zusätzliche Erfahrung gemacht, dass Wandern die soziale Kompetenz der Mitarbeiter fördern kann.[8] Aus Japan kam das sogenannte Waldbaden (Shinrin-yoku) dazu; es beruht auf der Erkenntnis, dass regelmäßige ausgedehnte Waldspaziergänge eine außergewöhnlich wohltuende, gesundheitsfördernde oder auch heilende Wirkung haben, was ebenfalls durch wissenschaftliche Studien belegt sein soll. Nicht nur in Japan haben sich daraus Therapiekonzepte gebildet (»Waldtherapien«) und zahlreiche Therapiezentren etabliert.[9] Im Wesentlichen hat man dieselben gesundheitsfördernden Wirkungen festgestellt, wie sie oben beschrieben wurden. Das wird neben der Bewegung, der Ruhe, der guten Luft, der Schönheit der Natur und den vielen Grüntönen und Lichteffekten auch den ätherischen Substanzen und Gerüchen zugeschrieben, die im Wald von den lebenden wie toten und vermodernden Pflanzen ausgehen.[10] Schließlich ist das Wandern in der Natur ein Gesamterlebnis für alle Sinne. Außer dem Seh- und Geruchssinn werden auch der Tast-, Gehör- und Geschmackssinn angesprochen, wenn wir etwa den Geräuschen des Waldes lauschen, Quellwasser trinken, uns ins Gras legen oder unsere Hände zu Hilfe nehmen, um einen Steig zu begehen.

In meinem Leben verdanke ich viel dem Umstand, dass mich mein Schicksal diese Wohltaten einer natürlichen Umwelt immer wieder intensiv hat erleben und erfahren lassen. Zwar bin ich in einer Stadt aufgewachsen. Aber hinter unserer Wohnung gab es verwilderte Gärten, in denen wir als Kinder tagtäglich stundenlang herumtollten, sodass wir jeden Abend in der Badewanne landeten, um die dicke Schmutzschicht auf unserer Haut wieder loszuwerden. In den großen Ferien sind wir in das kleine Bauerndorf im Hunsrück gefahren, aus dem meine Mutter kam. Dort waren wir den ganzen Tag draußen in der Natur. Noch heute tauchen in mir bei zahlreichen Naturgerüchen Erinnerungsbilder aus diesen Ferienzeiten auf.

Ich bin in den letzten 40 Jahren mehrmals umgezogen; das wichtigste Kriterium bei der Wohnungswahl war hierbei immer, dass sie sich in Parknähe befinden musste, damit ich dort drei- bis viermal in der Woche meine Joggingrunden drehen und auftanken konnte. Fehlten mir die finanziellen Mittel für eine Wohnung in Parknähe, wie das in meiner Studentenzeit der Fall war, suchte ich den nächstgelegenen Grünflecken auf, benutzte Ohrstöpsel, falls Straßen in der Nähe waren, und verkroch mich lesend in das bisschen Grün, das da war. In meiner Studentenstadt war das ein Friedhof in der Nähe meiner Wohnung, in dem es einen kleinen Pinienhain gab, in den ich mich sonntagmorgens zur Lektüre und Besinnung zurückzog.

Später fuhr ich oftmals mit meiner Vespa zu einem schön gelegenen Ort am Stadtrand, wo ich es mir nach einer kleinen Wanderung unter einem Apfelbaum gemütlich machte, auf die Berge schaute, die Stille genoss, ein Picknick zu mir nahm, las, träumte und ruhte. Das hat mir immer viel Kraft gegeben. Als ich mich schließlich nach meiner Karriere als Anwalt und Filmproduzent wieder der Philosophie zuwendete, wollte es der Zufall oder ein mir wohlgesinnter Gott – ich hatte gar nicht danach gesucht –, dass ich außerhalb Berlins, wo ich seinerzeit wohnte, eine Datscha inmitten der Natur anmieten konnte. Zwölf Jahre lang wurde dieser Ort nicht nur zu meiner Studier- und Schreibstube, sondern auch zu einer nachhaltigen Inspirations- und Kraftquelle, die – gemeinsam mit der ausgedehnten Lektüre antiker Weisheitsschriften – großen Einfluss auf meine Persönlichkeitsentwicklung hatte und erheblich zu meinem Wohlbefinden und meiner inneren Ausgeglichenheit beitrug.

Zuvor schon hatte ich zum Ausgleich meines sehr anstrengenden Daseins als Filmproduzent ein Hobby reaktiviert, das ich als Junge ausgeübt hatte: das Angeln. Freitagnachmittags fuhr ich an einen entlegenen See außerhalb Berlins und angelte, bis es dunkel war. Ob ein Fisch anbiss, war sekundär. Ich betrieb das Angeln mehr als eine Art Meditation, bei der ein beruhigender und entspannender Effekt auch dadurch eintrat, dass ich mich vollkommen in diesem stillen Sitzen und Warten verlor, wie dies auch bei manchen Zen-Praktiken angestrebt wird, etwa bei der Teezeremonie oder der Kunst des Bogenschießens. Beim Angeln wird zusätzlich der Jagdinstinkt angeregt, der vielleicht noch als ein sehr altes Erbe in unseren Genen schlummert. Die Stille und Schönheit, das Eintauchen und Einswerden mit der Natur, die mich umgab, das Wasser, der Wald, in dem versteckt der See lag, das langsame Hereinbrechen der Abenddämmerung, das Einschlafen des Windes zur blauen Stunde, das den See in einen riesigen Spiegel verwandelte, schließlich die Dunkelheit und Ruhe der Nacht – all dies hatte eine tiefe innere Beruhigung und mentale Erholung zur Folge, von der ich gelegentlich noch heute träume.

Ich habe das Angeln wieder aufgegeben, nachdem mir unter dem Einfluss der indischen Philosophie die Fische leidtaten. Aber in Phasen großen Arbeitsdrucks spiele ich mit dem Gedanken, wieder damit anzufangen, weil es einen enormen positiven Effekt gezeigt hatte. Wissenschaftliche Studien haben ergeben, dass der Blick aufs Wasser uns ruhiger, kreativer und gesünder machen soll. »Das Meer schlägt die anderen Landschaften« und die Nähe zu einem Strand oder einer Küste soll die Menschen »glücklicher« machen als Berge, Wälder oder Wiesen.[11] Ich kann das aus eigener Erfahrung nicht bestätigen, aber auch nicht widerlegen. Ich liebe lange Strandwanderungen ebenso wie Bergtouren. Am meisten aber wandere ich dort, wo beides miteinander verbunden ist, also in Küstennähe wie beispielsweise auf Korsika und Sardinien.

Das »Waldbaden«, bei dem pro Woche zwei anderthalbstündige Wanderungen empfohlen werden, betreibe ich schon seit längerer Zeit, obwohl ich vom Shinrin-yoku erst vor Kurzem gehört habe. Diese regelmäßige Bewegung in der freien Natur ist mir im Laufe der Jahre zur festen Gewohnheit und zu einem tiefen Bedürfnis geworden. Die Spaziergänge sind zwar kaum vergleichbar mit ausgedehnten oder mehrtägigen Wanderungen, aber so manche nützliche Idee und Erkenntnis ist mir auch dabei gekommen. Sie helfen zudem, etwaige Übellaunigkeit, Schlaffheit und Müdigkeit zu überwinden. Sie tragen zudem dazu bei – in Verbindung mit der Besinnung auf weise Gedanken –, die notwendigen körperlichen und seelischen Voraussetzungen für eine Lebensführung, Lebensgestaltung und tägliche Lebenspraxis zu schaffen, denen ich all mein Glück und meine Zufriedenheit verdanke. Ich bin weder ein vollendeter Weiser, noch habe ich die Glückseligkeit erlangt. Aber das Glück und die Freude, die ich erfahre, führe ich gleichermaßen zurück auf das intensive und kontinuierliche Naturerleben wie auf das Studium der alten Weisheiten, das Nachdenken über mein Leben und das Leben im Allgemeinen, über Werte, unser Seelenleben, über »Gott und die Welt«. Und ausschlaggebend ist natürlich auch das Wandern, das beides auf wunderbare Weise verbindet. Ich gehe diesen Weg weiter, bis ich den letzten Pfad betreten werde, von dem es kein Zurück mehr gibt. Dann werde ich an Sokrates denken, der sich von seinen

Freunden mit den Worten verabschiedete: »Doch jetzt ist's Zeit fortzugehen: für mich, um zu sterben, für euch, um zu leben. Wer von uns dem besseren Los entgegengeht, ist uns allen unbekannt – das weiß nur der Gott.«[12]

Zusammenfassung

Wissenschaftliche Studien haben belegt, dass Wandern zahlreiche positive Wirkungen auf unsere körperliche und seelische Gesundheit entfaltet, unabhängig davon, ob und in welchem Maße wir dabei über unser Leben nachdenken. Längere Bewegung in der Natur stärkt unser Immunsystem und beugt vielen körperlichen, seelischen und altersbedingten Krankheiten vor. In vielfältiger Weise hebt Wandern unsere Stimmung, entschleunigt unser Leben, lässt Körper und Geist regenerieren, macht uns widerstandsfähiger, lässt uns wohler fühlen und steigert die Fähigkeit, Glück und Freude zu empfinden. Für die Weisen des Altertums war körperliche Fitness, insbesondere aber auch seelische Gesundheit, ein wesentliches Merkmal eines glücklichen Lebens. Sie war schließlich Voraussetzung dafür, dass eine produktive Reflexion über unser Leben und unsere Lebensführung angestoßen wird, die uns fördert, wachsen und reifen lässt und die Entwicklung und Entfaltung unserer Persönlichkeit auf einen guten Weg bringt.

Fließendes Wasser fault nicht.
Türangeln werden nicht wurmstichig –
denn sie bewegen sich.
Gleiches gilt auch für Körper und Geist.[13]
Lü Buwei

Den Schritt anhalten

Wenn man ganz und gar und völlig
zur Ruhe gekommen ist,
begegnet uns das Selbst.[1]
Upanischaden

Das Zitat aus der Weisheit der *Upanischaden* beschreibt etwas, das sich beim Wandern ereignen kann. Während der meditativen Monotonie des Gehens in einer endlosen Naturlandschaft fern von unserem Alltag werden wir innerlich ruhig. Die Stille um uns herum geht in uns ein und wirkt beruhigend auf Körper und Geist. Mögen auch die Gedanken weiter in einer ununterbrochenen Assoziationskette dahinströmen, so weicht doch die Hektik des Alltags von uns. Die Weite, die Ruhe und der Duft der Natur, die unsere Augen sehen, unseren Ohren wohltun und unser Geruchssinn aufnimmt, die unsere ganzen Sinne zu einem einheitlichen Erlebnis verschmelzen – das alles lässt uns ruhig werden. Was uns sonst unablässig beschäftigt, verliert mit zunehmender Distanz an Bedeutung. Der Alltag wird unbedeutender, der Druck lässt nach, seine Präsenz wird schwächer oder verschwindet am Ende ganz. In dem Maße aber, in dem unsere Alltagswelt mit ihren vielfältigen Aufgaben, Besorgungen und Erledigungen, mit dem ganzen Beziehungsgeflecht, das unser Leben ausmacht, in den Hintergrund tritt, kommt unser inneres Selbst zum Vorschein. Wir fühlen uns näher an unserer Mitte, sind bei uns selbst, spüren uns besser und erleben unsere Einheit und Identität; wir fühlen uns wohler, ja bisweilen euphorisiert. Daran haben auch die Glückshormone Serotonin und Noradrenalin sowie Endorphine ihren Anteil, die durch die physische Bewegung und das Sonnenlicht in unserem Körper ausgeschüttet werden und unser Wohlbefinden steigern. Aber neben diesen biologischen Reaktionen sind es auch sinnliche und seelisch-mentale Prozesse, die unsere Stimmung und Befindlichkeit beim Wandern verändern und uns ruhig werden lassen.

Dieses Ruhigwerden ist innere Sammlung. Wir sind nicht zerstreut und zersplittert in zahllosen Dingen und Vorhaben, die wir zu erledigen, zu organisieren, zu planen und abzuarbeiten haben. Wir kommen aus der häufig überbordenden Komplexität, Eile und Vielfalt unseres Alltags zur inneren Einfalt und Einheit unserer geistig-seelischen Existenz, zu einer Art von Einfachheit zurück. Unwesentliches verblasst, Wesentliches tritt hervor. Das Wesentliche unseres Lebens ist aber nie eine Vielfalt. In diese flüchten wir uns vielmehr, wenn wir uns selbst ausweichen und unseren Problemen entfliehen wollen. Ein bedeutender chinesischer Philosoph des Altertums drückte dies einmal so aus:

»Darum, wer sich nur nach außen wendet, ohne zu sich selbst zurückzukehren, der geht als Gespenst um, und hat er, was er da draußen sucht, erreicht, so zeigt sich, dass, was er erreicht hat, der Tod ist. Und wenn er trotz dieser Vernichtung seines Geistes noch körperlich weiterbesteht, so ist er doch nichts weiter als ein lebendes Gespenst.«[2]

Ununterbrochene Vielbeschäftigung ist nur scheinbare Lebendigkeit, in Wirklichkeit häufig Zerstreuung, Flucht und Leerlauf. Das Wesentliche unseres Lebens besteht nur aus wenigen fundamentalen Dingen wie etwa innerer Stimmigkeit, Wahrhaftigkeit, Seelenruhe und guten menschlichen Beziehungen. Diese sind die tragenden Säulen unseres Lebens. An materiellen Dingen brauchen wir nicht viel. Wie Epikur, der Philosoph der Freude, es einmal ausgedrückte: »Nicht hungern, nicht dürsten, nicht frieren. Wer das besitzt oder darauf hoffen darf, der könnte sogar mit Zeus an Glückseligkeit wetteifern.«[3] Das ist nicht wörtlich, sondern bildhaft zu verstehen. Das Glück müssen wir in unserem eigenen Innern finden und herstellen. In äußeren Gütern und Dingen suchen wir es vergebens. Ebenso häufig, wie Vermögen und Besitz unser Leben erleichtern und angenehmer machen, können sie es auch schwieriger, belastender, sorgenreicher und komplizierter gestalten. Aristoteles, der die Notwendigkeit und Nützlichkeit des Besitzes durchaus bejahte, meinte jedoch einschränkend, dass er viele Menschen eher daran hindere, glücklich zu leben, als dass er sie darin fördere. Das Wesentliche geschieht in unserem Innern. Dort müssen wir die verschiedenen Kräfte, Impulse und Widerstände ins rechte Verhältnis setzen. Innere Ausgeglichenheit, heitere Gelassenheit, eine Art Seelenfrieden, das ist es, wonach wir uns sehnen und wozu der äußere Besitz und die äußeren Beziehungen nur Mittel zum Zweck sind.

Diese Zusammenhänge werden uns mehr oder weniger bewusst, wenn wir in innerer Sammlung zu uns kommen. Das geschieht nicht selten beim Wandern. »Keine Straße wandern: so erlangst du den Sinn«, sagt der chinesische Weise Zhuangzi.[4] »Keine Straße wandern« meint das zweckfreie Wandern in Muße, fern von unseren Alltagszielen und -bestrebungen, für die im Zitat die »Straße« steht. »Sinn« meint hier unser Selbst, unser Eigenstes, unsere Bestimmung, das, was uns ausmacht und in dessen Nähe und Verwirklichung wir uns bei uns selbst fühlen – mit anderen Worten: einen Seelenzustand, für den der

griechische Philosoph Demokrit das Wort »Wohlgemutheit« eingeführt hat. Es bezeichnet eine heitere innere Ge-
stimmtheit, die nicht nur kurzfristiger und vorübergehender Art ist und in der wir aufrichtig sagen können: »Es
geht uns rundum gut.« Wir sagen das, weil wir es tief in
uns fühlen und erleben und keine dunkle Wolke unsere
gute Laune trübt. Das »Eigenste« mag bei jedem etwas
anderes sein, stets ein Kanon von verschiedenen Werten
und Bedürfnissen mit individuell unterschiedlichen Ge-
wichtungen, unsere höchstpersönliche Wertehierarchie.
Aber es gibt diese Mitte, dieses »Selbst«, mag es auch noch
so schwer zu fassen und noch schwerer zu erkennen sein.
Wir spüren es am stärksten, wenn wir uns umgekehrt von
uns selbst entfernen und sich Entfremdungsgefühle einstellen. Wir fühlen uns nicht mehr wohl in unserer Haut,
weder in unserer seelischen noch in der äußeren, den gegenwärtigen Lebensumständen.

Auch Goethe ging von einer solchen Mitte aus, die sich
gerade im Gegensatz zur Unendlichkeit der ihn umgeben-
den Natur bemerkbar macht: »Wie kann sich der Mensch
gegen das Unendliche stellen, als wenn er alle geistigen
Kräfte, die nach vielen Seiten hingezogen werden, in seinem Innersten, Tiefsten versammelt, wenn er sich fragt:
›Darfst du dich in der Mitte dieser ewig lebendigen Ordnung auch nur denken, sobald sich nicht gleichfalls in dir
ein beharrlich Bewegtes, um einen reinen Mittelpunkt
kreisend, hervortut? Und selbst wenn es dir schwer würde,
diesen Mittelpunkt in deinem Busen aufzufinden, so wür-
dest du ihn daran erkennen, dass eine wohlwollende, wohl-
tätige Wirkung von ihm ausgeht und von ihm Zeugnis
gibt.‹«[5]

Ich will nicht sagen, dass sich diese Nähe zu uns selbst
allein beim Wandern herstellt, nicht einmal, dass dies im-

mer geschieht, wenn wir einen schönen und beglückenden Wandertag erleben. Das Wandern aber ist gewiss ein gutes Mittel und eine große Chance, dass wir zu uns selbst kommen und uns selbst und unsere Identität wieder spüren. Das ist wiederum die Voraussetzung dafür, das Gefühl von Identität, Selbstsein und Authentizität dauerhaft in uns wachzuhalten. In einem sehr alten chinesischen Liederbuch, aus dem Konfuzius gerne zitierte und Lieder sang, heißt es:

Sein Wille ist einer.
Sein Herz ist beisammen.
Der Weise ist eins und gesammelt.[6]

Wir werden beim Wandern klarer. Wir wissen wieder, wer wir sind und was wir wollen. Wir haben Ordnung in unseren Seelenhaushalt gebracht: »Sein Herz ist beisammen.« In der Vielgeschäftigkeit unseres Alltags verlieren wir diese Klarheit immer wieder. Dieser zeitweise Verlust innerer Klarheit führt zu Zweifeln, Unsicherheiten, Unachtsamkeiten, zu fragwürdigen Entscheidungen und Entfremdungsgefühlen. Die weiteren Folgen sind Verlust an Energie und Selbststeuerungskraft, verbunden mit innerer Unruhe, Unausgeglichenheit, Mattigkeit und Überforderung, die sich einstellen können. Innere Klarheit dagegen fokussiert uns auf das Wesentliche, gibt uns Kraft und Ruhe, das jeweils Angemessene und Richtige zu tun, und weckt positive Gefühle und Stimmungen.

»Die Fußspuren laufen kreuz und quer. Wenn man ernst dabei ist: kein Makel«, heißt es im chinesischen »Buch der Wandlungen«, dem *I Ging*. Der Übersetzer der Stelle gibt eine bemerkenswerte Auslegung dieser dunklen Worte: »Es herrscht eilige Geschäftigkeit. Wichtig ist dabei, die innere Sammlung zu bewahren, sich nicht mitreißen zu lassen von dem Getriebe des Lebens. Wenn man ernst und gesammelt ist, so erlangt man die nötige Klarheit zur Auseinandersetzung mit den zahlreichen Eindrücken, die auf einen einstürmen. Gerade zu Anfang ist solch gesammelter Ernst besonders wichtig; denn der Anfang enthält die Keime zu allem Weiteren.«[7] Sammlung führt zur Achtsamkeit. Diese verhilft uns dazu, bestimmte Entwicklungen bereits in ihren Anfangsstadien zu erkennen. Wer sein Leben gestalten will, muss vor allem den richtigen Moment erkennen, in dem er tätig werden sollte. Die Griechen nannten ihn »Kairos«. Nach Auffassung der alten Chinesen ist der richtige Augenblick häufig im Anfang einer Entwicklung anzutreffen. »Was noch klein ist, lässt sich leicht zerstreuen. Man muss wirken auf das, was noch nicht da ist. Man muss ordnen, was noch nicht in Verwirrung ist«, sagt Laotse.[8]

Sammlung und Achtsamkeit führen zu innerer Klarheit. Innere Klarheit aber gewinnen und fördern wir, wenn wir wandern oder länger spazieren gehen. Viele große Denker nutzten das meditative Für-sich-Sein, das wir in der wandernden Bewegung erleben, um Klarheit über sich und ihr Leben zu gewinnen. »Meine Gedanken schlafen ein, wenn ich sitze; mein Geist rührt sich nicht, wenn meine Beine ihn nicht bewegen«, meinte Montaigne.[9] Von Goethe ist bekannt, dass er öfter durch Reisen, Wandern oder Ausreiten der Welt entfloh, um sich auf sich selbst zu besinnen. In einem Brief an Schiller drückte er es einmal so aus: »… der Mangel an äußeren Verhältnissen und Verbindungen [auf Reisen], ja die lange Weile, ist demjenigen günstig, der manches zu verarbeiten hat.«[10] »Flucht ist die einzige Form, in der sich Goethes Temperament, nachdem es sich bis zum letzten Augenblicke gehalten, aus allen wohl gebauten Wohnungen, Verschanzungen retten kann. Schon fünf Jahre zuvor [vor Beginn der italienischen Reise] hatte er der Freundin einmal verzweifelnd gestanden, sein böser Genius missbrauche seine Entfernung auf Reisen, ›schildert mir die lästigsten Seiten meines Zustandes und rät mir, mich mit der Flucht zu retten‹.«[11]

Eine solche »Weltflucht«, die durchaus etwas Gemeinsames mit einer längeren Wanderung hat, ist keine Flucht vor sich selbst und führt keineswegs zu einer Entfremdung von unseren alltäglichen Verrichtungen. Sie raubt uns nicht die Energie und die Lust am schöpferischen Gestalten unserer Lebenswelt. Im Gegenteil: Sie verschafft uns nicht nur die Klarheit zu erkennen, was ist und was getan werden muss. Sie gibt uns auch die Kraft und das Selbstvertrauen, Bedeutendes in unserer Lebenswelt zu bewirken, sei diese nun groß oder klein. Die Mystiker, Meister in der Kunst der Selbstversenkung und im stillen In-sich-Hineinhorchen, zu dem das Wandern immer wieder Gelegenheit gibt, waren nicht selten Menschen von gewaltiger Tatkraft und großen Werken, Schöpfer von bedeutenden Kulturleistungen.[12] »Deshalb sollten auch sehr beschäftigte Leute von Zeit zu Zeit die Stille suchen und ihr Herz erquicken«, sagt der japanische Universalgelehrte, Philosoph und Arzt Kaibara Ekiken.[13]

In der Ruhe, die wir bei einer Tageswanderung in der Natur gewinnen, liegt eine große Kraft, die wir mit in den Alltag nehmen. Ohne dass wir uns dessen immer bewusst werden, wirkt die stille Betrachtung und das Erleben der Weite, Schönheit und Erhabenheit der Natur auf unsere Persönlichkeit ein, bildet sie und rückt unsere Werte zurecht. Das meinte Konfuzius, als er sagte: »Wenn der Edle still für sich weilt, so ist er ernst im Lernen, in der Bildung der Persönlichkeit, in der Erziehung der Gesinnung.«[14] Er mag dabei an das Zeichen »Die Betrachtung/Der Anblick« aus dem von ihm hochgeschätzten *I Ging* gedacht haben. Durch die Betrachtung der ewigen Natur schauen und erleben diejenigen, die dafür einen Sinn haben, »die geheimnisvollen göttlichen Lebensgesetze und verschaffen ihnen durch den höchsten Ernst innerer Sammlung Verwirklichung in ihrer eigenen Persönlichkeit. So geht von ihrem Anblick eine geheimnisvolle geistige Macht aus, die auf die Menschen wirkt und sie unterwirft, ohne dass sie sich bewusst werden, wie das zugeht.«[15]

Das mag pathetisch klingen. Dennoch kommt es dem nahe, was in unserer Seele geschieht, wenn uns bei dem Anblick eines einzigartigen Naturpanoramas der Atem zu stocken scheint und wir ergriffen werden von dem Gefühl der Ewigkeit. Seit Hunderttausenden von Jahren stehen die Berge schon da. Das lässt unsere Existenz klein und nichtig erscheinen. Aber der Umstand, dass wir dieses Zeugnis der Unendlichkeit mit unseren eigenen Augen schauen und mit unserem Geist erfassen können, das hebt uns im gleichen Moment über uns selbst hinaus und lässt uns fühlen, dass auch wir an dieser Ewigkeit teilhaben. »Der heilsame Einfluss, den Wälder und Berge auf die Menschen ausüben, kommt größtenteils davon, dass sie für den Geist unerschöpflich sind«, sagt Zhuangzi.[16] In der Fähigkeit, unsere Endlichkeit im denkenden Betrachten zu überschreiten, haben viele Weise und Mystiker die Wirkung von etwas Göttlichem in uns erkannt. Wie dem auch sei, solche tiefen Naturerlebnisse geben uns Kraft, lassen uns innerlich wachsen und rücken unsere innere Werteskala wieder zurecht, denn unsere Alltagsprobleme relativieren sich im Angesicht der gewaltigen Natur. Das dürfte Konfuzius mit der »Erziehung der Gesinnung« gemeint haben. In einzelnen Momenten kann das jeder Wanderer spüren, wenn er sich der Naturschönheit öffnet und von ihr ergreifen lässt.

Für mich ist der Aspekt innerer Sammlung beim Wandern einer der wichtigsten. Ohne immer wieder zu mir zurückzukommen und in mich hineinzuhören, würde ich meine innere Ausgeglichenheit verlieren und könnte meinem Leben nicht die Orientierung geben, die zu meinem Wesen passt. So viele Anregungen ich von außen und durch die ständige Lektüre von Weisheitsschriften und philosophischen Texten auch erhalte – meinen Weg, mein Maß und meine Mitte, meine Weltsicht und mein Selbstverständnis muss ich letztlich aus mir selbst schöpfen, indem ich die äußeren Erfahrungen mit meinen inneren zu etwas Eigenem und Höchstpersönlichem verschmelze. Das kann ich nur, wenn ich auf mich achte, mich immer wieder aus den Verstrickungen des Alltags löse, mich sammle und kritisch hinterfrage.

Diese Einsicht, die mir das Wandern vermittelt hat, habe ich mit in den Alltag hineingenommen. Auch jenseits von Wanderungen ziehe ich mich regelmäßig in mich selbst zurück, versuche still zu werden, in mich hineinzuhorchen, mich zu spüren und mich in meiner Mitte einzurichten: bei der morgendlichen Meditation; wenn ich die Arbeit unterbreche, um mich bei einem kurzen Spaziergang zu sammeln; wenn ich mich in ein Café zurückziehe, um Tagebuch zu schreiben; wenn ich angeregt durch Musik oder eine Lektüre innehalte und nachdenke. Sammlung braucht Pausen und Ruhe, braucht Auszeiten und Abschalten, braucht Loslassen und Fallenlassen. Das kommt in unserem Leben häufig zu kurz. »Wir müssen die Kunst des Haltmachens lernen«, die »Kunst des Ruhens«, sagt Thich Nhat Hanh. Für mich sind die Zeiten des Rückzugs, Alleinseins und Besinnens eine Überlebensstrategie, eine Notwendigkeit wie das Atmen, ein fester Bestandteil meines Lebensalltags. Die Seele bringt sich in Form. Auch deshalb liebe ich das Wandern.

Zusammenfassung

Was Wandern und praktische Philosophie verbindet, ist der Umstand, dass wir den Schritt anhalten, still werden und zu uns kommen. Wir erfahren uns jenseits des Alltagsgetriebes, werden ruhig und können uns im Inneren sammeln. Wir gewinnen Klarheit, können überprüfen, ob wir noch auf dem rechten Weg sind, die richtigen Werte verfolgen und danach leben. Wir schärfen unsere Achtsamkeit und horchen in uns hinein, werden wieder offen für die Schönheiten am Wegesrand, die Erhabenheit der Natur und den Sinn unseres Lebens.

Allmählich tritt die Ruhe ein,
Wenn die »Vernunft« man fest ergreift,
Das »Denken« in das Selbst versenkt,
Sodass es hin und her nicht schweift.[17]
Bhagavadgita

Sich besser kennenlernen

Wer andere kennt, ist klug,
wer sich selber kennt, ist weise.[1]
Laotse

Das Wandern bringt uns näher zu unserer Mitte und führt zu einer Selbstvergewisserung. Wir spüren uns wieder neu. Beim Wandern können wir auch verborgene Seiten in uns entdecken. Wir kommen uns auf die Schliche und können gerechter und angemessener über eigene Verhaltens- und Denkweisen urteilen, unser Verhältnis zu anderen Menschen klären und Beziehungen, die uns gerade beschäftigen, überprüfen und ins rechte Licht rücken. Die Hektik und Zerstreutheit des Alltags erlaubt uns häufig nur einen verzerrten und oberflächlichen Blick auf diese Lebensbezüge. Unser Urteil ist eingetrübt. Die zunehmende Distanz zum Alltag, die wir uns im stundenlangen Marsch erwandern, führt zu meditativer Besinnung und Selbsterhellung. Wir werden innerlich ruhig und gewinnen Klarheit. »Wenn die seelisch-geistigen Vorgänge zur Ruhe gekommen sind, wird der Geist wie ein Kristall«, heißt es in den *Yogasutren* des Patañjali, der antiken Quelle aller Yogarichtungen.[2]

Das wird nicht bei jeder Wanderung und nicht bei jedem Wanderer der Fall sein. Häufig wird es uns auch gar nicht bewusst. Es geschieht dann auf der Ebene des Unbewussten, vergleichbar der Traumarbeit. Aber diese Selbsterhellung und Selbstvergewisserung ist beim Wandern kein seltenes Phänomen. Mir passiert es häufig, dass ich während einer Wanderung ein bestimmtes Verhalten, ein Ereignis oder eine Unternehmung selbstkritisch hinterfrage. Aus der Distanz zum Alltag betrachte ich die Dinge aus einer anderen Perspektive. Meine Einschätzung und Bewertung der Situation verschiebt sich. Es stellen sich hilfreiche Anregungen und Ideen ein, die meine Selbstwahrnehmung verändern. Es reifen Entschlüsse, ein bestimmtes Verhalten, Denken oder Werten in Zukunft zu ändern.

Damit ist nicht viel gewonnen, solange wir diese Entschlüsse nicht auch umsetzen und ein verändertes Denken, Wollen oder Verhalten beharrlich einüben, bis es ein Teil von uns selbst geworden ist. Aber es wird ein Anfang gemacht. Ohne diesen Anfang kommt nichts in Gang, und alles bleibt, wie es ist. Das braucht nicht schlecht zu sein. Die Weisen der Antike meinten allerdings, dass wir nie auslernen und dass es daher zu einem guten Leben gehört, sich das ganze Leben lang weiterzuentwickeln. »Leben zu lernen, dazu gehört das ganze Leben«, meinte Seneca.[3] Dies ist auch deshalb nötig, weil wir uns wie alles Lebendige im Laufe des Lebens ändern. Unsere Werte, unsere Beziehungen zu anderen Menschen, unsere Bedürfnisse und Vorlieben – dies alles verschiebt sich und fordert von uns Anpassung, wollen wir uns weiterhin in unseren Lebensumständen wohlfühlen. Leben ist ein ständiger Anpassungsprozess, der nur dann gelingen kann, wenn wir uns auf die Veränderungen in uns und um uns herum einstellen, dabei aber gleichzeitig unsere Mitte und Authentizität bewahren. »Greis schon bin ich und lerne immer noch dazu«, sagte Solon von Athen, einer der »Sieben Weisen«. Mit 60 Jahren legte er die Regierungsgeschäfte, die er 24 Jahre geführt hatte, nieder und begab sich auf eine lange Bildungsreise.

Das Wandern führt nicht zu vollkommener Selbsterkenntnis. Die dürfte es wohl kaum geben, und sie ist, nach einem Wort Goethes, auch nicht erstrebenswert.[4] Es kann aber dazu beitragen, das eine oder andere im eigenen Seelenleben aufzuhellen oder Anstöße zu geben, um eine nützliche Korrektur im Denken, Wollen oder Verhalten vorzunehmen. Deshalb haben die Weisen des Altertums einer gesunden und zutreffenden Selbsteinschätzung eine grundlegende Bedeutung für ein gelingendes Leben beigemessen. Wie sollen wir wissen, fragt Sokrates, was uns auf Dauer guttut, wenn wir uns nicht kennen?[5] Hierzu passt, wenn er ein anderes Mal bemerkt, ein Mensch sei insbesondere dann glücklich, wenn er das gut tut, was er am besten kann.[6] Es ist aber keineswegs leicht herauszufinden, was wir am besten können, d. h., welche Tätigkeit zu uns passt. Natürlich kann es selbst dann, wenn wir dies herausgefunden haben, schwierig sein, zum Beispiel eine geeignete berufliche Stelle zu finden, wo wir diese Tätigkeit auch ausüben können. Aber wenn wir schon nicht wissen, welcher Beruf uns dauerhaft erfüllt, dann wird es nahezu unmöglich, das Richtige zu finden.

Ich habe 25 Jahre gebraucht, um mir über meine Berufung klar zu werden und diese auszuüben, obwohl ich ihr bereits früh auf der Spur war. Mit 16 Jahren entdeckte ich meine Leidenschaft für die Philosophie und war davon überzeugt, darin mein Glück zu finden. Aber dann folgte ich der Mahnung eines Freundes, dass es schwierig ist, als Philosoph seinen Lebensunterhalt zu bestreiten. Also studierte ich neben der Philosophie auch Jura und wurde Anwalt. Das sprach etwas anderes in mir an, und die Anwaltsjahre waren weder eine schlechte noch eine vergeudete Zeit. Im Nachhinein möchte ich sie nicht missen, denn diese Jahre haben mich geerdet und mir die Gelegenheit

gegeben, mich mit zahlreichen allgemeinen Lebensproble-
men zu beschäftigen, mit denen die Menschen zum Anwalt kommen. Vielen Rechtsfällen liegt auch ein menschliches Problem zugrunde, das der Anwalt nicht ausblenden
sollte.

Darüber hinaus arbeitete ich zwölf Jahre als Filmproduzent, weil ich neben der Philosophie auch künstlerisch
anspruchsvolle Filme liebte und dachte, in der Herstellung
solcher Filme meine Erfüllung zu finden. Aber obgleich
beide Berufe wichtige Bedürfnisse und Begabungen in mir
befriedigten, endete die Suche nach meinem »Ithaka«,
meiner beruflichen Heimat, erst, als ich mich erneut intensiv der Philosophie zuwandte. Wie es keinen Wanderweg
gibt, der stets gerade verläuft, vielmehr ständig in Kurven
und Bogen – ja, uns zeitweise auch in die entgegengesetzte
Himmelsrichtung führt –, so ist auch das Leben für den,
der sich auf den Weg zu sich selbst macht, keineswegs
stromlinienförmig. Ich denke, dass es genau das war, was
uns Homer mit seinem Epos von den »Irrfahrten des
Odysseus« sagen wollte. Der Weg zu sich selbst ist ein ge-
fahrvoller und langer Weg mit vielen Irrungen, Ver-
suchungen und Kämpfen. Er gleicht einer Wanderung in
unmarkiertem Gelände, der Entdeckung einer neuen
Route, der Erstbesteigung eines Berges. Der griechische
Gott Hermes gilt als der Beschützer der Wanderer. Er begleitet sie auf ihren gefahrvollen Pfaden und ist zugleich
der Führer auf dem nicht weniger gefährlichen Weg, den
ihre Seele nimmt.[7]

Die wesensmäßige Verwandtschaft von Wandern,
Selbstfindung und philosophischer Reflexion über den
rechten Lebensweg liegt in dem unverzichtbaren Bemühen, Orientierung zu finden. Das philosophische Fragen
ist – wie die Selbsterforschung und das Wandern im unbe-

kannten Gelände – eine Suche, sei es nach Antworten oder weiterführenden Gedanken, sei es nach der eigenen Identität oder nach dem richtigen Weg. Auf diese Verwandtschaft weist Kaibara Ekiken hin: »Lerne – und es werden dir Zweifel kommen; zweifle – und es werden dir Probleme kommen; stelle dich den Problemen – und es werden dir darüber Gedanken kommen; mache dir Gedanken, und du wirst in den Besitz der rechten Erkenntnis und der Bildung kommen.

Dieser Sachverhalt lässt sich dem Wandern auf einem Weg vergleichen: Geht man voran, ohne rasten (zu wollen), so wird man, sooft man auf Wegabzweigungen stößt, nicht wissen, welcher der rechte Weg ist. Man wird daher im Zweifel sein; verliert man sich (gerät man auf den falschen), so kommt man irgendwann nicht weiter, und man wird schließlich nicht umhinkönnen zu fragen; ist einer aber auf seinem Weg überhaupt nicht vorwärtsgekommen (macht sich einer nicht auf den Weg), wie hätte der (nach dem rechten Weg) fragen können?«[8]

Nur wer sich auf den Weg macht und sich umschaut, kommt ans Ziel. Nur wer fragt, bekommt Antworten. Nur wer in sich hineinhorcht, kommt zu sich selbst, zu seinen eigentlichen und tiefsten Bedürfnissen, zu seinen Wurzeln.

Über den französischen Philosophen Gabriel Marcel sagte Carlo Schmid: »Er hat sich selber einen ›philosophe itinérant‹ [Wanderphilosoph] genannt, einen Denker, dem gerade das ›Auf-dem-Wege-Sein‹ Ziel und Wesen jedes Philosophierens ist. Auf dieser ständigen Wanderschaft begegnet einer in allem, worauf er trifft, sich selber, und diese Begegnung mit uns in unserem jeweiligen So- und Anderssein stellt uns infrage und weckt und nährt in uns das Bedenken. In diesem Infragestehen gibt es keine fertigen Antworten.«[9]

Fragen und Suchen sind ein wesentlicher Bestandteil der Lebenskunst, weil es uns in unserer lebenslangen inneren Entwicklung fördert. Bei Ludwig Tieck lesen wir: »Ich denke mir nun alle die mannigfaltigen Wege durch Wälder, über Berge, an Strömen vorüber … wie jeder umherschaut und nach dem Bruder seiner Seele sucht, und so wenige ihn finden und immer wieder durch Wälder und Städte, bergüber an Strömen vorüber weiterreisen und ihn immer nicht finden. Viele suchen schon gar nicht mehr, und diese sind die Unglücklichsten, denn sie haben die Kunst zu leben verlernt, da das Leben nur darin besteht, immer wieder zu hoffen, immer zu suchen, der Augenblick, wo wir dies aufgeben, sollte der Augenblick unseres Todes sein.«[10]

Auch in der griechischen Mythologie findet sich diese Verwandtschaft von Philosophie, Wandern und Selbsterkenntnis. Iris war den Griechen die Götterbotin, die zwischen Himmel und Erde vermittelt, zwischen dem Göttlichen, Ewigen, Wahren einerseits und dem Menschlichen, Vergänglichen, Irrtum andererseits. Als Vermittlerin des Wahren steht sie für die Philosophie. Sie ist die Tochter des Thaumas, der Verwunderung oder Bewunderung. Der Anblick des Himmels in seiner stillen Erhabenheit, die Größe, Macht und Herrlichkeit der Natur, wie wir sie auch beim Wandern erleben, weckten die Bewunderung der alten Griechen ebenso wie das Staunen und die Verwunderung über die Unendlichkeit des Seins und die Gesetzmäßigkeiten seines Wandels.[11] Staunen und Verwunderung führten zum Fragen, das Fragen aber auf die Bahn der denkenden Betrachtung der Dinge, zur Philosophie, wörtlich zur Liebe und Sehnsucht nach Weisheit und Erkenntnis. Das Staunen ist daher für Platon und Aristoteles der Anfang der Philosophie.[12] Für Seneca ist es das Schönste an dem Studium der Natur, »dass es den Menschen durch seine Erhabenheit fesselt und man nicht forscht, um zu gewinnen, sondern um zu staunen«.[13]

Auch bei der Selbsterkenntnis und der Entwicklung unserer Persönlichkeit hin zu mehr Zufriedenheit und innerer Ausgeglichenheit bringt uns das Fragen weiter als ein vermeintliches Wissen. »Ein guter Reisender ist ein Mensch, der nicht weiß, wohin die Reise geht, und vom guten unterscheidet es den vollkommenen Reisenden, dass er außerdem nicht weiß, wo er herkommt.«[14] Ganz in diesem Sinne lesen wir bei Liezi: »Wandre zum höchsten Ziel! Wer dieses Ziel des Wanderns erreicht, der weiß nicht mehr, wohin er geht; wer das Ziel des Staunens erreicht, der weiß nicht mehr, was er erblickt. Allen Dingen begegnet er auf seiner Wanderschaft. Alle Dinge schaut er so. Das ist's, was ich Wandern nenne, das ist's, was ich Schauen nenne. Darum sage ich: Wandre zum höchsten Ziel!«[15] Wer nicht fragt, lernt nicht dazu. Erst das Fragen führt uns in unsere Mitte, zu unseren Wurzeln. Nicht mehr zu wissen, wohin man geht und was man erblickt, ist hier positiv gemeint und steht für Offenheit, Vorurteilslosigkeit und Hingabe an das Hier und Jetzt. »... und keiner weiß um das Ende des Wegs, den er gerade beginnt«, dichtete Solon[16], bevor er sich – wie bereits erwähnt – im hohen Alter auf eine lange Bildungsreise begab.

»Alles kehrt zurück zur Wurzel, Rückkehr zur Wurzel ist Stille, Stille ist Wendung zum Schicksal«, nämlich der eigenen Bestimmung. In diesen Worten des chinesischen Philosophen Laotse fließen Sammlung und Selbsterkenntnis zusammen. Wir kommen nur zu uns selbst, wenn wir uns zeitweise aus dem Alltag zurückziehen, wofür Wandern ein geeignetes Mittel ist. In der Sammlung tritt der Alltag in den Hintergrund, sein Lärmen verhallt, unser

Kopf wird frei. Was sonst unser Denken beherrscht, wird leise und verstummt für Augenblicke ganz. Wir werden »still«.

Das sind die Momente, in denen wir uns selbst wahrnehmen, die innere Stimme hören können und unsere tiefste Sehnsucht »stillen«: die Sehnsucht nach Geborgenheit im Innern, das »Wohlgefühl des Baumes an seinen Wurzeln«, wie sich Nietzsche ausdrückte.[17] Diese Geborgenheit ist nichts anderes als Gelassenheit, das Gegenteil von Aufregung und innerer Unruhe. Die alten Griechen sprachen von der »Meeresstille der Seele« und sahen darin das Ideal einer guten Seelenverfassung. Bei Zhuangzi, einem bedeutenden Nachfolger des Laotse, lesen wir: »Der Mensch schaut sein Spiegelbild nicht im fließenden Wasser, sondern im stillen Wasser. Nur Stille kann alle Stille stillen.«[18] Wenn wir dann noch den Mut, die Entschlossenheit und Beharrlichkeit aufbringen, was wir im Innern erkannt haben auch konsequent im Äußeren umzusetzen, so nehmen wir unser Schicksal selbst in die Hand und können damit beginnen, unser »Ithaka«, unsere Mitte, zu leben und zu realisieren. Mindestens aber rücken wir näher an unsere Mitte heran, werden wahrhaftiger, authentischer. Je näher wir uns auf diese Weise kommen, umso zufriedener werden wir, unabhängig von den jeweiligen Lebensumständen, denn die Zufriedenheit entspringt der inneren Übereinstimmung mit uns selbst.

Das ist nur ein kleiner, wenn auch sehr wichtiger Ausschnitt aus der Bandbreite praktischer Lebensfragen, die mit unserer Selbsterkenntnis und Selbstwahrnehmung aufs Engste verknüpft sind. Der Nutzen angemessener Selbsterkenntnis geht noch weit darüber hinaus und betrifft all unsere Daseinsbezüge: den Lebenspartner, Familie, Freunde, Beruf, soziale Kontakte, Hobbys, den richtigen Zeitpunkt für Entscheidungen und Veränderungen, das richtige Maß, etwa im Hinblick auf die Energien und den Zeitaufwand für Beruf, Familie und für sich selbst. Aber auch die Wahrnehmung unserer sonstigen Bedürfnisse und Veranlagungen, Stärken und Schwächen gehört dazu. Wesentliche Bedürfnisse müssen wir ausleben, Begabungen aktivieren und fördern. Schwächen und Affekte sollten wir kontinuierlich abbauen oder zu reduzieren versuchen. Sie sind es, die in uns negative Gefühle und Unwohlsein hervorrufen. Sind wir zum Beispiel zu stark auf materielle Dinge und Äußerlichkeiten fixiert, dann begeben wir uns in Abhängigkeiten, und unser Wohlbefinden hängt am seidenen Faden äußerer Entwicklungen, Zufällen und dem Verhalten anderer Menschen. Wir entwickeln Sorgen und Ängste und sind innerlich unruhig. Auch Ärger, Zorn, Wut oder gar Hass sind unserem Wohlbefinden abträglich. Gleiches gilt für Gefühle wie Neid, Eifersucht, Gier, Missgunst, Hochmut, zügellose Leidenschaften oder übermäßige Trauer. All das gilt es, an uns wahrzunehmen und die Ursachen zu erkennen, damit wir uns von negativen, belastenden Affekten befreien oder doch lernen, mit ihnen auf die beste Weise umzugehen.

Wenn wir uns von solchen Gefühlen dauerhaft lossagen wollen, müssen wir erkennen, wann, in welchen Situationen und warum sie sich einstellen. Buddha beschrieb dies einmal so: »Da verweilt ein Mönch ... schauend, eifrig, achtsam, nachdenklich ... bei den Gefühlen die Empfindung erkennend ...«[19] Die Ursachen liegen nicht immer in äußeren Ereignissen und anderen Menschen. Diese sind häufig nur der Auslöser. Entscheidend ist, wie wir diese Ereignisse innerlich verarbeiten und bewerten. Der Verlust von materiellen Gütern, eines Jobs, von Freunden, von geschäftlichen oder sozialen Kontakten, das Fehlschlagen von Geschäften, Plänen oder Unternehmungen kann in uns großes seelisches Leid hervorrufen. Wir können aber auch ruhig und gelassen bleiben, kühlen Kopf bewahren und das Beste aus der jeweiligen Situation machen. All das hängt von unseren Haltungen, Einstellungen und inneren Werten ab. Wir selbst sind es aber, die diese Haltungen und Einstellungen entwickelt und angenommen haben. Wir können sie auch jederzeit ändern. »Nicht die Dinge selbst beunruhigen die Menschen, sondern die Vorstellungen von den Dingen. Wenn wir … beunruhigt oder betrübt werden, so sollen wir nie in andern die Ursache suchen, sondern in uns, das heißt in unseren Vorstellungen«, sagt der römische Philosoph und ehemalige Sklave Epiktet.[20] Schon 400 Jahre vor Epiktet stellte ein epikureischer Philosoph fest: »Alles ist das, was der Einzelne sich darunter vorstellt.«[21]

Wir können neue Einstellungen und Haltungen annehmen. Wir machen eine neue Erfahrung und ändern daraufhin unsere Meinung, denken oder handeln anders, als wir dies bisher getan haben. Das entspricht der natürlichen Persönlichkeitsentwicklung. Niemand ist stets derselbe. Mit jeder neuen Lebensphase verändert sich auch unser Denken, Begehren und Verhalten. Wo wir diese Entwicklung bewusst vollziehen und aufgrund der gemachten Erfahrungen und besseren Einsichten zielgerichtet steuern, nennen wir dies Selbstkultivierung. Wir werden der Künstler und Gestalter unseres Lebens. Zu nichts anderem hat die antike praktische Philosophie in Orient und Okzident uns auffordern wollen. »Mache dich selbst glücklich«, ruft uns Seneca zu.[22] Wir sollen die Fähigkeit erlernen, unser Leben so einzurichten, dass wir uns wohl darin fühlen. Dazu dienen Sammlung und Selbsterkenntnis.

Um uns selbst steuern und entwickeln zu können, müssen wir uns gut kennen. Je besser wir uns kennen, desto besser können wir mit uns umgehen, positive Kräfte und Eigenschaften stärken, negative Gefühle und Schwächen abbauen. Thales von Milet, der als der erste Philosoph des Abendlandes gilt, stellte allerdings schon fest: »Sich selbst zu erkennen ist schwierig.«[23] So ist es beispielsweise nicht damit getan, unsere Schwächen zu kennen, auch wenn vielen Menschen schon das schwerfällt, insbesondere denen, die von sich selbst überzeugt sind und meinen, keine Schwächen zu haben. Wollen wir unsere Schwächen überwinden oder ihren Einfluss auf unsere Lebensführung und unser Wohlbefinden reduzieren, müssen wir wissen, in welchen Situationen sie auftreten und was ihre Ursachen sind. Die Ursachen liegen meistens in unserer Vergangenheit. Defizite wurzeln in Denk-, Wollens- oder Verhaltensgewohnheiten, die wir irgendwann einmal aufgrund von Prägungen, Erlebnissen, Erfahrungen, durch Erziehung oder gesellschaftliche Konvention angenommen haben. Erst wenn wir die Ursachen kennen, können wir damit beginnen, eine Schwäche abzubauen oder zu reduzieren. Dies geschieht, indem wir einen Prozess der Umgewöhnung beginnen und ein anderes Denken, Wollen oder Verhalten einüben. Es ist eine Art Gegen-die-Strömung-Schwimmen, wie es in den *Yogasutren* des Patañjali heißt, nämlich gegen die eigene Trägheit und den Druck gesellschaftlicher Konventionen und Erwartungen ankämpfen.[24]

Dieser Prozess der Transformation und Weiterentwicklung der eigenen Persönlichkeit vollzieht sich freilich nicht mehr beim Wandern selbst. Ich werde auf ihn noch zurückkommen, wenn er auch in diesem Buch nicht vertieft werden kann. Das habe ich in meinen bisherigen Büchern getan.[25] Wichtig ist es an dieser Stelle, den Zusammenhang von Wandern und Selbsterkenntnis zu verstehen. Die Distanz zu unserem Alltag, die wir bei einer Tageswanderung oder in einem Wanderurlaub herstellen, erlaubt uns einen Blick quasi aus der Vogelperspektive auf uns selbst. »Ja! Hinab auf mich selber sehn und noch auf meine Sterne: das erst hieße mir mein Gipfel«, lässt Nietzsche den »Wanderer« Zarathustra ausrufen.[26] Wir können auf unser Leben, unser Verhalten, unsere Reaktionen und Gefühle aus der Distanz schauen. Je länger wir gehen, je intensiver wir die Landschaft, die Atmosphäre und die Natureindrücke in uns aufnehmen, umso größer wird der Abstand zu unserer alltäglichen Lebenswelt. Erst in dieser Distanz treten uns die Dinge und Verhältnisse als etwas Objektives gegenüber. »Wenn man auf die Höhe geht, sieht man gut in die Ferne«, lautet eine mongolische Spruchweisheit.[27] Wie ein Echo darauf klingt das deutsche Sprichwort: »Wer weit wandert, kann weit zurücksehen.«[28] Wir lösen die emotionale Eingebundenheit, die uns im Alltag häufig verstrickt, einnebelt und uns für bestimmte Erkenntnisse blind macht. Aus der Distanz wird unser Urteil unbefangener und objektiver. Auf diese Weise können wir uns und unserem Leben gerechter werden.

Noch einmal sei auf das Zeichen »Die Betrachtung/Der Anblick« aus dem *I Ging* verwiesen. Dort heißt es an anderer Stelle: »Die Betrachtung meines Lebens entscheidet über Fortschritt oder Rückschritt.« Der Übersetzer kommentiert: »... man richtet die Betrachtung auf sich selbst, um die Richtung für seine Entschließungen zu bekommen«, und fährt fort: »Diese Einkehr der Betrachtung ist gerade die Überwindung der naiven Eigensucht dessen, der alles nur von seinem Standpunkt aus betrachtet. Man kommt zur Reflexion und damit zur Objektivität.«[29] In der Vielzahl der Alltagsbesorgungen sind wir häufig ausschließlich mit dem Abarbeiten unserer To-do-Liste beschäftigt und sehen nicht mehr, was links und rechts davon passiert.

Wer die Bücher des Dalai-Lama liest, stößt immer wieder auf dessen Ermahnung, die Perspektive zu wechseln, mit der wir auf ein Problem schauen. Nur wenn wir lernen, die Dinge von verschiedenen Seiten aus zu betrachten, können wir ihnen gerecht werden und mit ihnen angemessen umgehen. Das gilt erst recht für uns selbst, denn nirgendwo sind die Verstrickungen, die »naive Eigensucht«, die Gefahr, sich selbst etwas vorzumachen, der Dünkel und die Selbstgefälligkeit so groß wie bei uns selbst. Wir hören es nicht gerne, aber Sokrates wusste schon, warum er eindringlich davor warnte, »sich selbst zu betrügen, denn das ist das Schlimmste«.[30]

Nicht bei jedem Wandern stellt sich ein solcher Perspektivwechsel ein. Das hängt davon ab, wie sehr wir in einer Situation oder einem Problem verhaftet sind. Je mehr dies der Fall ist, umso schwieriger wird es sein, uns aus der Befangenheit zu lösen und einen objektiveren Blick auf uns und unsere Situation zu gewinnen. Aber Wandern – wie das Reisen – bietet eine gute Möglichkeit, neue Perspektiven zu öffnen und uns selbst besser in den Blick zu bekommen. Vielleicht geschieht das nur in kurzen Augenblicken. Häufig wird es uns nicht einmal bewusst. Gleichwohl geraten unsere inneren Einstellungen in Bewegung, und diese Bewegung wirkt in uns fort und macht sich irgendwann einmal bemerkbar und wird uns bewusst.

Für die Denker der Antike war die aufmerksame Selbstbeobachtung der Schlüssel zu unserem Glück. »Wer sein Herz erkennt, den kennt das Glück«, sprich: zu dem kommt das Glück, heißt es in einem ägyptischen Papyrus.[31] Der Philosophenkaiser Marc Aurel bediente sich einer negativen Formulierung zum Ausdruck derselben Einsicht: »Die Menschen aber, die nicht auf die Bewegungen der eigenen Seele achten, müssen unweigerlich unglücklich sein.«[32] Am deutlichsten hat es Sokrates gesagt, als er behauptete, dass ein Leben ohne Selbsterforschung nicht wert sei, gelebt zu werden.[33] In das Zentrum seiner Philosophie hatte er deshalb die alte Spruchweisheit »Erkenne dich selbst« gestellt.

Die Weisen des Altertums in Ost und West gingen einmütig davon aus, dass der Mensch von Natur danach strebe, glücklich zu sein. Das glückliche Leben aber war ihnen das gute, sinnvolle und erfüllte Leben, mag das für jeden Einzelnen im Hinblick auf seine individuelle Natur etwas anderes bedeuten. Allgemein war ihnen Glück seelisches Wohlbefinden, innere Ausgeglichenheit, heitere Gelassenheit, eine »gesunde Seelenverfassung«. Sie identifizierten Glück mit seelischer Gesundheit, diese wiederum mit der Abwesenheit von negativen Affekten wie Ängsten, Sorgen, Zorn, Ärger, Überheblichkeit, Neid, Eifersucht, Habgier, ungezügelten Leidenschaften etc. Diese Affekte bezeichneten sie als »Krankheiten der Seele«.

Wurde das Glück ursprünglich gleichgesetzt mit äußeren Gütern wie großem Besitz, Ansehen, Kinder, vielen Bedienstete, so vollzog sich schon sehr früh in Ostasien und in Europa ein wichtiger Bedeutungswandel. Das Glück wurde von außen nach innen verlagert und mit dem identifiziert, was man ist, nicht aber mit dem, was man hat. Glück wurde als ein Seelenzustand von einer gewissen Dauer und Nachhaltigkeit beschrieben, war also auch mehr als die Befriedigung einer Lust und mehr als ein euphorischer Moment. »Glück und Unglück liegen in der eigenen Seele«, sagte der griechische Philosoph Demokrit, ein Zeitgenosse von Sokrates. Um glücklich zu werden, haben wir unseren Seelenhaushalt in Ordnung zu bringen, meinte Platon. Deshalb wurde es wichtig, sich selbst kennenzulernen. Denn wer sich nicht selbst kennt, wie sollte der gut mit sich umgehen können, fragte ein anderer griechischer Philosoph.[34]

Das Wandern vermittelt die nötige Ruhe und Muße, einen Blick in das eigene Seelenleben zu werfen. Das geschieht nicht selten, vor allem aber dann, wenn wir allein wandern. Allerdings braucht es Aufrichtigkeit und Mut, in den dunklen Keller der Seele zu steigen, dort, wo »die Leichen liegen«. Die Versuchung ist groß, die Augen vor unseren Problemen und Schattenseiten zu verschließen. In dem *Buch der Riten, Sitten und Gebräuche,* einem der bedeutendsten chinesischen Weisheitstexte, heißt es: »Mit Wahrmachen der Gedanken ist gemeint, dass man sich nicht selbst betrügt.«[35] Aufrichtigkeit und Ehrlichkeit sich selbst und anderen gegenüber ist aber etwas, das wir beim längeren Wandern lernen können.[36]

Die Selbsterhellung, das Aufräumen und »Reinigen« unseres Seelenhaushalts führt dazu, dass wir uns in unserem eigenen Innern wieder wohlfühlen, die »Geborgenheit im eignen Innern« finden.[37] Eine ausgedehnte besinnliche Wanderung kann uns dahin führen. Wir fühlen uns nicht nur körperlich frisch und gestärkt. Auch unsere Seele scheint in eine bessere Verfassung zu kommen. Wir haben aufgeräumt und wieder Ordnung in unser Seelenleben gebracht, an innerer Eintracht und Harmonie gewonnen. Wir haben unsere Werte wiedergefunden und zurechtgerückt. Alles ist wieder an seinem richtigen Platz. Wir sind mit uns im Reinen. »Und was mir nun auch noch als Schicksal und Erlebnis komme«, sagt Nietzsche, »ein Wandern wird darin sein und ein Bergsteigen: Man erlebt endlich nur noch sich selber. … Es kehrt nur zurück, es kommt mir endlich heim – mein eigen Selbst, und was von ihm lange in der Fremde war und zerstreut unter alle Dinge und Zufälle.«[38]

Abschließend sei noch einmal darauf hingewiesen, dass mit der Selbsterforschung und Selbstfindung kein ständiges Grübeln über das eigene Selbst gemeint ist. Auch wenn wir bei einer Wanderung unserem Seelenleben keinen einzigen ausdrücklichen Gedanken widmen, ordnet sich etwas in unserer Seelenverfassung. Deshalb erleben wir einen Wandertag nicht nur als eine körperliche, sondern auch als eine seelisch-geistige Erholung, unabhängig davon, ob wir bewusst mit neuen Erkenntnissen und Ideen nach Hause kommen.

Zusammenfassung

Beim Wandern kommt man sich selbst näher. Aus der Distanz zum Alltag erfährt man sich wieder neu. Die Selbsterkenntnis aber ist die grundlegende Voraussetzung für ein glückliches Leben. Nur wer sich kennt, weiß, was ihm auf Dauer guttut und was nicht. Wie der Wanderer im wenig bekannten Gelände seinen Weg suchen muss, so sucht der Mensch auf seinem Lebensweg seine Wesensidentität, um ein authentisches Leben zu führen. Er möchte das Gefühl haben, sich selbst zu leben und so seine innere Bestimmung zu erfüllen. Das gibt ihm Sinn und Halt. Immer wieder muss er sich neu orientieren, umschauen, lässt er den Blick schweifen, neugierig für sich und die Umgebung. Fragen und Suchen sind dasselbe. Nur das Fragen bringt uns in unsere Mitte. Nur wer sich selbst kennt, kann auch mit sich umgehen. Nur wenn wir verstehen, warum

wir so denken, begehren und handeln, wie wir es tun, können wir uns ändern. Dazu brauchen wir Stille, Zeit zur Besinnung und Distanz zu unserem Alltag. Zu all dem bietet
das Wandern eine gute Gelegenheit.

> *Der Weise sucht alles in sich, der Tor in andern.*[39]
> Fernöstliche Weisheit

Dankbar und
bescheiden werden

Ein Becher Wasser löscht schon den Durst,
und ein Mundvoll Gemüse stärkt das Herz.
Ein einziges gutes Ding steht für alles Gute,
ein winziges Bisschen steht für viel.[1]
Ägypten, 3. Jahrtausend v. Chr.

Erkenne dich selbst!« Diese ethische Forderung – eine der ältesten des Abendlandes – war ursprünglich in der Eingangshalle zum Apollon-Tempel in Delphi eingraviert. Sie sollte den Besucher, der das Heiligtum betrat, daran erinnern, dass er ein Mensch ist, ein sterbliches und in jeder Hinsicht begrenztes Wesen, dass er nicht vollkommen ist und nicht alles weiß. Unvergänglichkeit, Vollkommenheit und Allwissenheit kommen nur dem Gott zu. Die Mahnung sollte dem Menschen Ehrfurcht vor dem Größeren und Vollendeten gebieten und das Bewusstsein der eigenen Beschränktheit wachhalten. Ein solches Bewusstsein entspricht nicht nur einer zutreffenden Selbsteinschätzung, es ist auch die Quelle von zahlreichen menschlichen Freuden. Diese erleben wir nur deshalb, weil jede Freude etwas Einmaliges, Zerbrechliches und Vergängliches ist. Wäre sie ewig, würde sie fad und langweilig werden. Sie ist ein Geschenk des Lebens, des Schicksals oder höherer Mächte, das wir dankbar und in Demut entgegennehmen und genießen sollen.

»Drum erhebe sich nimmer ein Mensch … sondern genieße, was ihm die Götter bescheren, in Demut!«, lässt

Homer den Odysseus ausrufen.[2] Dasselbe Gefühl demütiger Ehrfurcht kann der Wanderer nach Stunden des Aufstiegs erleben, wenn er ins Staunen gerät über die Weite und Schönheit des Anblicks: ein überwältigendes Bergpanorama, eine jahrhundertealte Eiche, eine bizarre Wolkenformation, eine spektakuläre Felsschlucht, bezaubernde Lichteffekte, die Unendlichkeit des Meeres, ein stiller Waldsee, ein verwitterter Baumstamm, eine zarte Blüte.

Ein bedeutender Kulturphilosoph beschrieb diese Erfahrung, die jeder Wanderer kennt, einmal so: »In der Natur, in der das Wunder des Wachstums und die Launen des Himmels tausend mystische Kräfte ahnen lassen, erkennt die Seele besser als in der Stadt das Sein und Wesen schöpferischen Lebens, da erlebt sie tiefer die religiöse Intuition, die Demut und Ehrfurcht.«[3]

Ganz in diesem Sinne schreibt Ricarda Huch: »In der Natur spüren wir den Hauch Gottes, der sich in ihr offenbart, in den Städten sind wir von Menschenwerk umgeben. Je mehr das Menschenwerk sich aufrollt und die Natur und das Natürliche verdrängt, desto mehr entwöhnt werden wir der Fähigkeit, die Stimme Gottes zu vernehmen. … Auf dem Lande und in der Wildnis, den gestirnten Himmel zu Häupten, die fruchtbare braune Erde zu Füßen, atmen wir Schritt für Schritt göttliche Kraft ein.«[4]

Mit großer Entschiedenheit hat bereits der italienische Dichter und Renaissancebegründer Petrarca die Bedeutung der Landschaft für die Seele erkannt. Tagelang durchstreifte er Täler, Grotten und Berge. Der Naturgenuss war für ihn der erwünschte Begleiter jeder geistigen Beschäftigung. Auf dieser Einsicht beruhte sein langjähriges zurückgezogenes Leben im französischen Vaucluse und seine periodischen Fluchten aus Zeit und Welt. Ein unbestimmter Drang nach einer weiten Rundsicht trieb ihn zur Besteigung des Mont Ventoux, was seinerzeit etwas völlig Ungewöhnliches war. »Das Leben, das wir selig nennen, liegt in der Höhe«, sagte er, »schmal ist der Pfad, der dorthin führt.«[5] Angesichts des herrlichen Panoramas von der Höhe dieses Gipfels aus dachte er an sein vergangenes Leben mit all seinen Torheiten. Sehnsüchtig blickte er nach Italien, schreibt Jakob Burckhardt, schlug die *Bekenntnisse* des Augustinus auf und stieß auf die Stelle, wo es heißt: »Und da gehen die Menschen hin und bewundern hohe Berge und weite Meeresfluten und mächtig daherrauschende Ströme und den Ozean und den Lauf der Gestirne und verlassen dabei sich selbst.«[6] Sein Bruder, der neben ihm stand, konnte nicht begreifen, warum Petrarca hierauf das Buch schloss und schwieg. »Die Gebirge sind stumme Meister und machen schweigsame Schüler«, sagt Goethe.[7]

Im Anblick der Erhabenheit, Unendlichkeit und Ewigkeit der Natur vergessen wir unser im Alltagskampf gefangenes und entfremdetes Ich (»verlassen dabei sich selbst«). Die Natur lässt uns bewusst werden, wie klein und unbedeutend unsere Einzelexistenz ist, ein Tropfen im Meer des Seins, der Bruchteil einer Sekunde in der Ewigkeit der Zeit. Wir erschauern vor der Größe und Erhabenheit, der Gewalt und Mächtigkeit der Natur. »Manche Gegenstände unserer Anschauung«, sagt Schopenhauer, »erregen den Eindruck des Erhabenen dadurch, dass sowohl vermöge ihrer räumlichen Größe als ihres hohen Alters, also ihrer zeitlichen Dauer, wir ihnen gegenüber uns zu nichts verkleinert fühlen und dennoch im Genusse ihres Anblicks schwelgen: der Art sind sehr hohe Berge, ägyptische Pyramiden, kolossale Ruinen von hohem Altertume.«[8] In diesem Moment erleben wir etwas, das sich mit der Wirkung der griechischen Tragödie vergleichen lässt, wie sie Aristoteles beschrieben hat: Angesichts des tragischen Scheiterns des Helden entstehe in dem Zuschauer ein Gefühl von Jammer und Schrecken, von Furcht und Mitleid, das ihn »von solchen Affekten reinigt«.[9] Das ist die berühmte »Katharsis«, die innere Reinigung, mit der der Zuschauer nach dem empathischen Erleben der tragischen Handlung das Theater verlässt, um als ein gereinigter und »besserer« Mensch in die Wirklichkeit zurückzukehren und dem Guten zu dienen.

Auf die vielen Versuche der Erklärung dieser Stelle soll hier nicht näher eingegangen werden. Meines Erachtens hat die Äußerung etwas damit zu tun, dass der Zuschauer Ehrfurcht vor der unberechenbaren Gewalt des Schicksals, vor dem verborgenen Ratschluss der Götter haben soll; dass er sich nicht darüber erheben und sich vielmehr bewusst sein sollte, dass er das äußere Geschehen nur zu einem geringen Teil beeinflussen und dass jederzeit ein Schicksalsschlag über ihn hereinbrechen kann. Die Affekte, von denen der Zuschauer gereinigt werden soll, wären dann die Gefühle des Hochmuts, der Überheblichkeit, des Übermuts, der Verblendung – der Hybris, wie das griechische Wort lautet –, aber auch andere negative Emotionen. Die Hybris war ein zentrales Thema bei den Griechen, das sich durch die ganze Geschichte ihrer praktischen Philosophie zieht, von den frühen Anfängen bis zu ihrem Erlöschen am Ende der Antike. Wen die Götter vernichten wollen, sagten sie, den überhäufen sie zuvor mit Glücksgütern. Nach dem Hochmut kommt der Fall. »Übermut sendet ein Gott als erstes Übel dem Manne, / Den von der Höhe in's Nichts er zu verstoßen gewillt ...«[10]

Der Prozess der Reinigung und Klärung unserer Affekte, Gefühle und Gedanken im Erleben der Natur vollzieht sich in zwei Richtungen und wirkt wechselseitig: Einerseits stößt die Natur eine Reflexion und Läuterung unserer

Gedanken und Seelenkräfte an. Andererseits führen die Selbstreinigung und das Aufräumen unseres Seelenhaushalts, der Abbau schädlicher Affekte und die Stärkung positiver Emotionen dazu, dass wir innerlich wachsen und stark werden. Aus dieser Stärke heraus öffnen wir uns unbefangen der Natur, anderen Menschen und Erlebnissen gegenüber und lassen uns von ihnen innerlich berühren. Kaibara Ekiken beschreibt dies so: »Welch tiefe Freude können wir erleben, wenn wir die Wunder von Himmel und Erde erfahren: Das Licht der Sonne und des Mondes, die wandelnden Gestalten der Wolken und Nebel, das ständige Vorbeiziehen der Jahreszeiten, die erhabene Gestalt der Gebirge, der tanzende Strom, die leichte Brise, die Feuchte von Regen und Tau, die Reinheit des Schnees, das Lächeln der Blumen, das Wachsen wohlduftender Kräuter, das unaufhörliche Leben der Vögel, Tiere, Fische und Insekten. Um uns mit diesen Wundern der Natur vertraut zu machen, müssen wir unsere Gefühle reinigen, die heiligen Gedanken nähren und niedrige und unreine Wünsche vertreiben. Das heißt Inspiration, denn der innere Gott ist geweckt und entfaltet sich in der Berührung mit der äußeren Welt.«[11]

Ein solcher Reinigungsprozess kann durch das Wandern ausgelöst werden, wenn wir uns von dem Anblick ewiger Naturschönheit ergreifen lassen und in ein tiefes Erstaunen und Bewundern geraten. Das schönste Geschenk einer solchen Reinigung ist die Dankbarkeit für all das, was uns an Gutem geschieht, nicht zuletzt für die Tatsache unserer Existenz, die es uns erlaubt, die Schönheit und Unendlichkeit der Natur zu erleben, uns als ein Teil von ihr zu fühlen. »Ihr prachtvollen Blumen, Wiesenglanz, erfrischender Schatten, ihr Bäche, Lauben und Rasen, kommt, reinigt meine durch diese scheußlichen Gegenstände besudelte Einbildungskraft«, ruft der französische Philosoph Rousseau einmal aus, nachdem er seine Abscheu vor dem wissenschaftlichen Sezieren von Tieren zum Ausdruck gebracht hat.[12] Und an anderer Stelle: »Je empfindsamer die Seele des Betrachters ist, desto mehr überlässt er sich dem Entzücken dieser Harmonie [der Natur], eine süße und tiefe Träumerei umfängt dann seine Sinne, und er verliert sich, vom köstlichen Anschauen berauscht, in der Unermesslichkeit dieses schönen Systems, mit dem er sich verbunden fühlt.«[13]

Wenn wir dieses Gefühl der Verbundenheit mit der Natur in uns wachhalten und das »Erkenne dich selbst in deiner Begrenztheit« zu einer inneren Haltung machen, kann dies einen großen Einfluss darauf haben, wie wir unseren Alltag erleben und meistern. Wir sind nicht nur dankbar und glücklich für all das, was uns gelingt. Wir nehmen auch die kleinen und großen Geschenke des Lebens achtsam wahr und sind empfänglich für sie. »Eine Stunde von einem Frühlingsabend ist so viel wert wie hundert Stücke Gold, weil die Blumen duften und der Mond seinen Schatten wirft«, heißt es bei einem alten fernöstlichen Dichter.[14]

Andererseits sind wir zugleich innerlich vorbereitet darauf, dass sich nicht immer alles so entwickelt, wie wir uns das vorstellen, auf ein Scheitern und Fehlschlagen unserer Pläne, Absichten und Wünsche. Wir kennen unsere Grenzen und wissen, dass das wenigste, was in der Welt geschieht, in unserer Macht liegt. Wir können nur unser Bestes geben, unsere Unternehmungen und Ziele in der äußeren Welt voranzutreiben, haben aber keinen Anspruch auf einen erfolgreichen Ausgang. Bleibt der Erfolg aus oder werden wir von einem Schicksalsschlag heimgesucht, sind wir imstande, das Geschehene aufrecht und standhaft auszuhalten und anzunehmen. Mit großem Gewinn für meine innere Ruhe und Gelassenheit habe ich mir, einem Rat Senecas folgend, angewöhnt, alle meine Unternehmungen und Pläne unter Vorbehalt zu stellen, »wenn nichts dazwischenkommt«.[15]

Es erscheint widersprüchlich, aber gerade aus dem Gefühl der eigenen Endlichkeit und Winzigkeit im Verhältnis zur Unendlichkeit der Natur erwächst eine innere Kraft und Größe, die Widrigkeiten des Lebens zu ertragen und die eigene Mitte zu bewahren. Als Rousseau wieder einmal, um seine Trübsal zu vertreiben, durch die Natur wanderte, was er leidenschaftlich gerne tat, bemerkte er: »Ich fand Geschmack an dieser Ergötzung der Augen, bei der der Geist des Unglücklichen ruht, sich vergnügt, sich zerstreut, und die das Gefühl der Leiden hemmt. … und wenn diese Wirkung nicht bei allen eintritt, so liegt es bei einigen an einem Mangel natürlicher Empfindlichkeit, bei den meisten aber daran, dass ihr Geist, der sich mit zu vielen anderen Gedanken beschäftigt, sich den Gegenständen, die ihre Sinne führen, nur flüchtig und nebenbei überlässt.«[16]

Eine Haltung weiser Demut kann nicht gedemütigt werden. Wir werden stärker, widerstandsfähiger, resilienter, je mehr wir begreifen und akzeptieren, wie beschränkt unser Einfluss auf das äußere Geschehen ist, wie ausgeliefert und ohnmächtig wir häufig sind. Wir wissen, dass dies zu unseren unveränderbaren Lebensbedingungen gehört. Wir haben gelernt, uns in das Unvermeidbare zu fügen. Die Haltung der Bescheidenheit stärkt unsere Duldsamkeit und Gelassenheit und gibt uns die Kraft, im reißenden Strom des Lebens beharrlich unserer Bahn zu folgen. »Wer sicher wandeln will, der fliege nicht zu hoch«, heißt es in Luthers Tischreden.[17] Es ist die Kraft der Bescheidenheit und Demut, die wir während einer anstrengenden Wanderung im beglückenden Anblick eines grandiosen Bergpanoramas oder eines anderen Naturschauspiels nähren und aufbauen. Je mehr die Wanderung uns abfordert, umso intensiver spüren wir diese innere Kraft und Stärke. Das braucht uns nicht bewusst zu werden – Geist, Seele und Körper erleben es, und das wirkt in uns nach, auch wenn die Wanderung schon lange hinter uns liegt.

Uralt ist die Weisheit, nicht übermütig zu werden und sich nicht über das menschliche Schicksal oder über unsere Mitmenschen zu erheben, sich auf sein Wissen nichts einzubilden, unzutreffende Vorstellungen und Einbildungen abzulegen, mit denen wir uns selbst schmeicheln, die aber wenig mit der Realität zu tun haben. In den Lehren des ägyptischen Bürgermeisters Ptahhotep an seinen Sohn, die etwa 2000 v. Chr. niedergeschrieben wurden, heißt es: »Sei nicht hochmütig auf dein Wissen und vertraue nicht darauf, dass du kenntnisreich bist. ... keiner, der im Beruf steht, besitzt volle Erleuchtung.«[18] Sehr alt sind auch die folgenden Verse des griechischen Lyrikers Archilochos:

Weder freu dich in der Freude,
noch zergräme dich im Leid
übermäßig und vergiss nicht,
welchen Takt das Leben hält![19]

Wie ein Echo aus Fernost lesen wir bei Konfuzius: »Ich habe gehört, dass der Weise im Unglück nicht zagt, im Glücke nicht jubelt.«[20] Demut und Dankbarkeit, Haltungen, die sich beim Wandern in der Weite und Pracht der Natur wie von selbst in der Seele bilden, wurzeln in dem Wissen, dass Leid und Freude eng zusammenhängen, oder wie Platon es einmal in einem Bild umschrieben hat: dass sie mit einem Faden an einer Speerspitze zusammengebunden sind. Wir können das eine nicht ohne das andere haben. Diese Einsicht gilt es zu verinnerlichen und zu einem Teil unserer selbst zu machen. Dass die meisten von uns noch nicht so weit sind, können wir daran erkennen, dass wir uns über kleinere oder größere Missgeschicke aufregen und in schlechte Laune geraten, anstatt die Grundstimmung heiterer Gelassenheit gerade in solchen Situationen zu bewahren. Wir bleiben umso gelassener, je weiter wir jede Form der Überheblichkeit und Einbildung fernhalten. Deshalb ermahnte uns Bias von Priene, einer der »Sieben Weisen«: »Was du Gutes vollbringst, das schreibe den Göttern zu, nicht dir.«[21] Beherzigen wir diese Einstellung und geschieht uns etwas Gutes, so sind wir erfüllt von freudiger Dankbarkeit, weil wir wissen, dass wir keinen verbrieften Anspruch darauf hatten und dass es auch anders hätte kommen können. »Ein entschlossener Mensch vergisst nie, dass er eines Tages in einem Graben oder Tümpel enden kann ...«, sagt Menzius, ein bedeutender Nachfolger des Konfuzius.[22]

Diese verinnerlichte Einsicht in die Übermächtigkeit der Natur und des Schicksals ist mehr als bloße Lebensklugheit, mit der Weisheiten bisweilen abgetan werden. Sie ist Philosophie als Lebenskunst, weil sie aus der Einsicht in das Wesen des menschlichen Lebens heraus weitverbreitete falsche Vorstellungen und Haltungen, Irrtümer und Einbildungen aufdeckt und vermeidet. Diese Lebenskunst hat sich angewöhnt, dem Leben mit all seiner Zufälligkeit ins Auge zu sehen, es auszuhalten und, wo es Freude und Schönheit schenkt, diese dankbar und aus vollem, »gereinigtem« Herzen zu genießen und als Momente des Glücks zu erleben. Der bedeutende Stoiker Poseidonios drückt es so aus: »Die Philosophie ist aber auch Lebenskünstlerin ... Ihr Ziel ist ein Zustand des Glückes. Dahin führt sie, dahin bahnt sie den Weg. ... Die auf ihrem Schein beruhende Einbildung verdrängt sie und lässt keine Unwissenheit zu über den Unterschied zwischen dem, was wirklich groß und was hochmütig ist.«[23]

Wer Einbildung und Hochmut abgelegt hat, der weiß, dass das Gelingen vieler Unternehmungen, Wünsche, Pläne und Ziele, die wir im Leben verfolgen, von äußeren Umständen und anderen Menschen abhängt. Daher nimmt er eine Haltung der Ehrfurcht und Demut gegenüber allem an, was nicht vollständig in seiner Gewalt liegt, wie dem Schicksal und dem Lauf der Dinge. Er beschränkt sich darauf, dass er das, was er tut, so gut wie möglich tut. Er nimmt keineswegs als sicher und gegeben an, dass er das Ziel, das er mit seinem Tun verfolgt, auch erreicht. Bescheiden erkennt er sein Glück und seine Erfüllung in der Tätigkeit selbst, im Sein – nicht in der Erreichung des äußeren Ziels, nicht im Haben. Er konzentriert sich auf das, was nur von ihm abhängt und in seiner Macht liegt, wie etwa aufrichtig, achtsam, gut und authentisch zu sein. Das war die Haltung der Stoiker. Das hat ihre Lebenslehre so populär und unvergänglich gemacht. Die gegenwärtige Renaissance ihrer Ethik ist nur einer von vielen Belegen dafür.

Im alten Indien und China teilten die Weisen ganz ähnliche Vorstellungen: »Dringe zum Gleichmaß deiner geistigen Vermögen [Gleichmut] hindurch und setze dir dies zum Ziel«, rät Buddha seinen Schülern.[24] Immer wieder wird in der *Bhagavadgita,* einem altindischen Lehrgedicht, gemahnt, dass wir tun sollen, was wir aus innerem Bedürfnis tun müssen, dabei aber nicht auf das Ergebnis zu schauen:

> Das Werk zu tun sei dein Beruf,
> Nicht kümmre dich's, ob es gelang,
> Begehre nie der Taten Frucht,
> Doch fröne nicht dem Müßiggang.

Ergebungsvoll tu jedes Werk
Und frei von irdischer Begier,
Ob gut, ob schlecht der Ausgang sei;
Bewahre stets den Gleichmut dir.[25]

Gewiss wünschen wir uns, dass wir die von uns verfolgten äußeren Ziele auch erreichen. Dagegen hatten auch die Alten nichts einzuwenden. Aber wir sollten unser Glück nicht von der Zielverwirklichung abhängig machen. Wie beim Wandern ist der Weg das eigentliche Ziel, nicht die Ankunft auf dem Gipfel. Weil wir den Weg mehr lieben als den Gipfel, fahren wir nicht mit der Gondel auf den Berg, sondern nehmen eine stundenlange, mitunter beschwerliche Wanderung auf uns. Wer im Hinblick auf die Verwirklichung äußerer Ziele Verbissenheit und Zwang vermeidet und gelassen bleibt, der hat bessere Chancen, seine Ziele zu erreichen. Seine Kraft und Energie speist sich aus seiner inneren Ruhe heraus und vergeudet sich nicht in Ängsten oder Sorgen darüber, ob das Ziel auch erreicht wird. Er ist engagiert, vermeidet aber jede Überbewertung des gewünschten Erfolgs. »Wer das rechte Maß herzustellen weiß …, der ist nicht voll von sich selbst [nicht erfüllt von selbstsüchtigem Ehrgeiz], darum vermag er Dauerndes zu leisten«, sagt Konfuzius.[26]

Zhuangzi warnt vor einem übertriebenen Wollen: »Zerreiß die Irrungen des Willens! Löse die Verstrickungen des Herzens! … Reichtum, Ehren, Glanz, Würde, Ruhm und Gewinn – diese sechs verwirren den Willen. … Wem diese … nicht zerwühlen die Brust, der hat das Rechte Maß gefunden; wer das Rechte Maß gefunden hat, besitzt die Stille [innere Ruhe und Gelassenheit]; wer Stille besitzt, besitzt Klarheit; wer Klarheit besitzt, dessen Herz ist so leer [von Absichten, Plänen und Zielen], dass es allem gegenüber offensteht; wer diese Art Leere besitzt, der tut nichts, und nichts bleibt ungetan.«[27] Wer aus innerer Ruhe, Selbstgenügsamkeit und Gelassenheit heraus handelt, dem gelingt es.[28] Selbst wenn es so aussieht, als tue er nichts, so wirkt er gleichwohl, und am Ende wird das Werk vollbracht.

Ich bin schon öfter vor Erreichen des Etappenziels umgekehrt, weil ich fühlte, dass es genug war und ich mein Maß erfüllt hatte. Ich bedauerte es nicht, das »Ziel« nicht erreicht zu haben, denn das Wandern selbst war mir das eigentlich Wertvolle. Bei dem japanischen Gelehrten Yamaga Sokô lesen wir: »Der Weise kennt den Willen des Himmels, deshalb erstrebt er das, was erstrebenswert ist, plant das, was geplant werden sollte, bewahrt das, was bewahrt werden sollte, und befasst sich nicht mit persönlichem Erfolg oder Misserfolg. Mit seinem eigenen Schicksal zufrieden, verlässt er niemals den Weg seiner Aufgaben. Indem er mit den Dingen, die in seiner Verantwortung liegen, umsichtig umgeht, übersteigen seine Pläne und Vorschläge niemals seinen eigenen Standort.«[29]

Der »eigene Standort« wird von unseren Fähigkeiten und der eigenen Mitte bestimmt. Hier sind wir uns nahe, treffen wir auf uns selbst, erfüllen unsere Bestimmung und erleben unser Glück. Wenn wir dann noch unser äußeres Ziel erreichen, ist das eine schöne Zugabe, aber nicht das Wichtigste. Konfuzius wurde einmal gefragt: »Kommt der Weise auch in Sorgen?« Er antwortet: »Nein. Der Weise pflegt seinen Wandel [tut das, was er tun muss]. Solange er keinen Erfolg erreicht hat, ist er froh in seinem Herzen; wenn er Erfolg erreicht, so ist er außerdem froh, dass er Ordnung schaffen kann; darum ist er sein ganzes Leben lang fröhlich und keinen Tag lang verzagt. Der Gemeine [der gewöhnliche Mensch] ist nicht so. Ehe er Erfolg erreicht hat, ist er bekümmert, dass er es zu nichts bringt; hat er Erfolg erreicht, so ist er besorgt, dass er ihn wieder verlieren könnte; darum ist er sein ganzes Leben lang verzagt und keinen Tag lang fröhlich.«[30]

Wenn wir uns dagegen krampfhaft auf die Erreichung des äußeren Ziels versteifen, dann werden wir eines Tages unweigerlich scheitern. Denn niemanden schenken die neidischen Götter nur Gutes, wie es bei Homer heißt.[31] »Der Weg des Himmels [Tao, Dao] ist es, dass, wenn etwas vollendet ist, es sich wandelt. Dass etwas auf dem Gipfelpunkt der Fülle lange verweilen könnte, ist noch nie vorgekommen.«[32]

Nicht über das hinausgehen wollen, was in der eigenen Macht liegt, das ist das Gegenteil von Überheblichkeit, von Selbstüberschätzung, von Einbildung und Maßlosigkeit. Auch das können wir beim Wandern lernen. Die Größe und Weite der Natur macht uns Menschen alle gleich. Keiner überhebe sich über den anderen. Keiner ist frei von Fehlern und Schwächen. »Nichts Menschliches soll einem fremd sein.«[33] Wir haben es hier mit einem zentralen Gedanken weiser, gelingender Lebensführung zu tun, der uns helfen kann, zahlreiche Frustrationen zu vermeiden und unsere Freude und Achtsamkeit für die Geschenke und Schönheiten des Lebens zu steigern. Immer wieder rufe ich mir diesen Gedanken ins Bewusstsein, besonders beim Wandern, bei dem der Gegensatz von unendlicher Natur und eigener Endlichkeit zum sinnlichen Erlebnis wird; immer wieder zügle ich meine Seele, wenn sie übermütig zu werden droht, angestachelt durch äußeren Erfolg, durch Anerkennung, Ehre und Ruhm; immer wieder erinnere ich mich daran, dass ich ein Mensch bin wie jeder andere, nicht besser und nicht schlechter, und wie jeder andere dem schwankenden Schicksal und dem unberechenbaren Zufall ausgeliefert. Das macht mich ruhig und gelassen. Gelingt es mir aber einmal nicht, diese Grundbefindlichkeit und Haltung zu bewahren, so rächt es sich schnell, und das Schicksal weist mich in die Schranken.

Zusammenfassung

Beim Wandern erleben wir den Kontrast zwischen der Unendlichkeit und Ewigkeit der Natur einerseits und der Winzigkeit und Kürze unserer eigenen Existenz andererseits. Demut und Bescheidenheit kommen auf, Überheblichkeit und Eigendünkel treten zurück. Die Stimmung, die daraus entsteht, kann uns im täglichen Leben sehr hilfreich sein, wenn wir sie als Haltung verinnerlichen können. Wir werden dankbar für das, was uns geschenkt wird, genügsam mit dem, was wir haben, bescheiden in dem, was wir wollen, gelassen bei dem, was uns heimsucht. Das alles stärkt unsere innere Ausgeglichenheit, versöhnt uns mit dem Leben und führt zur Zufriedenheit. Wir erkennen, dass vieles nicht in unserer Hand liegt. Das relativiert unsere nach außen gerichteten Ziele und Wünsche und verweist uns auf unsere inneren Werte. Unser Engagement für unsere äußeren Aktivitäten und Unternehmungen wird dadurch keineswegs geschwächt. Die innere Ruhe und Kraft, die wir durch unsere Gelassenheit gewinnen, lassen uns die äußeren Ziele eher erreichen als verbissener Ehrgeiz.

Stolz und Hochmut ist das Verderben ihrer Besitzer.[34]
Altes Ägypten

Das richtige Maß finden

Des Himmels SINN (Tao) ist es,
was zu viel hat, zu verringern,
was nicht genug hat, zu ergänzen.
Des Menschen Sinn ist nicht so.[1]

Laotse

Eine Haltung von Demut und dankbarer Bescheidenheit zeugt von der Fähigkeit, in seinen Bestrebungen und Wünschen maßvoll zu bleiben. Damit kommen wir zu einem weiteren zentralen Weisheitsthema, das mit dem Wandern eng verbunden ist. Der griechische Dichter Pindar stellt die Verbindung zum vorhergehenden Kapitel her, wenn er die bedeutsame Forderung erhebt: »Dem Gewinn ein Maß zu setzen tut not …«, gleichzeitig aber feststellen muss, dass gerade dies dem Menschen so schwerfällt:

Doch heftiger stachelt
Die Torheit uns,
das Unerreichbare
sehnend zu wünschen.[2]

Damit stimmt Demokrit überein, wenn er uns ermahnt, nichts zu unternehmen, was unsere Kraft und Begabung übersteigen könnte.[3] Das Wandern erinnert uns daran, wie wichtig es ist, das eigene Maß zu wahren und nicht darüber hinauszugehen. Schon bei der Geschwindigkeit des Wanderns ist es wichtig, den eigenen Rhythmus zu finden und so schnell oder so langsam zu gehen, wie es dem eigenen Körper angemessen ist. Die Auswahl der Tour, ihre Dauer und die zu bewältigenden Höhenmeter sollten den eigenen Fähigkeiten angepasst sein. Unter- oder Überforderung sollten vermieden werden. »Schön ist bei allem die rechte Mitte«, sagt Demokrit, »Übermaß und Untermaß mag ich nicht.«[4] Wir können diese Erfahrung auf alles übertragen. Es rächt sich, wenn wir uns und unsere Fähigkeiten überschätzen. Unsere Freude an der Wanderung wird getrübt, vielleicht werden wir Verletzungen oder Blasen davontragen. Muskeln und Sehnen müssen vor größeren und anstrengenden Touren vorbereitet und trainiert werden.

Beim Wandern können wir ein Gefühl dafür entwickeln, wie gut es einerseits ist, sein körperliches Potenzial auszuschöpfen, sich zu fordern und bis an die Grenze zu gehen; wie schädlich es andererseits sein kann, diese Grenze zu überschreiten. Wer »im Vertrauen auf die eigene Kraft übermütig ist, dem bringt seine Gesinnung Schaden. Der Stamm, der größer als sein rechtes Maß ist, von dem wird das Zuviel weggeschnitten«, heißt es in einem ägyptischen Papyrus.[5] Der Weise meidet »das Zusehr, das Zuviel, das Zugroß«, sagt Laotse.[6] Wer Körper oder Geist dauerhaft über die Maßen beansprucht, etwa weil er von Habgier geblendet sich in maßloser Selbstausbeutung verliert, »fällt schließlich tot um«, sagt ein japanischer Teemeister.[7] Beherzigenswert ist schließlich folgendes Wort des Konfuzius: »Die beim Schlaf und beim Ruhen nicht die rechte Zeit beobachten, die beim Essen und Trinken nicht mäßig sind, die in Muße oder Anstrengung die Grenzen überschreiten, die tötet alle die Krankheit …«[8]

Erfahrene Wanderer kennen in der Regel sehr genau ihr eigenes Maß und wissen, wie wichtig es ist, sich weder zu über- noch zu unterfordern. Wenn wir diese Erfahrung des eigenen Potenzials und der eigenen Grenzen auch in unserem Alltag beachten, dann haben wir einen großen Schritt zur Meisterung unseres Lebens getan. Bei vielen Fragen und Problemen hängt unsere Gesundheit wie unser Glück am richtigen Maß. Das ist nicht nur beim Essen und Trinken der Fall, auch bei der Frage, wie viel Zeit und Energie wir für unseren Beruf, für Familie, für Freunde, für uns selbst aufwenden, wie viel Ruhe, Schlaf, Erholung, Urlaub wir uns gönnen, wie viel Bewegung und Sport wir treiben, ob und wie viel Zeit wir für die Ausbildung und Entwicklung unserer kreativen und musischen Talente und Begabungen aufbringen, wie viel wir lesen, philoso- phieren, unseren Hobbys nachgehen oder eben wandern – bei all diesen Fragen bestimmt das richtige Maß, wie wohl wir uns in unserer Haut fühlen, ob wir einen guten Aus- gleich gefunden haben, ob wir mit unserem Leben im Gan- zen zufrieden sind. »Darum muss der Mensch bei allem, was er tut, immer und überall zu wägen wissen, als trüge er eine Waage bei sich«, sagt der chinesische Philosoph Xun- zi.[9] Bei Buddha lesen wir:

> Wer weise wie auf einer Waage
> Abwägt und sich das Beste nimmt,
> … der gilt als Denker.[10]

In einem altägyptischen Text wird unser Ich mit einer Waage identifiziert: »Du bist eines zusammen mit der Waage; geht sie falsch, so gehst du auch falsch.«[11] Verfehlen wir das rechte Maß, ist unser inneres Gleichgewicht ge- stört, und wir fühlen uns nicht gut. Das geschieht häufig, denn es gehört mit zu den schwierigsten Aufgaben unserer Existenz, in unseren vielfältigen Lebensbezügen das richtige Maß zu treffen. Die Gründe, dass wir es immer wieder verfehlen, sind zahlreich. Wir folgen dem ersten Eindruck, lassen uns blenden vom äußeren Schein, werden verführt von Reizen oder Begierden, denken nicht darüber nach, was und wie wir etwas tun, bedenken nicht die Folgen und greifen zu kurz. Wir führen kein ausgewogenes Leben, und das hat Auswirkungen auf unser Wohlbefinden. So heißt es weiter bei Xunzi: »Ist aber die Waage des wägenden Verstandes ungenau, so mag sich hinter dem wünschenswert Erscheinenden Unheil verbergen und doch für ein Glück gehalten werden; und ebenso mag sich hinter unheilvoll Erscheinendem Glück verbergen. So täuscht sich der Mensch im Hinblick auf Glück und Unheil.«[12] Hier stets das Rechte zu treffen ist Weisheit und wahre Lebenskunst. »Maß und Mitte bewahren – das ist die höchste Weisheit. Sie ist selten geworden, seit Langem schon«, musste Konfuzius bereits vor 2600 Jahren eingestehen.[13]

Interessant bei dem letzten Zitat ist der innere Zusammenhang von Maß und Mitte. Das richtige Maß liegt häufig zwischen Extremen. Extreme aber sollen wir meiden. Diesen Grundsatz rückte Aristoteles in das Zentrum seiner Ethik und Tugendlehre. Aber noch etwas anderes verbindet Maß und Mitte. Gemeint ist neben der Mitte zwischen Extremen auch die Mitte unserer Seele und Persönlichkeit, der wir uns gerade durch eine maßvolle Lebensweise immer mehr annähern. Wir wahren innere Ausgeglichenheit und Mittigkeit, indem wir unser ganz eigenes, höchstpersönliches Maß finden. Aristoteles wies darauf hin, dass die »Mitte« zwischen den Extremen bei jedem woanders liegt, weil sie von unserem individuellen Charakter, unserer persönlichen Lebensgeschichte, unseren Erfahrungen und Prägungen abhängt.

Wie jeder Wanderer Geschwindigkeit, Rhythmus und

Länge der Tour gemäß seiner körperlichen Konstitution und Verfassung selbst einschätzen und verantworten muss, so sind wir in allen Lebensfragen immer auf uns selbst verwiesen. Immer geht es um ein Abwägen verschiedenster persönlicher Bedürfnisse, um die richtigen Prioritäten und Werte, um den rechten Zeitpunkt. Diesen nannten die Griechen »Kairos« und erhoben ihn zu einer Gottheit, so wichtig erschien ihnen der rechte Augenblick. Er kann als das richtige Maß in der Zeit verstanden werden, nämlich der Punkt zwischen einem Zufrüh und Zuspät. Denken wir beispielsweise an den Zeitpunkt, an dem wir etwas Wichtiges sagen oder ein Problem ansprechen sollten, sei es gegenüber unserem Lebenspartner, unserem Kind, Chef oder Mitarbeiter. Es kann sich bitter rächen, wenn wir hier einen ungünstigen Augenblick wählen oder etwas zu lange unausgesprochen lassen. Auch beim Wandern kann sich die Frage stellen, ob nicht ein aufziehendes Gewitter der richtige Zeitpunkt wäre, den in Sichtweite liegenden Gipfel doch nicht mehr zu erklimmen. »Was sich bewegt, dem droht auch Leid, wenn es sich zur unrechten Zeit bewegt oder die Zeit dafür noch nicht reif ist«, heißt es in einem chinesischen Weisheitstext.[14] In einem anderen: »... wenn im Innern und im Äußern alles zur rechten Zeit geschieht, werden alle Dinge erzeugt und der Weg zur Blüte liegt darin beschlossen.«[15]

In alledem geht es darum, das richtige Maß zu bestimmen, das der Situation, den Umständen und uns selbst gerecht wird. Hierzu müssen wir uns selbst und unsere Grenzen kennen und ausprobieren. Wer regelmäßig wandert, entwickelt ein Gefühl dafür, die eigenen Grenzen auszuloten. Verinnerlichen wir diese Kunst, werden wir die gesteckten Wanderziele erreichen. Bringen wir diese Sensibilität und Achtsamkeit für uns selbst auch in unserem

Alltagsleben auf, werden wir uns nicht übernehmen. Wir werden uns Grenzen setzen, uns mäßigen und dabei uns selbst näherkommen. »Die Mäßigkeit ist eine Art, die Begierden knapp und in Ordnung zu halten: Sie tilgt die importierten und überflüssigen Begierden und hält bei den notwendigen und natürlichen auf schöne Weise die rechte Zeit und die gute Mitte ein«, sagt der griechische Philosoph Plutarch.[16]

Freilich haben wir es hier mit einem Ideal zu tun, und nicht jeder, der regelmäßig wandert oder philosophiert oder beides tut, wird ein Weiser, der die Kunst des rechten Maßes vollkommen beherrscht. Das nahm selbst Konfuzius nicht für sich in Anspruch. Was das Wissen der überlieferten Weisheiten angeht, da mache ihm so schnell keiner etwas vor, sich aber täglich an Maß und Mitte zu halten, das gelinge ihm auch noch nicht, gestand er einmal ein.[17] Es kommt aber nicht darauf an, ob wir das Ideal erreichen. Das soll uns nur die Richtung unseres Weges anzeigen und Orientierung sein. Jeder Schritt, der uns dem Ziel näherbringt, ist ein Fortschritt und wird unser Leben bereichern.

Zusammenfassung

Schon die körperliche Anstrengung, die manche Wandertour uns abfordert, lehrt uns, maßzuhalten. Weder Überforderung noch Unterforderung tun uns gut, insbesondere nicht im alltäglichen Leben. Hier geht es uns besser, wenn wir bescheiden bleiben und, anstatt immer mehr zu wollen, »dem Glück ein Maß zu setzen«. Wir sollen leben, als hätten wir stets eine Waage bei uns, mit der wir ermessen können, was wir in welchem Maße brauchen und auf was wir lieber verzichten. Durch Selbstkultivierung verinnerlichen wir den Maßstab, der uns guttut. Wir werden selbst zur Waage, die, spontan und ohne zu überlegen, das richtige Maß trifft. Dieses hat viel mit der Mitte zwischen den Extremen zu tun, die wir meiden sollten, weil sie uns in der Regel Schaden zufügen. Aber Maß und Mitte zu finden ist nicht einfach. Die Mitte ist bei jedem woanders, weil sie von den individuellen Fähigkeiten und Eigenheiten eines jeden Einzelnen abhängt. Die Mitte hat auch eine zeitliche Dimension. Hier bezeichnet sie den »rechten Augenblick« für ein Handeln oder Nichthandeln, griechisch »Kairos«. Er ist der Punkt zwischen dem »zu früh« und »zu spät«. Ihm kommt eine große Bedeutung für ein gelingendes Leben zu, denn häufig hängt der Erfolg davon ab, wann wir etwas tun oder nicht tun.

Maß bewährt sich bei allem am besten.
Meide auch, Dinge zu tun, die dir schaden –
erwäge es vorher.[18]
Aus den *Goldenen Versen,*
pythagoräische Schule

Natur spüren und sich
an ihr erfreuen

Der Weise folgt in seinen Handlungen
dem Gesetz der Harmonie.[1]

I Ging

Die Betrachtungen zu Maß und Mitte leiten über zu einem weiteren Thema, das aufs Engste das Wandern mit der praktischen Philosophie verbindet: Schönheit und Harmonie. Diese wiederum verweisen uns auf die Natur. Bei jeder Wanderung erfreuen wir uns an der Schönheit der Natur. Wir sind fasziniert von den Farben und Formen der Landschaft, von bizarren Felsen, Schluchten und Abgründen, von Meer und Seen, atemberaubenden Bergpanoramen, von prächtigen Blumen, Sträuchern und Bäumen, vom Licht und der Sonne auf unserer Haut, von der Stille oder dem Rauschen der Tannen, von betörenden Düften und der Atmosphäre der Luft. Wir spüren, dass hier seit unvorstellbaren Zeiten ein organisches, harmonisches Universum gewachsen ist, das sich ständig erneuert und von natürlichen Gesetzen und Rhythmen lebendig gehalten wird – jedenfalls dort, wo der Mensch noch nicht eingegriffen hat. In diesen Gesetzen und Zyklen nehmen wir ein natürliches Gleichgewicht der Kräfte wahr, erkennen wir Maß und Mitte.

Seit Millionen von Jahren wird hier jedes Zuviel und Zuwenig abgetragen und alles Konträre und Gegenläufige, das sich in der Evolution bildet, kontinuierlich zu einem

Ausgleich gebracht, um sich dann erneut in eine spannungsgeladene, vitale Polarität zu entzweien. In dem Bestreben, das Ganze zu erhalten und ständig zu erneuern, scheinen sich die belebten und unbelebten Dinge immer wieder in ausgeglichene Verhältnisse und angemessene Proportionen zu fügen, die diesem Ziel dienen. Was diese Proportionen verletzt, hat keine Überlebenschance, stirbt früher oder später ab, wandelt seine Form, geht in etwas anderes über, macht Platz für etwas Neues.

In beeindruckenden Worten formuliert es der bedeutendste Naturforscher und Weise Japans, Kaibara Ekiken. Er war selbst ein unermüdlicher Wanderer, legte unter schwierigsten Bedingungen Zehntausende von Kilometern zurück und soll jeden Berg Japans bestiegen haben: »Das Naturgesetz von Himmel und Erde offenbart sich alljährlich in seinem steten Kreislauf. Seit ewigen Zeiten nehmen die vier Jahreszeiten ihren Lauf. Unaufhörlich zeigt die Landschaft ein anderes Gesicht. Jeden Tag wechseln Morgen- und Abendstimmung – tausendfältig sind wandelnde Anblicke. Der Glanz von Sonne und Mond, die Feuchtigkeit von Wind und Regen, die Reinheit von Reif und Schnee, das Dahinziehen von Wolken und Dunst sind alles Gestaltungen des Himmels und machen seine Herrlichkeit aus. Die Erhebungen der Berge, das Dahinströmen der Flüsse, die Tiefe und Weite der Meere, das Singen der Vögel, die Bewegungen der Tiere, der übliche Wuchs von Bäumen und Pflanzen sind die Gestaltungen der Erde und sind ihre Herrlichkeit. Welch große Freude für die Menschen, die beim Betrachten dieser Naturbilder Vergnügen empfinden und ihre Herzen davon anrühren lassen!«[2]

Das natürliche Gleichgewicht, das sich in der gewachsenen Schönheit angemessener Proportionen und Farben ausdrückt, sehen, fühlen und erleben wir beim Wandern als Harmonie. Dabei empfinden wir tiefe Freude, wie Ekiken hervorhebt. Die Natur rührt uns an, und wir spüren, dass auch wir ein Teil dieser immer wieder sich erneuernden zyklischen Bewegungen sind. Mehr noch: Wir fühlen, dass in uns selbst, in unseren körperlich-seelischen Funktionen, ganz ähnliche Gesetze des Wachstums und Zerfalls, des Auseinanderstrebens und Zusammenziehens, des Zerstreuens und der Sammlung, von Dissonanz und Harmonie, vom ständigen Ausgleich des Widerstrebenden am Werk sind und die Fortexistenz des Ganzen sicherstellen. Der griechische Philosoph Chrysipp, einer der Väter der stoischen Philosophie, drückt dies so aus:

»Ein tugendhaftes [weises] Leben ist gleichbedeutend mit einem Leben auf Grund der Erfahrung von dem, was natürlicherweise geschieht. Denn unsere eigene Natur ist ein Teil der Gesamtnatur. Darum ist das höchste Gut ein naturgemäßes Leben, das heißt ein Leben gemäß unserer eigenen und der gesamten Natur, sodass wir nichts tun, was das allgemeine Gesetz zu verbieten pflegt, nämlich die richtige, alles durchdringende Vernunft, die nichts anderes ist als Zeus, der Lenker der Weltregierung. Eben darin besteht die Tugend [Weisheit] des Glücklichen und der schöne Fluss des Lebens, dass alles getan wird gemäß der Übereinstimmung der individuellen Persönlichkeit des Einzelnen mit dem Willen des Weltenlenkers [Natur].«[3]

Weil unsere eigene Natur ein Teil der Gesamtnatur ist, erkennen und erleben wir in der natürlichen Umgebung einer schönen Landschaft unsere eigenen Wurzeln, unseren Ursprung, eine Art Heimat. Das ruft ein Gefühl von Wohlbefinden und Vertrautheit in uns hervor. Den ästhetischen Genuss nehmen wir über unsere Sinne wahr. Die in der Natur wirkenden Kräfte spüren wir in unserem Innern. Was wir im Genuss der äußeren Natur fühlen und erleben, pulsiert in uns selbst als unser Wesen und unsere eigene Natur. In der Natur erkennen wir uns selbst wieder. Sie spiegelt uns, wie wir sie spiegeln.

Die Gesetzmäßigkeiten, die in der Natur wie in uns selbst wirken, bezeichnet Chrysipp als Vernunft oder göttliche Ordnung. Das bedeutet nicht, dass wir stets »vernünftig« im Sinne von gut und richtig handeln. Das dürfte für die Mehrzahl der Menschen eher selten der Fall sein. Meistens werden wir nicht von der Vernunft gesteuert, sondern von verinnerlichten Denk- und Verhaltensmustern. Aber jedes Handeln und Geschehen hat seine nachvollziehbaren Ursachen und ist daher prinzipiell verstehbar, auch wenn wir diese Ursachen nicht immer klar erkennen. Dass nichts ohne logische, verstehbare Ursache geschieht, das war der Sinn der berühmten Worte des deutschen Philosophen Hegel, wonach alles Wirkliche vernünftig ist und alles Vernünftige wirklich ist.

Wie ein früher Vorläufer von Hegels Geistphilosophie klingt es, wenn Cicero die innere Verbundenheit der menschlichen und äußeren Natur beschreibt: »Wenn der Weise die Naturerscheinungen bedenkt und Tag und Nacht überlegt, dann entsteht jene vom delphischen Gotte befohlene Erkenntnis, dass der Geist sich selbst erkennt, sich mit dem göttlichen Geiste verbunden fühlt und dadurch von unerschöpflicher Freude erfüllt wird. Der Gedanke an die Kraft und Natur der Götter entflammt den Wunsch, ihre Ewigkeit nachzuahmen; der Mensch lässt sich nicht in die Kürze des Lebens einengen, wenn er die Ursachen der Dinge sieht, wie die eine an die andere angepasst und mit Notwendigkeit verknüpft ist und die seit ewiger Zeit dahinfließen und noch für alle Ewigkeit von der Vernunft und dem Geist regiert werden. ... Wenn man dies anschaut und betrachtet oder besser alle Teile und Gestade rundum überblickt, mit welcher Ruhe der Seele wiederum erwägt man dann das Menschliche und Näherliegende!«[4]

Auf drei Gesichtspunkte, die in dem Zitat angesprochen werden, soll kurz eingegangen werden. Mit dem »delphischen Gott« ist Apollon gemeint, in dessen Heiligtum in Delphi, wie bereits erwähnt, das berühmte »Erkenne dich selbst« eingraviert war, auf das Cicero anspielt. Apollon, einer der wichtigsten und mächtigsten Götter der alten Griechen, verkörpert mehrere Aspekte, die mit dem Naturerlebnis beim Wandern, mit Harmonie und Maßhalten aufs Engste verbunden sind. Er ist der Gott der Ferne und der Distanz, nicht des Verstricktseins in den weltlichen Alltagsgeschäften, sondern der Losgelöstheit und Freiheit von diesen Bindungen.[5] »In Apollon grüßt uns der Geist der schauenden Erkenntnis, der dem Dasein der Welt mit einer Freiheit ohnegleichen gegenübersteht ...«[6] Wir erkennen in dieser mythologischen Vorstellung die bereits erwähnte Einsicht wieder, dass wir beim Wandern eine Distanz zu unserem Alltag schaffen, auf uns und unser Leben gleichsam von oben draufschauen, Objektivität gewinnen und uns selbst besser verstehen lernen.

Ferner identifiziert Cicero die Natur und ihre Gesetzlichkeiten mit dem Göttlichen. Das Göttliche aber ist das Vernünftige, das als Ordnung und Struktur den Rhythmus und die Harmonie in allem Naturgeschehen herstellt und aufrechterhält. Auch das ist eine Eigenschaft, die Apollon zugeschrieben wird. Er ist als der Gott der Musen Herr über die Harmonien. Häufig wird er mit einer Leier dargestellt. Mit den Klängen seiner Leier, so die mythische Vorstellung der Griechen, versetzt er das Weltall in harmonische Bewegung. Er ist der »Schützer der menschlichen Ordnung«.[7] »Das Chaotische muss sich formen, das Ungestüme im Ebenmaße des Taktes einhergehen, das Widerstrebende sich vermählen in der Harmonie. So ist diese Musik die große Erzieherin, der Ursprung und das Symbol aller Ordnung in der Welt und im Menschenleben. Apollon der Musiker ist derselbe wie der Stifter der Ordnung, derselbe wie der Kenner des Richtigen, des Notwendigen, des Künftigen.«[8] Ganz ähnlich stellt der indische Schöpfungsmythos Brahma, das personifizierte Prinzip allen Seins, als einen singenden Schöpfergott dar: »Am Anfang war hier nichts … Da schuf er das Manas (den Verstand, den Willen) … Er wandelte lobsingend; da er lobsang, entstand das Wasser; denn er sprach: ›Da ich lobsang, ward mir Freude.‹«[9] Am Anfang der Schöpfung stehen Gesang und Freude.

In den Reisen des Mingliaotse, der im ausgehenden 16. Jahrhundert jahrelang China durchwanderte, lesen wir: »Es kann auch sein, dass ich den Gott des Heiligen Berges selber thronen sehe, wie er dienenden Geistern Audienz gewährt. … Die Luft ist voll von Flöten- und Glockengetön, und die Dächer des Palastes sind eingehüllt in einen Wolkenmantel, einen Nebelschleier, bald sieht man deutlich ihre Konturen, bald verschwinden sie wieder, und alles scheint gleichzeitig nahe und unendlich weit entfernt. Ach!, dreimal selig, die Musik der Götter zu hören …«[10]

Die Schönheit und Ausgeglichenheit der Natur, an die der Mensch noch keine Hand angelegt hat, ist die »Musik der Götter«. Vielleicht ist es kein Zufall, dass dem griechischen Gott Hermes die Erfindung der Hirtenflöte und des Saiteninstruments zugeschrieben wird. Als der Gott der Wege und Einstiege, der Beschützer der Wanderer, ihr Führer und Wegweiser, der seinen Namen von den Steinhaufen am Wegesrand herleitet (griechisch »hermaion«), den Steinmännchen, die schon in der Antike Wegmarken waren – als ein solcher Gott ist er eng verbunden mit der Natur. Später soll er die Hirtenflöte dem Apollon geschenkt haben, der darüber sagte: »Wahrhaftig, hier ist dreifacher Gewinn: Frohsinn und Liebe und süßer Schlummer!«[11] Und ebenso wenig braucht es Zufall zu sein, dass derselbe Hermes nicht nur die Wanderer auf ihren gefahrvollen Wegen führt, sondern zugleich der »Seelengeleiter« ist (griechisch »psychopompos«), der sie durchs Leben führt und die verstorbenen Seelen auf ihrem Weg in die Ewigkeit begleitet. Schließlich ist er auch der Gott, der Erfolg und Glück bringt.[12] Auch hier erkennen wir vielfach die Verbindung zwischen dem Wandern und Reisen und der Seelen- und Lebensführung.

Seneca identifiziert die Natur ebenfalls mit Gott oder dem Göttlichen: »Was nämlich anderes ist die Natur als der Gott und der göttliche Urgrund, der dem Weltall und seinen Teilen eingepflanzt ist?«[13] Üblicherweise verbindet die Geschichte der Philosophie diesen pantheistischen Gedanken mit dem Niederländer Baruch de Spinoza (1632–1677). Er ist freilich viel älter und war schon den Philosophen in der Antike bekannt.[14] Nennen wir dieses Etwas, das wir in der Natur erleben können, nun Gott, das Ewige, das Sein, Tao, Brahman, den Urgrund der Welt, das Schöne, Gute, die Harmonie oder das universelle Gesetz. Wir werden angerührt von etwas, das wir nicht verstehen und beschreiben können, das unendlich, ewig, größer und mächtiger ist als wir. Es ruft ein Gefühl von Glück hervor, in dem wir uns zugleich als ein Teil dieser ewigen Ordnung erleben. Es erfüllt uns, wie Cicero sagt, mit »unerschöpflicher Freude«, die zur »Ruhe der Seele« führt.

In dieser Ruhe der Seele »erwägen wir das Menschliche und Näherliegende«; wir bedenken also unser Leben und unseren Alltag, prüfen ihn, ordnen unsere Werte, justieren sie neu und nehmen uns vielleicht vor, etwas zu verändern. Marc Aurel schrieb einmal: »Unter ›Ruhe‹ aber verstehe ich nichts anderes als vollendete Harmonie. Suche dir daher ständig diese Zuflucht und erneuere dich selbst.«¹⁵ Ein Wandern und Naturerleben, das zu einer solchen inneren Ruhe und Freude führt, hat ein japanischer Zenmeister aus dem 14. Jahrhundert einmal als eine »religiöse Übung« bezeichnet. Sie habe viel mit Philosophie zu tun, nämlich mit »echtem Wahrheitsstreben«: »Solche hingegen, welche Berge, Flüsse, die große Erde, Gräser, Bäume und Steine als ihr eigenes Wesen empfinden, scheinen zwar durch ihre Liebe zur Natur weltlichen Gefühlen verhaftet [im sinnlichen Genießen], doch offenbart sich in Wirklichkeit eben hierin ihr echtes Wahrheitsstreben, und sie nehmen die Erscheinungen, welche sich in die vier Elemente verwandeln, als religiöse Übung. Tun sie dies in rechter Weise, so sind sie Musterbeispiele dafür, dass echte Wahrheitssucher die Landschaft lieben.«¹⁶

Die Tatsache, dass die Seele beim Wandern durch die Betrachtung und das Erlebnis der Natur beruhigt wird, verweist ein weiteres Mal auf Apollon. Denn er gilt den Griechen auch als der Gott der Heilkunde, der Leib und Seele gesunden lässt, der Reinigende, der Befreier und Erlöser.¹⁷ Er reinigt die Seele von leidvollen Affekten und Emotionen wie Ängsten, Sorgen, Zorn, Neid, Habgier und ungezügelten Leidenschaften. Die Reinigung von solchen negativen Gefühlen aber führt zur Seelenruhe, zu innerer Ausgeglichenheit und heiterer Gelassenheit, die die Griechen ebenso wie die alten Inder und Chinesen mit Freude, Glück und seelischer Gesundheit gleichsetzten. Apollon bewirkt dies, so der Mythos, indem er Klarheit, Ordnung, Harmonie und Ebenmaß schafft, und zwar sowohl im Wirken der äußeren Natur wie in unserer Seele.

Es ist dieser reinigende Effekt, den wir beim Wandern sowohl körperlich erleben, wenn der Schweiß die Schlacke aus den Poren treibt und den Stoffwechsel fördert, als auch seelisch, wenn »der Kopf frei wird«. Er äußert sich in der Freude, dem Hochgefühl, dem Seelenfrieden und der Ausgeglichenheit, die sich am Ende einer längeren Wanderung einstellt. Dieser Effekt hat natürlich auch damit etwas zu tun, dass bei sportlicher Betätigung hormonelle Glücksbotenstoffe wie Endorphine, Serotonin, Dopamin und Noradrenalin ausgestoßen werden, die ein Wohlgefühl hervorrufen. Es sind aber auch unsere geistig-seelischen Erfahrungen und Anschauungen, unser Denken und unsere Überzeugungen, die neu belebt und erfrischt werden. Wenn sie von Belastungen und negativen Emotionen gereinigt und wieder klar und in sich stimmig werden, erleben wir dies als innere Freude und Zufriedenheit.

Wie wir sehen, geht das Erlebnis der Harmonie und Schönheit der Natur weit über einen bloß ästhetischen Genuss hinaus. Es beeinflusst unser seelisch-geistiges Leben. Durch die sinnliche Wahrnehmung und das Körpergefühl beim Wandern wirkt das Naturerlebnis beruhigend und ausgleichend auf unser Seelenleben. Es ruft in uns wach, wonach wir uns sehnen: nach Einfachheit, innerem Frieden und seelischem Gleichgewicht. Übermäßiger Konsum und Wohlstand kann uns von diesen natürlichen Quellen entfernen. »Die Üppigkeit hat sich losgemacht von der Natur«, sagt Seneca.[18] Wir spüren, dass wir, um Glück zu empfinden, vieles von dem nicht brauchen, was wir unter dem Einfluss einer hochindustrialisierten Konsumgesellschaft für eine unabdingbare Voraussetzung unseres Glücks halten. Wir erleben, dass wir uns auch selbst genügen können, dass Glück und Unglück in der eigenen Seele liegen, dass wir alles, was wir zu unserem Glück brauchen, in uns selbst haben. »Meinen ganzen Reichtum trage ich bei mir«, sagte der Philosoph Stilpon, als man ihm nach der Zerstörung seiner Stadt den verlorenen Besitz ersetzen wollte.[19] Er meinte damit seine inneren Werte und seine Seelenverfassung.

Im intensiven Erleben der natürlichen Harmonie und Schönheit, der Seelenruhe und Selbstgenügsamkeit formt sich unsere Persönlichkeit, verändert sich unsere Haltung zum Leben. Wir können erkennen, wie wichtig es ist, der Natur ihre Gesetze der Lebenserhaltung und des organischen Wachstums abzuschauen, sie nachzuahmen und auf unser Leben zu übertragen. Für den bedeutenden Vorsokratiker Heraklit war dieses Abschauen und Nachahmen ein Teil weiser Lebensführung. Er bringt das Verhältnis von Mensch und Natur auf die knappe Formel: »Weisheit ist es ... der Natur gemäß zu handeln, indem man auf sie horcht.«[20] Für die stoische Philosophie wurde dieser Grundsatz, den wir auch bei den chinesischen Daoisten antreffen, zu einem Leitmotiv ihrer Weisheitslehre.

Das »naturgemäße Leben« betrifft sowohl unsere körperlichen Funktionen wie unser Seelenleben. Auch in unserer Seele geht es um den harmonischen Ausgleich unterschiedlicher Kräfte, die häufig widerstrebend sind und dazu tendieren, sich gegenseitig zu unterdrücken und zu verdrängen. So sehnen wir uns beispielsweise nach Freiheit und Ungebundenheit, suchen aber gleichzeitig die Geborgenheit in menschlichen Bindungen. Wir wollen Karriere machen, leiden aber häufig unter dem damit verbundenen Druck, unter Verpflichtungen und Zwängen. Wir wollen authentisch sein, scheuen aber die Konfrontation mit der Gesellschaft und ihren Konventionen. Wir wollen uns ausprobieren und neue Wege gehen, sind aber nicht bereit, auf soziale Absicherung zu verzichten. Wir wollen vieles bewirken und erleben und sehnen uns nach Entschleunigung. In alldem gilt es Maß und Mitte zu wahren, also die angemessenen Proportionen bei der Befriedigung unserer Wünsche und Sehnsüchte zu finden.

»Wohlgemutheit erlangen die Menschen durch Maßhalten in der Lust und Harmonie ihres Lebens«, sagt Demokrit.[21] Das griechische Wort »euthymia«, das hier mit »Wohlgemutheit« übersetzt wird, bedeutet auch: Gemütsruhe, Heiterkeit, gute Laune, Frohsinn, Freude, Wohlbehagen. All das ist das Ergebnis der Pflege des eigenen Seelenlebens, einer gelungenen Seelenführung und Selbstkultivierung, einem bewussten, achtsamen und verständnisvollen Umgang mit uns selbst. Die innere Sammlung, Ruhe und Selbsterkenntnis, die dafür nötig sind, fördern wir durch Wandern in der freien Natur.

»Angemessene Proportionen« und die »Harmonie des Lebens« deuten auf eine ästhetische Dimension. Gelingende Lebensbewältigung ist Lebenskunst, schöpferische Tätigkeit. Wir müssen der bewusste Gestalter und Bildhauer unseres Lebens werden. Für die griechischen Philosophen war die gute Seele zugleich die schöne Seele. »Lieber Pan«, so betete Sokrates einmal zum Gott des Waldes und der Natur, »und alle ihr anderen Gottheiten … möchtet ihr mir verleihen schön zu werden im Innern; und dass all mein äußerer Besitz den inneren Eigenschaften nicht widerstreitet. An Goldes Last möge mir so viel zuteilwerden, als nur ebender Verständige zu heben und zu tragen vermöchte. Reich möge mir dünken, wer weise ist.«[22] Schönheit im Innern und Weisheit, die versteht, gut zu leben, sind dasselbe. Ethik und Ästhetik, das gute und schöne Leben, waren für Platon und andere eine untrennbare Einheit.[23] Persönlichkeitsentwicklung war Formung der eigenen Seelenkräfte zu einem harmonischen Miteinander, zu dem, was wir heute innere Ausgeglichenheit oder heitere Gelassenheit nennen.

In sich Harmonie herstellen und in seine Mitte kommen war das Ziel griechischer, konfuzianischer, aber auch altindischer Selbsterziehung. »Darum wurzelt der Weg des Weisen in seiner eigenen Persönlichkeit«, heißt es in einem bedeutenden chinesischen Klassiker. »Er fügt ihn ein in (den Naturverlauf von) Himmel und Erde und findet keinen Anstoß.«[24] »Wenn Heiterkeit, Zorn, Trauer, Freude sich noch nicht geregt haben, nennt man dies Gleichmaß der Mitte. Haben sie sich bereits geregt, doch in dem ihnen jeweils zukommenden Maße, nennt man dies Harmonie. Gleichmaß der Mitte ist die große Wurzel des Alls; Harmonie ist der allgültige Rechte Weg des Alls [Dao, Tao]. Werden Gleichmaß der Mitte und Harmonie zu vollem Wert gebracht, so finden Himmel und Erde den ihnen gemäßen Platz, und alle Dinge gedeihen.«[25] »Darum«, heißt es zuvor, »wacht der weise Mensch über sich selbst, auch wenn er allein ist.«[26] Er achtet auf seine spezifische Natur, seine eigenen Bedürfnisse, sein Selbst, das ihn von allen anderen unterscheidet und ihn als Individuum charakterisiert. Nur hier ist er in seiner Mitte. Nur hier findet er jene Harmonie und jenes Gleichmaß, das seine eigene wie die äußere Natur beherrscht und kennzeichnet. »Himmel und Erde finden den ihnen gemäßen Platz« bedeutet, dass wir Seele und Körper, das Geistige und das Materielle, in Übereinstimmung gebracht haben.

Die Natur in ihrer harmonischen Gesetzmäßigkeit gibt das Maß vor, das für unsere Lebensführung verbindlich werden soll. »Der Mensch hat die Erde zum Vorbild«,[27] sagt Laotse. Für den Vorsokratiker Heraklit entspringt die Weisheit daraus, dass wir auf die Natur hören: »Weisheit ist: das Wahre zu sagen und zu tun, indem wir auf die Natur hinhören.« Keiner der alten Weisen in Fernost und im Abendland hätte dem widersprochen.[28] Kaum einer der alten Weisen in Ostasien und in Europa hätte dem widersprochen. Daher war es eine immer wieder geäußerte Forderung, der Mensch solle »naturgemäß« leben. Wo aber erfahren wir besser, was das bedeutet, als in der Natur selbst, wenn wir sie stundenlang durchwandern und uns von ihrer Schönheit und Harmonie anstecken und inspirieren lassen.

Wir lernen von Vorbildern, indem wir immer wieder zu ihnen hinschauen, ihre körperliche und geistige Nähe suchen und sie auf uns wirken lassen. Im Hinblick auf Harmonie, Schönheit und Ausgeglichenheit geschieht dies bereits dann, wenn wir eine schöne Gegend durchwandern.

In einer Erläuterung zum *I Ging,* dem ältesten Weisheitsbuch der Menschheit, heißt es: »Das Buch der Wandlungen enthält das Maß von Himmel und Erde [Natur]: darum kann man damit den SINN [Dao, Tao, der rechte Weg] von Himmel und Erde umfassen und gliedern. Indem man emporblickend mit seiner Hilfe die Zeichen am Himmel verständnisvoll betrachtet und niederblickend die Linienzüge der Erde untersucht, erkennt man die Verhältnisse des Dunkeln und Hellen [Yin und Yang]. Indem man an die Anfänge zurückgeht und die Dinge bis zu Ende verfolgt, erkennt man die Lehren von Geburt und Tod. ... Indem der Mensch dadurch dem Himmel und der Erde ähnlich wird, kommt er nicht in Widerspruch mit ihnen ... und wird frei von Sorgen ... und zufrieden ... und vermag die Liebe zu üben.«[29] Die »Zeichen am Himmel« können wir als die Gesetze der Natur, die »Linienzüge der Erde« als die Sachstrukturen der Dinge, unserer Welt, unseres Lebens und unserer Seele verstehen. Sie gilt es zu erkennen und zu meistern. Wir sollten unser Leben in dieses Gefüge einbringen, es mitgestalten, wo wir Einfluss haben, und uns harmonisch einfügen, wo dies nicht der Fall ist. Das macht ein gutes, gelingendes Leben aus: Es weiß, mit sich und den anderen, mit der Welt und dem Schicksal umzugehen.

Kaum jemand wird beim Wandern solche metaphysischen Betrachtungen anstellen. Und dennoch sind es diese Zusammenhänge, die wir ahnen und unbewusst in uns aufnehmen. Wir erleben die Natur in ihrer Schönheit und ihrem Kräftespiel sinnlich und körperlich. In unserem Körper, unserer Intuition, in unseren »irrationalen« Seelenteilen aber sollen sich die richtigen Maßstäbe für unser Leben einpflanzen. Sie intellektuell zu begreifen ist das eine, und das ist wichtig. Daher besinnen wir uns darauf und philosophieren. Jeder, der über sein Leben nachdenkt, tut dies. Das heißt aber noch lange nicht, dass wir auch danach leben. Dazu ist es nötig, dass wir die guten Maßstäbe und Werte zu einem Teil unserer selbst machen, dass wir sie verinnerlichen, einüben, zu Denk-, Wollens- und Verhaltensgewohnheiten machen, zu gefestigten Haltungen. Die Arbeit an sich selbst in dem Wunsch, ein gutes, gelingendes Leben zu führen, zielt darauf ab, sich gute Gewohnheiten im Denken, Wollen und Verhalten anzueignen und schlechte abzulegen. Diese Verinnerlichung, Einverleibung, »Verkörperlichung« von Einsichten im Hinblick auf Schönheit, Harmonie und Natürlichkeit geschieht beim Wandern unbewusst und wie von selbst. Mindestens aber fördert das Wandern diesen Prozess. Wir empfinden dies nach einer Tagestour oder einem Wanderurlaub als seelische Erholung, die sich selbst dann einstellt, wenn wir beim Wandern nicht explizit über unser Leben nachdenken.

Wenn im Vorstehenden von Harmonie die Rede ist, so ist damit kein statischer Zustand gemeint, sondern ein Zusammenklang von Widerstrebendem, der sich zeitweise auflöst, um sich immer wieder zusammenzufügen. Die Harmonie in der Natur ist keine Freiheit von inneren Spannungen und Gegensätzen. Die Natur wie das Leben ist ein dynamischer Prozess, der ständig in Bewegung ist. Die Natur selbst ist, wie Aristoteles sagt, das Prinzip der Bewegung.[30] Sie wird angetrieben von Kräften, deren gegenläufige Tendenz stets aufs Neue zum Ausgleich gebracht werden muss, wie dies ein jeder an seinem eigenen Seelenleben beobachten kann. »Zwei Seelen wohnen, ach!, in meiner Brust.« Goethe verglich diese Dynamik mit dem Wechselspiel von Systole (Zusammenziehung) und Diastole (Ausdehnung), von Einatmen und Ausatmen. »Es ist die ewige Formel des Lebens«, sagte er.[31] »Alle organischen Bewegungen manifestieren sich durch Diastolen und Systolen.«[32]

»Die konfuzianische Lehre erkennt ein regulatives Prinzip im Kosmos an, das mit ›Himmel‹, ›Himmels- oder Lebensprinzip‹, mit ›Weg‹, ›Große Leere‹ benannt wird. Der Kosmos ist dynamisch, kreativ; alles ist in Bewegung, Wandlung und unterliegt dem kosmischen Prozess des Werdens und Vergehens, symbolisiert durch die beiden Wirkkräfte Yin und Yang, das passive, weiche, weibliche und das aktive, harte, männliche Prinzip. ... Der Mensch wird als integrativer Teil des Kosmos aufgefasst ... Er besitzt die Fähigkeit, ... zu seinem wahren Sein ... vorzudringen, sofern er seine Gefühlswelt im Gleichgewicht hält und seine seelischen Kräfte voll ausschöpft.«[33] Gelingt ihm dies nicht, wird die Harmonie gestört oder zerfällt. Auf der seelischen Ebene beginnen innere Konflikte, die wir als Leid und Bedrückung erleben, der »Beginn der Schmerzen« (Platon): Angst, Sorgen, Zorn, Ärger, Wut, Hass, Neid, Eifersucht, Habgier, Entfremdung, übermäßige Trauer und zügellose Leidenschaften. Für die Weisen des Altertums waren diese Emotionen und Zustände »Seelenkrankheiten«. Die Philosophie aber war das Mittel, uns von diesen Krankheiten zu heilen, indem sie uns dabei hilft, unseren Seelenhaushalt in Ordnung zu bringen, Konflikte aufzulösen und Veränderungsprozesse in einen »schönen Fluss des Lebens« zu überführen, in einen guten Flow, würden wir heute sagen.

Die gute und schöne Seele, von der hier die Rede ist, war den alten Denkern zugleich die gesunde Seele. Gesundheit wurde von der antiken Medizin aufgefasst als ein harmonischer Ausgleich der körpereigenen Säfte, Krankheit als ein Zuviel oder Zuwenig der einen oder anderen Substanz. Die Philosophen, allen voran Platon, übertrugen diese Vorstellung auf unser Seelenleben und forderten, dass unter den Seelenkräften ein »gerechtes« Verhältnis hergestellt werde, bei dem jeder Seelenteil »das Seine« tue, also funktionell seine Aufgabe zum Wohle und störungsfreien Erhalt des Ganzen erfülle. Harmonie wird zur Konfliktfreiheit, Disharmonie und innere Zwietracht zur Krankheit. »Wenn die Harmonie in den lebendigen Wesen sich auflöst«, sagt Platon, »stellt sich mit diesem Zeitpunkt eine Auflösung des naturgemäßen Zustandes und der Beginn von Schmerzen ein.«[34] Wo sich das Gegensätzliche aber harmonisch zusammenfüge, da kehren Körper und Seele in ihren naturgemäßen Zustand zurück. »Um eine Krankheit zu behandeln, muss man die Wurzel der Disharmonie finden, die immer dem Gesetz von Yin und Yang unterworfen ist«, heißt es im *Gelben Kaiser,* dem antiken Grundlagenwerk für die traditionelle chinesische Medizin.[35]

Was der »naturgemäße Zustand« ist, den wir in unserem Körper und in unserer Seele herstellen sollen und der unsere Gesundheit und unser Wohlbefinden ausmacht und damit die seelisch-körperliche Grundlage für ein glückliches Leben darstellt, das können wir von der äußeren Natur lernen. Dazu müssen wir sie verstehen. Wir verstehen sie und kommen ihr näher beim Wandern. Das macht diese Form des Naturerlebens so wichtig und hilfreich, schön und angenehm. Die Natur hilft uns, innere Konflikte und Dissonanzen zu schlichten und zu harmonisieren. Die inneren Spannungen werden aufgelöst und kommen zur Ruhe.

Jede Wanderung, jeder längere Spaziergang in der freien Natur, insbesondere wenn ich allein gehe und ganz bei mir bin, macht mich ruhiger und lässt mich näher an meine Mitte rücken. Ich kann Seneca gut verstehen, wenn er meint, er komme aus keinem »Menschengedränge ohne eine gewisse sittliche Beeinträchtigung zurück. Manches von mir Wohlgeordnete sehe ich in Verwirrung, manches von mir Verabschiedete sehe ich wiederkehren. ... Wir befinden uns in einem lang anhaltenden Heilungsprozess unserer Seele. Da übt der Verkehr auf die Menge eine feindliche Wirkung aus: keiner, der uns nicht irgendeine Untugend sei es empföhle oder aufdrängte oder unbemerkt beibrächte. ... Ich kehre habgieriger zurück, ehrgeiziger, genusssüchtiger, ja auch grausamer und unmenschlicher, weil ich unter Menschen war. Ziehe dich also in dich selbst zurück so weit wie möglich. Verkehre nur mit Leuten, die dich besser machen können, und lass solche sich an dich anschließen, die du besser machen kannst. So kommt es zu einer Wechselwirkung; man lernt, indem man lehrt.«[36]

In der Menschenmasse laufen wir stets Gefahr, unsere Mitte zu verlieren; auf einer Wanderung hingegen bietet sich die Möglichkeit, sie wiederzugewinnen. Gewiss wusste auch Seneca, dass wir das menschliche Miteinander brauchen wie die Luft zum Atmen, dass wir nur in Gemeinschaften unser Glück und unsere Erfüllung finden können. Davon zu unterscheiden aber sind Begegnungen und Zusammenkünfte, die nicht von Zuneigung und herzlicher Zugewandtheit, sondern von Geschäften und Interessen geprägt sind. Hier kann es leicht zu den Entfremdungsgefühlen kommen, wie sie Seneca so anschaulich beschreibt. Wir verlieren unsere innere Ausgeglichenheit und Ruhe. Seneca empfiehlt daher, solche Treffen kurz zu halten.

Mir ist es auf geschäftlichen Empfängen häufig so ergangen. Der oberflächliche Small Talk fiel mir schwer und ließ mich mit einem leeren und schalen Gefühl zurück. Es war das Maskenhafte, Aufgesetzte, das irgendwie Unwahre, das sich wie eine Last auf meine Seele legte und meine Stimmung niederdrückte. Wirkliche Begegnungen oder eine Berührung der Seelen blieben in der Regel aus. Vielleicht darf man das von solchen Zusammenkünften auch nicht erwarten. Deshalb haben viele Menschen damit keine Probleme. Sie beherrschen die zwanglose Konversation. Entfremdungsgefühle bleiben aus.

Ich jedenfalls erlebe das Wandern in der Natur als das genaue Gegenteil zu solchen Empfängen: Alles Maskenhafte fällt von mir ab. Ich werde eins mit der Natur und komme zugleich in meine Mitte. Vielleicht liegt das daran, dass die Natur keinerlei Erwartungen an uns hat, ausgenommen, dass wir uns demütig in sie einfügen und sie nicht zerstören.

Rousseau, dessen Liebe zur Natur und zum einfachen Leben, zu einsamen Wanderungen und Spaziergängen in Wäldern und Wiesen im 18. Jahrhundert eine ganze Wanderbewegung auslöste und weitreichenden Einfluss auch auf die Philosophie und das Entstehen der Romantik hatte,

kannte diese Spannung von innerer Sammlung und Geselligkeit sehr gut. Angefeindet von der Gesellschaft, floh er
in die Natur, deren Schönheit und Harmonie seiner Seele
Ruhe und höchstes Glück verschaffte. »Dann suche ich
eiligst mit großen Schritten das freie Feld zu erreichen und
atme freier, sobald ich nur Grünes sehe. Ist es zu verwun-
dern, dass ich die Einsamkeit liebe? Ich sehe nichts als
Feindseligkeiten auf den Gesichtern der Menschen, die
Natur hingegen lächelt mir beständig.«[37] Er ist glücklich,
wenn er »dem Gefolge bösartiger Menschen entronnen«
ist. »Sobald ich unter Bäumen und im Grünen bin, glaube
ich, in ein irdisches Paradies versetzt zu sein, und fühle ein
so lebhaftes inneres Vergnügen, als wäre ich der glücklichste Sterbliche.«[38]

Seine revolutionären Auffassungen von Staat, Kirche
und Erziehung hatten scharfe Ablehnung hervorgerufen.
Er wurde mit Haftbefehl gesucht und musste sich zeitweise verstecken. Die glücklichsten Jahre erlebte Rousseau, als
er sich für einige Zeit aufs Land zurückzog und in Muße
botanischen und anderen Studien widmete: Hier »tat ich,
was ich tun wollte, war ich, was ich sein wollte … Da bil-
dete sich in meinem Herzen die Neigung zur Einsamkeit
und Betrachtung zugleich mit den überströmenden zärtli-
chen Empfindungen, die es nähren sollten. Im Tumult und
Geräusch der Welt werden sie eingeengt und erstickt. Stille
und Ruhe beleben und steigern sie. Ich muss mich sammeln, um lieben zu können. … und da habe ich in einem
Zeitraum von vier oder fünf Jahren ein Jahrhundert Leben
und ein so lauteres und vollkommenes Glück genossen,
welches alle Gräuel meines jetzigen Schicksals mit seinen
Reizen verdeckt.«[39]

Auch wenn ich glücklicherweise die Probleme, die
Rousseau mit der Gesellschaft hatte, nicht zu teilen brau-

che, kann ich die beschriebene Spannung zwischen gesellschaftlicher Entfremdung und Geborgenheit in der Natur sehr gut nachvollziehen. Sie wird mir jedes Mal bewusst, wenn ich zu einer Wanderung aufbreche. Stets durchlebe ich den Übergang von einer mehr oder weniger großen Zerstreutheit in weltlichen Geschäften und Verstrickungen in einen Zustand von Losgelöstheit, innerem Frieden, Seelenruhe und Harmonie. Beim Wandern nimmt meine Seele die Farbe der Natur an, nimmt ihre Harmonie und Schönheit in sich auf, löst die Anhaftungen des Alltags und kehrt zurück in ihren Kern. In ihrer Mitte komme ich zu mir selbst. Meine Seele gerät in eine Verfassung harmonischer Ausgeglichenheit. Das ist die »Geborgenheit im eigenen Innern«, das sind zugleich Momente tief empfundenen Glücks und ungetrübter Freude. Ich bin an meiner Wurzel und stärksten Kraftquelle angelangt, am Urgrund meiner Existenz. Nur wenn ich immer wieder dahin zurückkehre und mich an ihm stärke und aufbaue, vermag ich den Kurs meines Lebensweges zu halten und bleibe der Herr und Steuermann meines Schicksals. Deshalb nimmt das Wandern einen wichtigen Stellenwert in meinem Leben ein.

Zusammenfassung

In der Natur ist alles ein Wechsel von Entzweiung und Ausgleich, Spannung und Harmonie, Chaos und Ordnung. Von einem übergeordneten Standpunkt erkennen wir Struktur und Proportion, eine vernünftige oder auch göttliche Seinsordnung. Alles in ihr ist vitale Bewegung, Entwicklung, Wachstum, Blüte, Vergehen und Entstehen. Als solche ist sie Gestalt gewordene Musik, die das Dissonante immer wieder ausgleicht, zur Harmonie führt und auf diese Weise Schönheit und Freude verbreitet. Wir spüren, dass wir ein Teil dieser ewigen Ordnung sind. Beim Wandern erleben wir die Schönheit dieser Ordnung sinnlich und mental. Die Unendlichkeit der Natur, die ewige Wiederkehr des Gleichen wie des Einmaligen beruhigt unsere Seele. Die innere Ruhe ruft ein Gefühl des Glücks in uns hervor. Zugleich bemerken wir, wie wenig wir brauchen, um glücklich zu sein. Das intensive Erleben der Naturschönheit färbt auf unsere Seele ab. Sie wird in sich stimmig. Wir fühlen uns aufgefordert, nach dem Vorbild der Natur unser Seelenleben harmonisch zu ordnen und innere Konflikte zu überwinden. In einer ausgeglichenen Seele erkannten die Weisen der Antike das Glück des Menschen, zugleich die Gesundheit unseres Seelenlebens. Diesen Ausgleich müssen wir immer wieder neu herstellen, indem wir wohltuende Gewohnheiten annehmen und leidvolle ablegen. Wir folgen darin der Gesetzmäßigkeit der natürlichen Evolution, die alles Zuviel und Zuwenig – alles, was sich nicht verträgt und einfügt – irgendwann eliminiert und ausschließt und so das Überleben und die innere Stimmigkeit des Ganzen sicherstellt.

Wer da rechte Einsicht hat,
in dem kommt aller Streit zur Ruh.[40]
Buddha

Zur inneren Ruhe finden

Wenn der weise Mensch keine Ruhepause hat,
nützt ihm sein Charakter nichts.[1]
Altes Ägypten

Das Erlebnis der Endlosigkeit und Ewigkeit einer Natur, die Leere ihrer Weite und Stille beruhigt unsere Seele und erfüllt uns mit einem Gefühl tiefen und stillen Glücks. Das ist die Geborgenheit im Innern. In einer solchen Seelenruhe innerer Ausgeglichenheit sahen die Philosophen der Antike in Orient und Okzident Ziel und Sinn des Lebens – das höchste Glück, das der Mensch erreichen kann.

Wir wollen deshalb noch ein wenig bei der Seelenruhe bleiben, zumal sie eine enge Verbindung zum Wandern in der freien Natur aufweist. Diese Verbindung wird im folgenden Zitat des japanischen Schriftstellers Shissai Chozan aus dem 18. Jahrhundert deutlich, das ganz in der Tradition der altchinesischen Philosophie steht: »Das Wesen eines ausgeglichenen Herzens ist seine Ruhe, seine Teilhabe am Lebensprinzip aller Dinge und seine Klarheit. Seine Funktion liegt in seiner Bewegung, in seiner Entsprechung des Himmelsgesetzes [Naturgesetzlichkeit] und in seiner Lauterkeit [Klarheit, Reinheit] gegenüber allen Erscheinungen dieser Welt. Wesen und Funktion haben denselben Ursprung. Nichts anderes besagen die Worte: ›In der Bewegung ohne Bewegung sein und in der Ruhe ohne Ruhe sein.‹«[2]

Die Harmonie, die wir in der Natur und in uns selbst finden, ist kein Stillstand, sondern in sich bewegt; sie ist Lebendigkeit, ein ständiger Ausgleich von Gegenläufigem und Widerstrebendem. Gleiches gilt für die Seelenruhe als innere Ausgeglichenheit und für das Wandern, das zur Seelenruhe führt: Die innere Ruhe stellt sich im monotonen Gleichschritt des Gehens ein. Durch die Gleichförmigkeit der Bewegung beruhigt sich das Innere. In der Bewegung finden wir zur Ruhe. Im *I Ging* steht der Berg (chinesisch Gen) für die Seelenruhe, das Stillehalten, für innere Harmonie und Ausgeglichenheit. Er steht für die »Meditation, die durch Stillehalten des Äußeren die Lebendigkeit der Verinnerlichung bewirkt. Daher ist Gen der Ort, wo Tod und Leben sich berühren, wo das ›Stirb und werde‹ sich vollzieht.«[3] Die unbewegte Masse des Berges beruhigt unsere Seele und lässt sie still werden. Wir kommen in unser Wesen, zu unseren eigentlichen Bedürfnissen, zum Zentrum und Wurzelgrund unserer pulsierenden Lebendigkeit. Indem das Äußere stillzustehen und zu »sterben« scheint, nehmen wir in der gleichförmigen Bewegung unserer Schritte den Rhythmus des Lebens auf. Unsere Seele ist ein vitales Werden, eingebettet in der ruhigen Geborgenheit unserer Mitte. Bei Konfuzius lesen wir: »Wer auf die Kenntnis der äußeren Dinge aus ist, findet Freude am Wasser. Wem es aber um sittliche Vollkommenheit geht, der erfreut sich an den Bergen. Der eine ist ständig in Bewegung, der andere voll innerer Ruhe. Der eine findet Vergnügen, der andere hat ein langes Leben.«[4] Das »lange Leben« steht bei den Chinesen für ein glückliches und erfülltes Leben.

Auf das Wandern übertragen könnte mit dem »Stillehalten des Äußeren« gemeint sein, dass der Alltag mit seinen Sorgen und Besorgungen für die Dauer des intensiven

Naturerlebnisses zurücktritt und im übertragenen Sinn »stirbt«. Umgekehrt kommt es in diesem Moment zu einer Konzentration auf unsere Innenwelt, unser Seelenleben, auf uns selbst. Diese Konzentration wirkt inspirierend. Es werden neue Gedanken geboren, eine Idee oder ein Entschluss wächst und reift in uns heran. In dem Zitat wird dieser Prozess als die »Lebendigkeit der Verinnerlichung«, als ein »Werden« beschrieben. Wandern belebt und inspiriert unser Denken. Beim Gehen werden die tiefsten Schichten des menschlichen Bewusstseins angesprochen.[5] Vielleicht hat Goethe, der ein begeisterter Wanderer war, bei der Betrachtung von Bergen ähnliche Vorstellungen und Empfindungen gehabt wie die Chinesen. In *Wilhelm Meisters Wanderjahre* lässt er »Montan« sagen: »Wie diese Gebirge hier entstanden sind, weiß ich nicht, will's auch nicht wissen; aber ich trachte täglich, ihnen ihre Eigentümlichkeit abzugewinnen.«[6]

Das *I Ging* besteht aus 64 Doppelzeichen (Trigramme), die in der Auslegung der einzelnen Teile dieser Zeichen die verschiedensten Lebenssituationen beschreiben und in äußerst knappen Worten Weisungen und Orientierung geben, wie man sich in solchen Situationen verhalten soll. Eines dieser Zeichen ist der Berg, der den Chinesen heilig war. Richard Wilhelm, ein bedeutender Kommentator und Ausleger dieses schwierigen Buches, bemerkt, dass der Berg nach altchinesischer Vorstellung der jüngste Sohn von Himmel und Erde ist. Er ist eine Verkörperung von Yin und Yang, vom weiblichen und männlichen Prinzip, vom Körperlichen und Geistigen, vom Dunklen und Hellen, vom Empfangenden und Spendenden. In der ursprünglichen Bedeutung bezeichnet Yin die schattige Nordseite eines Berges, Yang die lichte Anhöhe. Der Berg trägt beide Prinzipien in sich und bringt sie zur Ruhe. Aber diese Ruhe ist, wie wir gesehen haben, in sich bewegt. Hierin unterscheidet sich die chinesische Auffassung der (Seelen-)Ruhe etwa von der buddhistischen. »Während der Buddhismus die Ruhe erstrebt durch Abklingen jeglicher Bewegung im Nirwana [Erleuchtungszustand]«, führt Wilhelm aus, »ist der Standpunkt des Buches der Wandlungen, dass Ruhe nur ein polarer Zustand ist, der als seine Ergänzung dauernd die Bewegung hat.«[7]

Das gilt auch für den Menschen, der die »Ruhe des Herzens« zu erlangen sucht, die in diesen Passagen des *I Ging* gemeint ist. Zu dem 52. Doppelzeichen des *I Ging,* das zweimal das Zeichen des Berges, des Stillehaltens enthält, heißt es:

Stillehalten seines Rückens,
sodass er seinen Leib nicht mehr empfindet.
Er geht in seinen Hof und sieht nicht seine Menschen.
Kein Makel.

Wie Richard Wilhelm zu Recht bemerkt, erinnert das Zitat an Meditationsformen im Yoga, bei denen der Rücken gerade gehalten werden soll. Er interpretiert die Stelle wie folgt: »Die wahre Ruhe ist die, dass man stillhält, wenn die Zeit gekommen ist, stillzuhalten, und dass man vorangeht, wenn die Zeit gekommen ist, voranzugehen. Auf diese Weise ist Ruhe und Bewegung in Übereinstimmung mit den Erfordernissen der Zeit, und dadurch gibt es Licht des Lebens. Das Zeichen ist Ende und Anfang aller Bewegung. Der Rücken wird genannt, weil im Rücken alle Nervenstränge sich befinden, die die Bewegung vermitteln. Wenn man die Bewegung dieser Rückenmarksnerven zum Stillstand bringt, so verschwindet sozusagen das Ich in seiner Unruhe [das im Alltag befangene Ich]. Wenn nun der

Mensch innerlich so ruhig geworden ist, dann mag er sich der Außenwelt zuwenden. Er sieht in ihr nicht mehr den Kampf und das Gewühl der Einzelwesen und hat deshalb die wahre Ruhe, wie sie nötig ist, um die großen Gesetze des Weltgeschehens zu verstehen und dementsprechend zu handeln. Wer aus dieser Tiefenlage heraus handelt, der macht keinen Fehler [»kein Makel«].«[8]

Wie alt der zugrunde liegende Text auch ist, wie kühn die Interpretation von Wilhelm – wir können darin gleichwohl eine gute Beschreibung dessen finden, was wir beim Wandern in den Bergen erleben. Jedenfalls das stille und einsame Wandern ist eine Art Meditation, in der wir unser gestresstes Alltags-Ich für ein paar Stunden zu Hause lassen und vergessen. »Die Weisen finden Frieden, wo die Dinge ihren Frieden finden.«[9] Wir sammeln uns, werden ruhig, gewinnen Klarheit und die Kraft, uns mit frischer Energie und vielleicht auch besserer Einsicht wieder dem Alltag zuzuwenden. Mir ergeht es beim Wandern häufig so. Deshalb ist es für mich eine große Kraftquelle, ein Bad in der freien Natur, eine Reinigung von negativen Affekten und nichtigen Begehrlichkeiten, ein Zentrieren auf meine Mitte, ein Zu-mir-selbst-Kommen.

Das Zeichen für den Berg taucht in verschiedenen Doppelzeichen des *I Ging* auf, so auch im 22. Zeichen, das Wilhelm mit »Anmut« übersetzt. Hier weist er auf die Verbindung der Stille und Klarheit des Berges zur Schönheit hin, die Gegenstand unseres vorhergehenden Kapitels war. Darauf soll nochmals eingegangen werden, weil es verschiedene Themen, die bereits behandelt wurden, verbindet und abrundet. Richard Wilhelm bemerkt zu dem Zeichen: Es »zeigt die ruhende Schönheit: innen Klarheit und außen Stille. Das ist die Ruhe der reinen Betrachtung. Wenn das Begehren schweigt, der Wille zur Ruhe kommt, dann tritt die Welt als Vorstellung in die Erscheinung. Und als solche ist sie schön und dem Kampf des Daseins entkommen. Das ist die Welt der Kunst.«[10] Im Angesicht eines Bergpanoramas, einer Meeresstille, einer diesigen Morgendämmerung oder einer blauen Abendstunde wird unsere Seele nicht nur still, ruhig und klar. Neben dieser inneren Ausgeglichenheit und Harmonie, die die Griechen auch die »schöne« Seele nannten, genießen wir zugleich die äußere Schönheit der Natur. Je mehr unsere vom Alltag hervorgerufenen Begehrlichkeiten, unser Wollen zurücktreten, umso mehr können wir uns der »reinen«, willenlosen Betrachtung der Naturschönheit öffnen. Das erfüllt uns mit tief empfundener Freude.

In dem Zitat spielt Wilhelm auf die pessimistische Philosophie des deutschen Philosophen Arthur Schopenhauer an. Der meinte, dass wir im Alltag von unseren Begierden und unserem Wollen getrieben werden und, da beide sich ständig erneuern, weder Ruhe noch dauerhaftes Glück finden können. Der einzige Ausweg aus diesem leidvollen Dilemma sei gemäß Schopenhauer, überhaupt nichts mehr zu wollen. Eine Möglichkeit, dahin zu gelangen, war ihm das ästhetische Erlebnis, bei dem wir unser Alltags-Ich mit all seinem Treiben, Wollen und Wünschen im Angesicht der Schönheit eines Kunstwerks oder der Natur vollkommen vergessen und im reinen Genießen aufgehen, innerlich erfüllt von ruhiger, stiller und heiterer Freude. Thomas Mann hat diese Auffassung Schopenhauers einmal mit folgenden Worten beschrieben: »Es gibt einen Zustand, worin das Wunder geschieht, dass die Erkenntnis sich vom Willen losreißt, das Subjekt aufhört, ein bloß individuelles zu sein, und zum reinen, willenlosen Subjekt der Erkenntnis wird. Man nennt ihn den ästhetischen Zustand. ... ›Schön ist‹, hatte Kant bestimmt, ›was ohne Interesse gefällt.‹ Ohne Interesse – mit Recht hieß das für Schopenhauer: ohne Beziehung auf den Willen. Das ästhetische Gefallen war rein, interesselos, willensfrei, es war ›Vorstellung‹ im zugleich intensivsten und heitersten Sinne, klare, ungetrübte und tief beruhigte Anschauung.«[11]

So aufgeladen das klingen mag – ich möchte behaupten, dass jeder Wanderer das Erlebnis kennt, das Thomas Mann hier beschreibt und das stark auf unsere Seele wirkt. Es ist das, was passiert, wenn beispielsweise nach einem langen und anstrengenden Aufstieg vor dem Anblick einer grandiosen Landschaft, im Sonnenauf- oder Sonnenuntergang, alles von uns abfällt und wir für Momente die reine Freude an der Schönheit eines Naturschauspiels genießen. Wir scheinen sinnlich zu erleben und geistig zu ahnen, was die Welt »im Innersten zusammenhält«. Wir vergessen darüber sämtliche individuellen Beschränkungen unseres Alltags-Ich. Für Augenblicke werden wir eins mit der Mutter Natur. »Wie Wasser aus dem Gestaltenspiel der Wellen in gestaltlose Klarheit und Ruhe einkehren kann zu seinem reinen Wesen, vermag sich das Leben über alles Wandern in Ichgestalt zu seinem reinen unanschaubaren, unbeschreiblichen Sein zu verwandeln. Das ist indische Erfahrung. Alle indischen Heilslehren handeln von dieser Selbstverwandlung des Ich zum Es, sind die Wege der Heimkehr zu diesem höchsten Ziel.«[12]

Was bei langen Wanderungen als Ahnung, Bild oder Vision in einem aufsteigen kann, beschreibt Zhuangzi wie folgt: »Wer es aber versteht, das innerste Wesen der Natur sich zu Eigen zu machen und sich treiben zu lassen von dem Wandel der Urkräfte, um dort zu wandern, wo es keine Grenzen gibt, der ist von keinem Außendienst mehr abhängig. So heißt es: der höchste Mensch ist frei vom Ich ...«[13] Dieses Einswerden mit der Landschaft, mit der

Natur, mit dem Urgrund allen Seins sind die schönsten Momente des Wanderns. In ihnen vergessen wir all unsere Sorgen, weltlichen Verstrickungen und Lasten des Alltags; wir werfen unser Ego ab und kommen in unsere Mitte, unser ganz eigenes Selbst. »Von sich *absehn* lernen ist nötig, um viel zu sehn – diese Härte tut jedem Berge-Steigenden not«, sagt Nietzsche.[14] Solche Momente haben, wie wir sehen, eine tiefe lebensphilosophische, ja metaphysische – wenn man so will: religiöse – Bedeutung. Daher rührt ihre Kraft, unser Seelenleben nachhaltig zu beeinflussen. Das geht weit über das innig gefühlte Glück des Augenblicks hinaus.

Zusammenfassung

Die Seelenruhe und innere Ausgeglichenheit, die unser Glück ausmachen, bedeuten keinesfalls Stillstand, sondern sind in sich bewegt und spannungsvoll, von dynamischer Lebendigkeit erfüllt. Wir kommen in unsere Mitte, die still und fest ruht wie ein Berg. Aber wir kommen zu ihr in der Bewegung des Wanderns, im lebendigen Rhythmus unserer Schritte, in der Wachheit intensiven Erlebens. Wandern ist Meditation, Versenkung, innere Sammlung, ein zu sich und zu den Dingen Kommen. Es ist Werden und Sein, Bewegung und Stillhalten, Fortschreiten und gleichzeitiges In-sich-Ruhen. Aus dieser bewegten Ruhe heraus nehmen wir unsere Lebenswelt klarer und unverstellter wahr. Dadurch können wir besser auf sie eingehen, mit ihr schwingen, uns in der Geborgenheit unserer Mitte der Bewegung des Lebens anpassen. So können wir uns und den jeweiligen Umständen besser gerecht werden. Wir geraten in eine Seelenverfassung, die dem ästhetischen Erlebnis eines Kunstwerks gleichkommt, bei dem wir das, was wir betrachten, interesselos und mit umso größerer Erfülltheit und innerem Glücksgefühl fühlen, annehmen und genießen.

> *Ist der Weise nicht ruhig,*
> *dann reicht sein Charakter nicht aus. ...*
> *Ist ein Tempel ohne Ruhe,*
> *werden seine Götter ihn verlassen.*[15]
>
> Altes Ägypten

Die Freude am Leben stärken

*Aufgrund innerer Ruhe erlangt man
unübertreffliche Freude.*[1]
Patañjali

Das Erlebnis innerer Ruhe und Ausgeglichenheit, das sich im Anblick einer unberührten Natur einstellt, löst Gefühle der Freude und des Glücks aus. Kaibara Ekiken erkennt in dieser Freude das Wirken der großen Lebenskraft, des Qi oder Ch'i (japanisch Ki). Dieser Begriff gehört zu den wichtigsten in der altchinesischen Philosophie, insbesondere in der daoistischen Philosophie. Er bezeichnet den Atem, den Hauch, die Energie, die Kraft, die Emotionen des Menschen. Er bildet die Grundlage der traditionellen chinesischen Medizin und zahlreicher asiatischer Kampfkünste und Meditationsformen. Ekiken schreibt: »In den Herzen aller Menschen wirkt die Lebenskraft der großen Harmonie, die sie von Himmel und Erde empfangen haben. Sie bildet den Urgrund menschlichen Lebens, dem alles unterworfen ist. So wie Bäume und Gräser immerzu emportreiben, wirkt in unserem Herzen stetig eine Kraft, die aus dem Geheimnis der Natur heraus lebt und sich eines friedlich-harmonischen Seins erfreut. Geben wir ihr den Namen Lebensfreude. Weil sie den Lebensgrund des menschlichen Herzens ausmacht, ist sie auch die Grundlage der Menschlichkeit … Werden wir jedoch von Selbstsucht beherrscht, kommt uns diese Lebensfreude abhanden.«[2]

Lebensfreude setzt Glückshormone frei, die Kraft und Energie verleihen. Es ist kein Zufall, dass das Qi nach moderner daoistischer Auffassung auch für die Tätigkeit des neurohormonalen Systems steht. Ekiken, freilich kein Moderner, meint, dass diese Lebensfreude aus der Natur herrührt und eng mit ihr verbunden ist. Sie ist Ausdruck eines »friedlich-harmonischen Seins«, der Seelenruhe und innerer Ausgeglichenheit, des Einklangs mit der Natur. An einer anderen Stelle verweist er auf den Gegensatz dieser Seelenverfassung zu einer hektischen und getriebenen Geschäftigkeit, die keine Ruhe und Gelassenheit mehr findet und sich aufreibt in den alltäglichen Sorgen, Ängsten und Ärgernissen ihrer pausenlosen Aktivität: »Warum lässt der Mensch es zu, dass die kurze Spanne seines Lebens dahineilt in Ärger, Angst und Sorge? Wahre deine Gelassenheit und vermeide jede Hast. Auch wenn du viel beschäftigt bist, verliere nicht die innere Harmonie deiner Seele; denn wenn dein Herz nicht ruhig ist, machst du Fehler. Lass dich nicht verwirren, sprich keine groben Worte, selbst dann nicht, wenn du beleidigt wirst. Seine innere Ausgeglichenheit zu verlieren bedeutet, seine Freude zu verlieren.«[3]

Heitere Gelassenheit, Lebensfreude und Energie entspringen einer inneren Ausgeglichenheit, die von Sorgen und Ärgernissen nicht beeinträchtigt wird. Auch in Phasen umfangreicher Tätigkeiten bleibt das Herz ruhig und verliert die Seele nicht ihre innere Harmonie. Das ist der Fall, wenn wir gelernt und verinnerlicht haben, zwischen unserem äußeren und inneren Leben zu unterscheiden. Wir haben unser Seelenleben gefestigt und aus unseren Werten und Haltungen eine »innere Burg« errichtet, wie Seneca und Marc Aurel es nannten. In diese dringen keine äußeren Ereignisse, keine Niederlagen, Misserfolge oder Anfeindungen anderer Menschen ein. Unser Innerstes bleibt unverletzt. Alle äußeren Angriffe und Beeinträchtigungen prallen an der festen Verteidigungsmauer unserer gereiften Persönlichkeit ab. Allenfalls erzittern die Mauern für kurze Momente, aber sie werden nicht einstürzen. Die Alten sprachen von der »Unerschütterlichkeit des Weisen«, worin die stoische Philosophie eines der Hauptziele der Persönlichkeitsentwicklung sah. Schon die Weisheitslehren im Pharaonenreich zielten darauf ab, den Menschen innerlich widerstandsfähig gegen äußere Angriffe zu machen. In einem alten ägyptischen Papyrus heißt es: »Ich breite vor dir eine Lehre aus und unterweise (dich über den) Weg des Lebens. Ich setze dich auf den leidensfreien Weg, eine Palisade, die gegen das Krokodil schützt ... «[4] Heute nennen wir diese Unerschütterlichkeit und die Fähigkeit, schnell wieder in die eigene Mitte zu finden, Resilienz.

Dieses Denken in zwei Welten, der inneren Burg und dem Bereich unserer äußeren, weltlichen Tätigkeit, finden wir in allen antiken Weisheitslehren. Konfuzius drückte es einmal so aus: »Geburt und Sterben, Leben und Tod, Erfolg und Misserfolg, Armut und Reichtum, Würdigkeit und Unwürdigkeit, Lob und Tadel, Hunger und Durst, Hitze und Kälte wechseln in den Ereignissen miteinander ab, wie es dem Gang des Schicksals entspricht. Darum ist es nicht der Mühe wert, durch diese Dinge den inneren Einklang stören zu lassen; man darf sie nicht eindringen lassen in die Behausung der Seele. Wer es vermag, mit diesem inneren Einklang sein ganzes Leben im Voraus zu durchdringen, und wer seine Freudigkeit nie verliert, wer Tag und Nacht ohne Unterbrechung der Welt diese Frühlingsmilde zeigt und so entgegennimmt, was der Zeit entsprechend in seinem Herzen entsteht: Der beweist die Völligkeit seiner Naturanlagen.«[5]

Der »innere Einklang« in der »Behausung der Seele« wird gewahrt, wenn wir gemäß unseren natürlichen Anlagen, wenn wir unser Selbst leben, d.h. authentisch, wahrhaftig und stimmig werden, wenn wir unser Denken, Wollen, Sprechen und Handeln in Übereinstimmung bringen. Gelingt uns das, werden wir unsere Lebensfreude und Lebensenergie nicht verlieren. Dazu ist es notwendig, dass wir alles äußere Geschehen, all unsere äußeren Beziehungen und Aktivitäten streng unterscheiden von unserem Persönlichkeitskern. Wir errichten quasi eine Scheidewand zwischen innen und außen. Und wir sollten uns immer wieder darauf konzentrieren, in Übereinstimmung mit uns selbst zu leben, gleichgültig wie die äußeren Umstände sich entwickeln. Dieser »innere Einklang« ist das wichtige, bleibende und unumstößliche Fundament unseres Lebens, das von außen weder angegriffen noch verletzt werden kann, im Gegensatz zu der häufig zufälligen und von anderen abhängigen Entwicklung der äußeren Umstände.

Persönlichkeitsentwicklung ist der Aufbau und die Pflege einer solchen resistenten, festen inneren Burg. Dazu müssen wir uns regelmäßig sammeln, auf uns selbst besinnen, uns unserer Werte und Haltungen versichern, andererseits aber auch unsere Lebensweise immer wieder neu justieren und uns veränderten Umständen so anpassen, dass unsere Mitte und Identität gewahrt bleibt. Leben ist steter Wandel, »alles fließt«. Die Ruhe und Kraft zu solchen Anpassungsprozessen können wir durch regelmäßiges Wandern, innere Sammlung und Erholung in der freien Natur erlangen. Sie kann uns in vielerlei Hinsicht Vorbild und Richtschnur sein.

Zugegebenermaßen ist es sehr schwer, diese beiden Welten oder Ebenen im praktischen Leben immer wieder auseinanderzuhalten, da sie eng und vielfältig miteinander verflochten sind. Unser äußeres Tun wirkt auf unsere innere Befindlichkeit und umgekehrt. Man wird zu dem, was man tut, sagte Sokrates. Wenn wir den ganzen Tag im Äußeren beschäftigt sind und uns an der Welt abarbeiten, ist es schwierig, sich aus dem damit verbundenen Denken und Wollen wieder herauszuziehen, die beruflichen Ziele und Unternehmungen zu relativieren und sich allein auf die inneren Werte und Haltungen zu fokussieren. Doch je weniger uns das gelingt und je mehr wir am Äußeren haften, umso mehr hängt unser Glück am seidenen Faden von Zufälligkeiten und Verhältnissen, auf die wir nur einen geringen Einfluss haben – wenn überhaupt. Unser Wohlbefinden wird von den wechselnden Umständen sowie dem Verhalten und den Entscheidungen anderer Menschen bestimmt. Wir sind von äußeren Verhältnissen abhängig und verlieren unsere innere Freiheit.

Vor diesen Abhängigkeiten haben die Alten immer wieder gewarnt und empfohlen, in uns selbst einen Ort gefestigter Ruhe und Geborgenheit zu kultivieren, in den wir uns bei Bedarf immer wieder zurückziehen können, in dem unser Selbst wohnt und aus dem wir unser Glück und unsere Freude schöpfen. »Der Weise aber«, sagt Seneca, »richtet sich nach der Natur … und wird in voller Seelenruhe und Heiterkeit lachen über die Geschäftigkeit der Reichen und über das Hasten und Hetzen derer, die zu Reichtum gelangen wollen … wem die Weisheit die materiellen Schätze entbehrlich gemacht hat, dem hat sie ihre Schätze gegeben.«[6] »Durch Ruhe ruhig, wandelt man glückselig«, heißt es in den *Upanischaden,* »die Ruhe der Weisen ist schwer zu überwältigen, in der Ruhe ruht das All.«[7] Wer in sich selbst seine Ruhe gefunden hat, für den gilt, was der chinesische Philosoph Liezi gesagt hat: »Das auf sich selbst Beruhende stillet, wirket, ebnet, besänftigt, leitet, wartet.«[8]

Epikur schließlich, der Philosoph der Lust und der Freude, kannte nur zwei Kriterien für ein glückliches Leben: Schmerzfreiheit und Seelenruhe: »Eine unverwirrte Betrachtung dieser Dinge weiß jedes Wählen und Meiden zurückzuführen auf die Gesundheit des Leibes und die Beruhigtheit der Seele; denn dies ist die Erfüllung des seligen Lebens. Um dessentwillen tun wir nämlich alles: damit wir weder Schmerz noch Verwirrung empfinden [innere Unruhe und Zweitracht].«[9]

Diese Seelenruhe gründet in Selbstgenügsamkeit, Bescheidenheit und Demut – Haltungen, die wir beim Wandern in der Natur lernen können. Die Seele hat Maß und Mitte ihrer inneren und äußeren Lebendigkeit gefunden. Die Erkenntnis von Maß und Mitte gibt uns Orientierung und Halt, erdet uns in unserem eigenen Wesen und verleiht uns die Kraft, unsere persönlichen Fähigkeiten und Anlagen zu leben und innere Widerstände zu überwinden. Wir beschränken uns auf das, was wir sind und was wir können, und gehen nicht über unsere Grenzen hinaus. Im *Buch der Riten, Sitten und Gebräuche* heißt es: »Erst wenn man weiß, wo haltzumachen ist, gewinnt man Zielbestimmtheit; erst wenn man Zielbestimmtheit besitzt, vermag man Besonnenheit zu finden, erst wenn man Besonnenheit besitzt, vermag man Ruhe zu finden; erst wer Ruhe gefunden hat, vermag klar zu denken; erst wer klar zu denken vermag, kann sein Ziel erreichen.«[10] Diese innere Ruhe, die Klarheit, Zielbestimmtheit und Besonnenheit, kann das Ergebnis unserer Wanderungen, der eigentliche Gipfel sein, den wir ersteigen. »Nicht der Berg ist es, den man bezwingt, sondern das eigene Ich«, sagte ein berühmter Bergsteiger.[11] In der ältesten japanischen Gedichtsammlung, die uns überliefert ist, dem *Manyoshu,* finden wir folgenden Fünfzeiler:

> Im Meer des Lebens,
> Meer des Sterbens, in beiden
> müde geworden,
> sucht meine Seele den Berg,
> an dem alle Flut verebbt.[12]

Auch wenn wir noch nicht am Leben müde geworden sind, tut es gut, immer wieder die Berge, eine schöne Landschaft, das Meer und die Natur aufzusuchen, denn sie bringen uns eine von Glücksgefühlen erfüllte innere Ruhe. Sie gleicht einer Meeresstille, in der die wesentlichen Sehnsüchte befriedigt sind (»gestillt«), aus der wir ständig neue Kraft, Energie und Lebensfreude schöpfen können.

Zusammenfassung

Die innere Ruhe und Ausgeglichenheit, die sich beim Wandern einstellt, weckt die Freude am Leben und kräftigt Körper und Seele. Wir kommen in unsere Mitte, reinigen unser Seelenleben und bauen an unserer »inneren Burg«. Diese innere Burg ist die Einheit und innere Festigkeit unserer Persönlichkeit. Sie ist der Schutzwall gegen Anfeindungen des äußeren Lebens. In ihr wahren und nähren wir unser Selbstvertrauen, unseren Optimismus und eine heitere Grundstimmung. Je wohler wir uns in ihr einrichten, je mehr wir diese innere Burg als das Zentrum, den Kern und die Mitte unseres Selbst verstehen, umso mehr lösen wir leidvolle Anhaftungen an äußere Dinge, Besitz, soziale Stellung und Menschen, die uns nicht guttun. Selbstgenügsamkeit, Bescheidenheit und Demut führen uns zum stoischen Ideal der »Unerschütterlichkeit des Weisen«, der Unverletzlichkeit und Unangreifbarkeit unserer inneren Persönlichkeit und Würde. »Innere Burg« bedeutet nicht Abgeschlossenheit, sondern es ist der Ort der Ruhe und des Für-sich-Seins im bewegten Meer des Lebens.

Eine feste Burg ist derjenige Geist,
der sich frei von Leidenschaften hält.
Wenn der Mensch dort seine Zuflucht sucht,
dürfte er in Zukunft unbesiegbar sein.[13]
Marc Aurel

Vom Glück des Wanderns

Wenn mein Herz mit mir einig ist,
so wird die Seele glücklich sein.[1]
Altes Ägypten

Wir wollen das Thema Freude noch ein wenig erweitern und vom Glück sprechen. Freilich nicht von dem Glück, das einem mehr oder weniger von außen zufällt, etwa das Gelingen einer Unternehmung, eines Geschäfts, die Erfüllung eines Wunsches oder das Ausbleiben eines Unglücks, also all das, was wir meinen, wenn wir sagen: »Wir haben Glück gehabt.« Vielmehr wollen wir von dem seelischen Zustand sprechen, an den wir denken, wenn wir sagen: »Wir sind glücklich« oder »Wir fühlen uns glücklich«. Es ist also kein Haben oder Nichthaben gemeint, sondern ein Seinszustand, ein Gefühl, eine Grundstimmung, die nicht bloß momenthaft ist, sondern länger andauert. Sie ist nicht auf ein bestimmtes Ereignis bezogen, sondern umfasst das gegenwärtige Leben als Ganzes. Dieses Glück bezeichnet nicht bloß ein Hochgefühl in der einen oder anderen Hinsicht, sondern die innere Stimmigkeit unseres augenblicklichen Lebens in all seinen Bezügen, wie es in dem einleitenden Zitat aus dem alten Ägypten anklingt, das auf etwa 2000 v. Chr. datiert wird.

Dass wir beim Wandern in der Natur nicht nur tiefe Freude empfinden und glückliche Momente erleben, sondern auch etwas für diesen nachhaltigen Seelenzustand des »Glücklich-Fühlens« tun, lässt bereits folgende Stelle bei

Kaibara Ekiken erkennen. Sie handelt vom Wandern und Reisen im Allgemeinen. Beides sind Formen des äußeren wie inneren Unterwegs-Seins, eben das, was Philosophie und Wandern so innig verbindet: »Wenn wir fremde Länder bereisen und außergewöhnliche Berge und Flüsse sehen, wenn wir von den Einheimischen viele wertvolle Gebräuche lernen, auf Berge steigen und durch die Felder wandern, lokale Spezialitäten kosten und vor der Weite des Meeres erstaunen, dann erleben wir eine unendliche Freude, und was wir gesehen und gehört haben während solcher herrlichen Exkursionen, wird nicht von uns gehen, sondern bleibt stets bei uns. Die Erinnerung daran wird nicht vergehen und bringt uns noch im hohen Alter Freude.«[2]

Das kommt der Auffassung des griechischen Philosophen Epikur nahe, der meinte, wir sollten uns regelmäßig an die schönen Ereignisse unseres bisherigen Lebens erinnern. Solche Vergegenwärtigungen seien wichtig für unser Glück und unsere Zufriedenheit mit dem Leben als Ganzes. Nun verläuft nicht jedes Leben immer gut, aber auch keines ohne schöne Stunden, an die wir zurückdenken können. Worauf wir bei unseren Erinnerungen den Blick und die Aufmerksamkeit richten, dem kommt eine große Bedeutung für unser Wohlbefinden zu. Richten wir sie auf positive Erlebnisse, so wird uns das positiv stimmen, im umgekehrten Fall eher negativ. Wir werden »wie das, was im eigenen Denken vorherrscht«, heißt es in den *Upanischaden*.[3] Oder wie es der Stoiker Musonius treffend formuliert hat: »In dem Gebrauch der Vorstellungen liegt … der schöne Fluss des Lebens, der Seelenfrieden, das Wohlbefinden.«[4]

Aber das Glück, das uns das Wandern schenkt, ist mehr als die bloße Erinnerung, mehr als ein Souvenir. Die »unendliche Freude« schöner Exkursionen »bleibt stets bei uns«, schreibt Ekiken. Wie bereits erwähnt, entspringt diese Freude einer Harmonie, die in unsere Seele kommt, angeregt durch die Natur, des Bei-sich-Seins, der Sammlung und Besinnung. Diese innere Stimmigkeit war für viele Weise des Altertums nichts anderes als Glück. »Eine Musik ohne Töne, das ist das Glück«, sagt Konfuzius.[5] Das Glücksgefühl scheint losgelöst von allem Äußeren unseres Alltags, den wir hinter uns lassen, wenn wir uns auf eine Wanderung begeben. Es steigt in uns auf und nährt sich aus unserer seelischen Substanz, aus unserem eigenen Wurzelgrund, dem Humus unseres Lebens und Menschseins, aus unseren inneren Haltungen. Bei Platon lesen wir: »Die Erfahrung lehrt doch täglich, dass Geld und Macht nicht immer glücklich machen, ja unter Umständen Schaden bringen, und dass sie ihren Wert erst durch den Gebrauch erhalten, den der Mensch von ihnen macht. Nicht auf die Außendinge kann es also ankommen, sondern nur auf die innere Haltung, die man ihnen gegenüber einnimmt. Von ihr hängt es ab, ob der Mensch ein gutes Leben führen kann und die Glückseligkeit erreicht, die sein Ziel ist. Denn sie beruht auf dem dauernden Wohlgefühl, das aus der inneren Harmonie und der ungestörten Zufriedenheit entspringt.«[6] Die Seele wird »in sich und durch sich selbst beglückt«, wie es in der *Bhagavadgita* heißt, einem bedeutenden indischen Lehrgedicht.[7]

Der chinesische Philosoph Zhuangzi erzählt uns eine kleine Geschichte zu diesem Thema. Als ein gewisser Meister Ki erfährt, dass derjenige seiner acht Söhne der glücklichste sein wird, der es erreichen wird, sein Leben lang am Tisch eines Landesfürsten zu sitzen, da bricht der Meister in Tränen aus. Auf die Frage, warum er denn weine, antwortet er: »Du kannst das nicht verstehen. Was du als Glück meines Sohnes bezeichnest, ist nichts weiter als Wein und Fleisch. Das sind Dinge, die zur Nase und zum Mund eingehen … Nun pflege ich mit meinen Söhnen zu wandern in der freien Natur. Ich freue mich mit ihnen des Himmels und genieße mit ihnen die Gaben der Erde. Ich habe mich nicht mit ihnen in weltliche Geschäfte gestürzt, ich habe nie mit ihnen Pläne geschmiedet, ich habe nie mit ihnen Wunderlichkeiten gesucht [Luxus, Ausgefallenes], sondern ich habe mich mit ihnen gehalten an die Wahrheit von Himmel und Erde [Natur, naturgemäße Lebensweise], ohne dass wir uns von den Dingen der Welt verwirren ließen. Ich habe mit ihnen die Freiheit gesucht in dem Einen, was nottut, und habe mich nie durch die Pflichten weltlicher Geschäfte binden lassen. Und nun soll uns zum Lohn das Glück der Welt zuteilwerden? … So droht uns denn Gefahr. Aber es ist nicht die Schuld von mir und meinen Söhnen, sondern es ist wohl vom Himmel so bestimmt. Darum bin ich in Tränen ausgebrochen.«[8]

Ein Seelenzustand, der unabhängig von äußeren Dingen und Verhältnissen, von Erfolg und Misserfolg in der Welt Glück empfindet, weil er dieses Gefühl aus sich selbst schöpft, hat sich innerlich frei gemacht von schicksalhaften Ereignissen. Wem das gelingt, der hat Glück, Zufriedenheit und eine heitere Gelassenheit zu einer unerschütterlichen Grundstimmung seines Lebens gemacht. Das ist nicht einfach und setzt voraus, dass wir Ordnung in unserem Innern geschaffen und unser Handeln und Sprechen in Übereinstimmung mit dieser inneren Ordnung gebracht haben. »Einstimmig leben« nannte es der Begründer der Stoa, der griechische Philosoph Zenon von Kition, und erklärte es zu einem der wichtigsten Lebensziele. Gemeint war ein Leben, in dem es zwischen dem Denken, Wollen und Handeln keinen Zwiespalt mehr gibt. »Denn unglückselig ist, wer in innerem Zwiespalt lebt«, sagte er.[9] Dies setzt voraus, dass wir uns um uns selbst und unser Seelenleben kümmern und bemühen, unser Denken, Wollen und Handeln entsprechend unseren geläuterten inneren Werten zu pflegen. Der Weise pflegt seinen Lebenswandel, deshalb kommt er nicht in Sorgen, sagt Konfuzius.[10]

Nach dem bisher Ausgeführten bedarf es kaum einer besonderen Erwähnung, dass eine solche Selbstsorge, ein solches Um-sich-selbst-Kümmern, entscheidend durch Zeiten der Sammlung und inneren Einkehr gefördert wird, ja diese voraussetzen. Die Muße dazu finden wir beim Wandern. Die sinnliche Erfahrung der Schönheit und Harmonie der Natur gibt uns Richtmaß und Orientierung, um im eigenen Innern eine vergleichbare Harmonie nachzubilden. Unsere eigene Natur drängt uns dazu. Das war die grundlegende Überzeugung der stoischen Philosophie, die sich dabei auf Platon berufen konnte. Jeder Mensch strebe danach, das »Eigene« sich ganz anzueignen und ins Werk zu setzen. Dieser Trieb der Selbsterhaltung und Selbstentfaltung begründe Pflichten gegen sich selbst. Dazu gehöre – vergleichbar der Selbstregulation von Systemen –, dass wir unsere unterschiedlichen Bedürfnisse »unter einen Hut«, mithin in Übereinstimmung, bringen, damit sie sich nicht gegenseitig behindern und in dauerndem Streit miteinander liegen. Das Leben in Übereinstimmung mit sich selbst haben die Stoiker daher als eine Art »Selbstaneignung« aufgefasst. Wir werden Herr im eigenen Haus, gestalten unser Leben selbst.[11]

Das braucht hier nicht vertieft zu werden. Jeder hat schon einmal erlebt, wie innere Zwietracht zu Leiden und seelischem Unwohlsein führt, wie umgekehrt innere Stimmigkeit und Harmonie Wohlbefinden, Zufriedenheit und Glücksgefühle hervorrufen. Das Wichtige ist, zu verstehen, dass dies kein Zufall ist, sondern Ergebnis einer Arbeit an sich selbst, einem Aufräumen im eigenen Seelenhaushalt. »Mach dich selbst glücklich«, ruft uns Seneca zu.[12] Es liegt an uns selbst, und wir sollten, wenn wir uns unzufrieden fühlen, es weder auf äußere Zustände und Begebenheiten schieben noch auf das Verhalten anderer Menschen. Wir sind unseres eigenen Glückes Schmied. Darauf ist seit Beginn des philosophischen Denkens immer wieder hingewiesen worden, unabhängig vom jeweiligen Kulturkreis oder der geschichtlichen Epoche. »Welche Klagen erheben die Sterblichen wider die Götter!«, lässt Homer den Göttervater Zeus ausrufen, »nur von uns, wie sie schreien, kommt alles Übel; und dennoch schaffen die Toren sich selbst, dem Schicksal entgegen, ihr Elend.«[13]

Diese grundlegende Erkenntnis fasste der Vorsokratiker Heraklit in drei griechischen Worten zusammen: »ethos anthropo daimon«, auf Deutsch: »Der Charakter des Menschen ist sein Schicksal.«[14] Die Formulierung mag überraschen, verstehen wir doch unter Schicksal üblicherweise etwas, das ohne unser Zutun über uns hereinbricht. Aber nicht darauf kommt es an. Wesentlich für unser Wohlbefinden ist, wie wir das äußere Geschehen aufnehmen, verarbeiten und mit ihm umgehen. An dem Geschehen selbst können wir nichts ändern, aber daran, was es mit uns macht, daran können wir alles ändern! Aus allem können wir das Beste machen, mögen unsere Handlungsoptionen noch so begrenzt sein. Auch aus einem schweren Schicksal können wir noch etwas Gutes machen, mag das noch so gering erscheinen. Es kommt darauf an, mit welcher inneren Haltung wir den äußeren Ereignissen entgegentreten, wie wir sie bewerten, in unser Weltverstehen einordnen und ob wir einen Sinn darin erkennen können.

Das war die feste Überzeugung des Wiener Neurologen

und Psychiaters Viktor E. Frankl. Diese Überzeugung hat er unter den schlimmsten Bedingungen in einem Konzentrationslager gewonnen. Zuvor waren zahlreiche seiner Familienangehörigen einschließlich seiner Ehefrau in Konzentrationslagern umgebracht worden. Frankl selbst überlebte nur knapp. Seither hat er uns immer wieder eindringlich darauf hingewiesen, dass wir auch unter schwierigsten äußeren Umständen noch Optionen haben und einen Sinn finden können, der uns Kraft zum Ertragen und Weitermachen geben kann. »Menschliches Verhalten wird nicht von Bedingungen diktiert, die der Mensch antrifft, sondern von Entscheidungen, die er selber trifft.«[15] In einem Radiovortrag sagte er einmal: »Man mochte dem Kriegsgefangenen oder dem KZler alles fortgenommen haben: Eines hatte man ihm lassen müssen – eine Freiheit war ihm geblieben, und es war die Freiheit, sich so oder so einzustellen zu den nun einmal gegebenen Verhältnissen. Und es gab ein so oder so.«[16]

Den Grundgedanken Heraklits, dass der Charakter eines Menschen sein Schicksal ist, finden wir in allen alten Kulturen wieder. Um 2350 v. Chr. heißt es in der ägyptischen »Lehre des Ptahhotep«: »Leben, Heil und Gesundheit eines Menschen bestimmt also sein Herz.« Das Herz war bei den Ägyptern zugleich Sitz der Emotionen und der Vernunft. 2000 Jahre später lesen wir in einer anderen Quelle aus demselben Kulturkreis: »… das gute Schicksal eines Guten gibt ihm nur sein eigenes Herz«,[17] und an gleicher Stelle: »Fluch und Segen [Unglück und Glück] liegen im Charakter, … Fluch und Segen in der Lebensweise, die Gott ihm vorgeschrieben hat«;[18] schließlich: »… Wer sein Herz selbst erkennt, den kennt das Glück.«[19] Wer sich selbst kennt, der weiß auch, was für ihn gut ist und was ihm schadet. Es ist unsere »Lebensweise« im weitesten

Sinne, also unser Denken, Wollen und Handeln, unsere Vorstellungen und unsere Haltungen, die unsere Gewohnheiten und unseren Charakter maßgeblich prägen und damit auch, wie wir die Welt erleben. Unsere Gewohnheiten und Muster sind keine feststehenden Gegebenheiten, sondern hängen davon ab, ob und wie wir uns selbst erziehen und unsere Persönlichkeit entwickeln, was und wie wir denken, welche Entschlüsse wir fassen, wie beharrlich wir zu unseren Entschlüssen stehen, welche Gewohnheiten wir annehmen, ablegen oder verändern.

Das meinte der japanische Mönch, Gelehrte und Dichter Kukai, als er sagte: »Der wahre Schatz im Menschen muss durch ihn selbst verwirklicht werden.« Zuvor heißt es: »Den wahren Schatz zu erlangen oder nicht zu erlangen, sich an ihm zu erfreuen oder nicht zu erfreuen, kann keine Entscheidung von Vater oder Mutter sein.«[20] Mit anderen Worten: Es ist uns nicht in die Wiege gelegt oder durch Erziehung vorherbestimmt, ob wir unser Glück finden oder nicht. Das bestimmt vielmehr unser Seelenleben, für das wir selbst verantwortlich sind. »Wie die Seele eines jeden Menschen beschaffen sei«, sagt Sokrates, »so sei auch der Mensch selbst. Und so wie der Mensch sei, so sei auch seine Sprache, und der Sprache gleichen die Taten und den Taten das Leben. So sei denn der Zustand der Seele beim guten Menschen lobenswert, also auch sein Leben, desgleichen auch tugendhaft (weise, Verf.), woraus sich ergebe, dass das Leben der Tugendhaften (Weisen, Verf.) glückselig ist.«[21] Seneca meint das Gleiche, wenn er sagt: »Es ist ein Trost für uns Menschen, dass niemand unglücklich ist außer durch eigene Schuld.«[22] Darauf zielt auch folgende Passage aus den *Upanischaden:* »Du bist, was dein tiefes, treibendes Begehren ist. Wie dein Begehren ist, so ist dein Wille. Wie dein Wille ist, so ist dein Tun. Wie dein Tun ist, so ist dein Schicksal.«[23] Wir können uns gar nicht oft genug sagen, dass wir es selbst sind, die durch unsere Denk-, Wollens- und Verhaltensgewohnheiten unser Schicksal maßgeblich bestimmen, nämlich das, was es mit uns macht, und nur darauf kommt es an. Weisheit lehrt uns, in jeder Lage aus dem, was wir vorfinden, das Beste zu machen.

Unsere Seelenverfassung ist wie ein Garten. Wir sind die Gärtner. Pflegen wir unseren Garten, graben wir die Erde um, pflanzen wir guten Samen, entfernen wir das Unkraut, düngen und begießen wir die Erde bei Trockenheit, schützen sie vor Frost, Überschwemmung und Schädlingen, achten wir beharrlich auf das, was und wie es wächst, so können wir uns eines Tages an herrlichen Blumen und Früchten erfreuen. Der Zustand des Gartens steht für unsere Grundbefindlichkeit und für unsere allgemeine Seelenverfassung. Sind wir gute Gärtner, so ist unsere Seele in einer guten Verfassung; es herrscht eine Stimmung heiterer Gelassenheit. Die schönen Blumen und Früchte, die in unserem Garten wachsen, sind die Augenblicke tief empfundenen Glücks, die umso gewisser und häufiger sich einstellen, je liebevoller, achtsamer und umsichtiger wir unseren Garten pflegen. Wie wir aber unseren Seelengarten bestellen sollen, lehrt die Weisheit. Wie »das Denken der Spaziergang der Seele ist«,[24] so ist das Wandern ein Teil dieser Gartenarbeit – nicht unerlässlich, aber ungemein förderlich.

Schließlich lehrt uns das Bild vom Seelengarten, dass wir die Momente des Glücks weder erzwingen noch auf direktem Wege erlangen können. Wir können nur alles dafür tun, dass sie sich möglichst häufig und dauerhaft einstellen. Durch Selbstkultivierung können wir uns, wie Kant es formulierte, dem Glück würdig erweisen. Die glückhaften Augenblicke bleiben am Ende ein Geschenk, eine Gnade, die dem zufällt, der sich um sein Glück verdient gemacht hat. »Unablässig sollt ihr euch bemühen«, waren die Abschiedsworte des sterbenden Buddhas an seine Mönche.

In diesem Sinne ist für mich das Wandern Körper-, Geistes- und Seelenpflege in einem. Die regelmäßige Bewegung an freier Luft sowie das Wandern in der Stille und Schönheit einer Naturlandschaft gehören nach meiner Ansicht zu den Grundvoraussetzungen eines gelingenden Lebens. Ich zweifle, ob ich ohne dieses regelmäßige unmittelbare Naturerleben zu mir selbst, zu innerem Ausgleich, zum Seelenfrieden und dem daraus erwachsenen Lebensglück gekommen wäre. »Auf die grünen Berge zu schauen und auf die Gipfel, die ihre Köpfe in den Himmel strecken, ist eine Quelle unendlicher Freude«, sagt Kaibara Ekiken.[25] Und an anderer Stelle: »Wenn die Wege trocken sind und es windstill ist, wandle man im Garten, spaziere gemütlich, erfreue sich an den Pflanzen und bewundere die jahreszeitliche Natur. Auch wenn man dann ins Haus zurückkehrt, übe man die Freude des Müßiggängers.«[26] Eine gute Freundin von mir, eine Koreanerin und begeisterte Wanderin, sagte auf einer unserer gemeinsamen Wanderungen: »Man soll lernen, sich beim Wandern auf die Schritte zu konzentrieren, einer nach dem anderen. Schau nicht zurück, was hinter dir liegt, und schau nicht nach vorne, was auf dich zukommt. Dann kommst du in deine Mitte, und du wirst glücklich sein. Stille und Nichtstun und sich dabei wohlfühlen ist das Schönste.«[27]

Zusammenfassung

Wandern fördert unser Glück. Es weist den Weg und hilft uns dabei, das Glück in uns selbst zu finden, indem wir innere Stimmigkeit und Ausgeglichenheit herstellen. Beim Wandern können wir die Erfahrung machen, dass es nicht an äußeren Umständen, sondern an uns selbst liegt, ob wir uns dem Glück annähern. Dies setzt eine Arbeit an uns selbst voraus, an unserer Persönlichkeit und unserem Charakter. Wir müssen lernen, mit uns gut umzugehen, unsere Schwächen klein zu halten, unsere Stärken groß zu machen. Die Entwicklung unserer Persönlichkeit bestimmt weit mehr unser Schicksal als äußere Ereignisse oder andere Menschen. Selbstkultivierung gleicht der Arbeit eines Gärtners. Unser Garten ist die Seele, unser Charakter, unsere Persönlichkeit.

Seine Seligkeit oder Unseligkeit
hängt allein vom Menschen selber ab.[28]
Demokrit

Das einfache Leben

Nach all dem Schnitzen und all dem Gestalten
muss man sich wieder zur Einfachheit halten.[1]
Zhuangzi

Was das Wandern darüber hinaus mit der praktischen Philosophie gemeinsam hat und was wir
vom Wandern für unser Streben nach Glück lernen können, das ist die Einfachheit. Für das Wandern ist das offen-
sichtlich, denn dafür brauchen wir lediglich angemessene
Kleidung, Schuhwerk, Rucksack und gegebenenfalls Stö-
cke. Bei der Philosophie denken wir zunächst weniger an
Einfachheit, eher an das Gegenteil. Das gilt auch für die
praktische Philosophie. Weder die Selbsterkenntnis noch
die Arbeit an sich selbst, wovon soeben die Rede war, scheinen eine einfache Sache zu sein. Wir haben schon gehört,
wie schwer es sein kann, sich selbst zu erziehen. Dazu
müssen wir unsere Gewohnheiten ändern, unsere einge-
fahrenen Denk-, Wollens- und Verhaltensmuster umpro-
grammieren. Das setzt ein kontinuierliches Einüben eines
veränderten Denkens, Wertens und Handelns voraus, ein
Ankämpfen und Aufbäumen gegen die hartnäckige Tendenz, immer wieder in alte Muster zurückzufallen und uns
der Bequemlichkeit zu überlassen. Wir müssen uns ständig
aufraffen, auf uns achtgeben, uns beobachten, zum Einüben anhalten, beim Rückfall ermahnen und feststellen, ob
wir wirklich Fortschritte machen.

Das setzt einen entschlossenen Charakter und Beharrlichkeit voraus. Wenn diese Tugenden weit verbreitet wären, würden wir vielleicht in der besten aller Welten leben, wo doch die Weisheiten, die zu einem gelingenden Miteinander führen, im Wesentlichen seit Jahrtausenden bekannt sind. Man hat aber leider den Eindruck, dass das Gegenteil der Fall ist. Dennoch meinte Epikur – wie bereits vernommen –, dass wir schon dann glücklich sein können, wenn wir nicht hungern, dürsten und frieren.[2] Wie ein Echo aus Fernost klingt es, wenn Konfuzius sagt: »Einfachste Nahrung, zum Trinken nur Wasser und den gekrümmten Arm als Kopfkissen – auch dabei kann man glücklich sein.«[3] Gewiss hat Epikur von Konfuzius, der etwa 200 Jahre vor ihm lebte, nie etwas gehört. Und dennoch stimmen sie in der Erkenntnis überein, dass wir für ein glückliches Leben nicht viel benötigen, sodass es unter diesem Aspekt vielleicht doch nicht so schwierig ist, glücklich und zufrieden zu leben.

In Wahrheit ist beides richtig. In bestimmter Hinsicht ist es schwierig, gut zu leben, in anderer einfach. Nach den vorstehenden Zitaten brauchen wir wenig, um glücklich zu sein. Aber um erst einmal dahin zu kommen, dass uns weniges genügt, dafür bedarf es erheblicher Anstrengung. Auch für das Wandern brauchen wir wenig. Eine Freude, wie sie uns das Wandern verschafft und die darüber hinaus noch preiswerter ist, dürfte es kaum geben. Aber einen Gipfel zu erreichen kann äußerst anstrengend sein. Der im 8. Jahrhundert v. Chr. lebende griechische Dichter Hesiod, dem wir den Großteil unserer Kenntnisse über die griechische Mythologie verdanken, benutzte das Bild der Bergbesteigung zur Auflösung dieses scheinbaren Widerspruchs eines gelingenden »einfachen Lebens«. In sprichwörtlich gewordenen Versen dichtete er:

Vor Verdienst aber setzten den Schweiß
die unsterblichen Götter;
Lang und steil jedoch erhebt sich zu diesem der Fußpfad
Und zu Anfang auch rau;
doch wenn du zur Höhe gelangtest,
Leicht dann zieht er dahin,
so schwer er anfangs gewesen.[4]

2500 Jahre später benutzte der Pessimist Schopenhauer dasselbe Bild für die Schwierigkeiten des philosophischen Denkens, freilich mit einer düsteren Färbung. Die Genugtuung über eine einmal erreichte Höhe ist gleichwohl auch bei Schopenhauer nicht zu überhören: »Die Philosophie ist eine hohe Alpenstraße, zu ihr führt nur ein steiler Pfad über spitze Steine und stechende Dornen: er ist einsam und wird immer öder, je höher man kommt, und wer ihn geht, darf kein Grausen kennen, sondern muss alles hinter sich lassen und sich getrost im kalten Schnee seinen Weg selbst bahnen. Oft steht er plötzlich am Abgrund und sieht unten das grüne Tal: Dahin zieht ihn der Schwindel gewaltsam hinab; aber er muss sich halten und sollte er mit dem eigenen Blut die Sohlen an den Felsen kleben. Dafür sieht er bald die Welt unter sich, ihre Sandwüsten und Moräste verschwinden, ihre Unebenheiten gleichen sich aus, ihre Misstöne dringen nicht hinauf, ihre Rundung offenbart sich. Er selbst steht immer in reiner kühler Alpenluft und sieht schon die Sonne, wenn unten noch schwarze Nacht liegt.«[5]

Wie das Wandern, so schafft auch die Philosophie Distanz, aber dazu ist beharrliches, bisweilen mühevolles Fortschreiten im Denken nötig. In den beiden letzten Zitaten geht es um den Weg zu einem guten, von philosophischer Weisheit geprägten Leben. Es ist schwer, sich selbst zu Verhaltens- und Denkweisen zu erziehen, die uns dauerhaft guttun, vor allem am Anfang. Wir müssen uns ändern, unsere Persönlichkeit weiterentwickeln, eine Umwandlung durchmachen, wie Seneca sich ausdrückte.[6] Haben wir aber kontinuierlich Fortschritte gemacht, dann wird es immer leichter und einfacher. Es verhält sich wie mit dem Sport, der uns anfangs viel Mühe und Überwindung kostet, bis er zu einer festen Gewohnheit geworden ist. Dann aber fällt er uns leicht und wird unentbehrlich.

In ein weises Denken, Wollen und Handeln hineinzuwachsen und unsere Lebenskunst auf ein Niveau zu bringen, auf dem uns angemessene, heilsame und wohltuende Haltungen in Fleisch und Blut übergegangen sind, erfordert Entschlossenheit, Beharrlichkeit und konsequentes Umsetzen. Haben wir aber einmal unsere Werte und Überzeugungen in unserem Denken und Handeln fest verankert, dann können wir intuitiv und ohne nachzudenken unserer inneren Stimme folgen und treffen das Richtige. Auch zum Wandern müssen wir uns anfangs überwinden. Ist es uns aber zu einer lieben Gewohnheit geworden, können wir es kaum erwarten, die Wanderschuhe anzuziehen und aufzubrechen.

Warum fällt uns dieser Umgewöhnungsprozess, der für jede Weiterentwicklung unserer Persönlichkeit grundlegend ist, so schwer? »Die Menschen sagen alle: ›Ich weiß.‹ Aber wenn sie Maß und Mitte erwählt haben, so können sie nicht einen Monat lang daran festhalten«, stellte Konfuzius einmal fest.[7] An anderer Stelle gibt er eine Erklärung: »Wenn etwas im Sinn noch nicht erfasst und in der Übung noch nicht gewohnt ist, so wird es häufig übertreten.«[8] Zu der erforderlichen Verinnerlichung ist ein tiefes, wahres Verstehen einer Weisheit und kontinuierliches Einüben nötig, das den Sinn der Weisheit in unserem Denken festschreibt und ihn zu einer inneren Haltung und Gewohnheit macht.

Die moderne Biomedizin und die Gehirnforschung konnten anhand wissenschaftlicher Untersuchungen erklären und nachweisen, was diesen inneren Verschmelzungsprozess so schwierig macht. Die Denk-, Wollens- und Handlungsmuster sind in unserem Körper in bestimmten Gehirnregionen und in synaptischen Verbindungen gespeichert. Die Folge ist, dass wir auf bestimmte Reize und in bestimmten Situationen stets auf die gleiche Weise reagieren. Wir werden im täglichen Leben erheblich mehr durch solche Automatismen gesteuert als durch vernünftige Überlegung. Diese Muster, die wie ein Reiz-Reaktions-Schema funktionieren, können durch die Entwicklung neuer Zellen in den betreffenden Gehirnregionen und durch die Herstellung neuer Nervenverbindungen verändert werden. Gehirn und Nervenzellen sind keine starren Systeme, sondern lebendige Organismen, die sich wandeln und anpassen können und dies auch ständig tun, sei es auch noch so geringfügig, langsam und unmerklich. Auf diese Veränderungsprozesse können wir durch unser Denken, Wollen und Verhalten Einfluss nehmen. Wir können sie maßgeblich steuern, neue Muster und Nervenverbindungen herstellen oder bestehende auflösen. Der Transmissionsriemen vom Geistigen zum Körperlichen, vom Denken zu den Körperzellen, Emotionen und Instinkten ist ein kontinuierliches Einüben.

Die Bildung solcher neuen Strukturen aber braucht Zeit und Ausdauer unsererseits, indem wir mit der notwendigen Konsequenz und Beharrlichkeit neue Muster trainieren. Durch kontinuierliches Einüben neuer Denk-, Wollens- oder Verhaltensgewohnheiten können wir auf unsere Gefühle und unser Nerven-, Hormon- und Immunsystem einwirken. Bewusst oder unbewusst, im Großen oder im Kleinen, von außen oder von uns selbst angestoßen und geleitet, haben wir alle schon zahlreiche solcher Umgewöhnungsprozesse durchlaufen, von der Erziehung über die Pubertät bis ins Erwachsenenalter hinein. Unsere ganze geistig-mentale Entwicklung vollzieht sich durch solche Veränderungs- und Umschichtungsprozesse. Lernen heißt Umlernen.[9]

Jedes Lernen, jede neue Erfahrung, jedes tiefere Erleben hinterlässt eine Spur im Gesamtgefüge unseres Charakters. Wenn wir diese Entwicklung bewusst steuern und unsere Denk-, Wollens- oder Verhaltensgewohnheiten an unseren Wertvorstellungen und Lebenszielen ausrichten, können wir unseren Charakter umformen, neue Haltungen einnehmen und dadurch unser Leben verändern. Wenn wir genau hinsehen, dann tun wir dies auch ständig, meistens unbewusst und von ungefilterten Begierden und Wünschen geleitet. Durch philosophisches Nachdenken, durch die Gewinnung neuer Einsichten, Werte und Überzeugungen, durch ein entschlossenes und beharrliches Umsetzen dieser Einsichten können wir diesen inneren Veränderungsprozess aber auch bewusst vollziehen und steuern. Das ist der Gegenstand der praktischen Philosophie, jedenfalls soweit sie sich neben der Erkenntnis der Werte auch mit der Umsetzung dieser Werte im täglichen Leben beschäftigt.

In der Antike wurde im Orient wie im Okzident gerade auf diesen Teil der eigenverantwortlichen Lebensgestaltung größten Wert gelegt. »Alles ist Übung«, sagte einer der Sieben Weisen.[10] Wir haben zwei Naturen, meinte Aristoteles, die eine ist uns von Geburt und frühester Kindheit mitgegeben, die andere schaffen wir uns selbst durch »vernunftgesteuertes, häufiges Bewegtwerden«.[11] Dieses

Nachahmen oder »häufige Bewegtwerden« ist der Ein-
übungsprozess, ein verändertes Denken, Wollen, Werten
und Handeln, das durch einen Entschluss oder Vorsatz,
der unsere Lebensführung betrifft, in Gang gesetzt und
aufrechterhalten wird. Das führt im Laufe der Zeit zu einer Verinnerlichung neuer Denk- und Verhaltensmuster,
sprich: zu neuen synaptischen Verbindungen oder zur Produktion neuer Gehirnzellen, in denen veränderte Muster
abgespeichert werden, die die bisherigen überlagern und
ersetzen.

Seneca beschreibt diesen Verinnerlichungsprozess mit
dem lateinischen Wort »transfigurari«, was verwandeln,
umbilden, umformen, umgestalten bedeutet. Um weise zu
leben und sich wohltuende Haltungen anzueignen, reiche
es nicht aus, dass wir etwas erkannt, eingesehen oder verstanden haben. »Denn wer den Lehrgang durchgemacht
und richtig begriffen hat, was zu tun und was zu meiden
ist, ist noch nicht weise«, so führt er aus, »und zwar nicht
eher, als bis er eine innere Umwandlung durchgemacht
hat, durch die seine Seele ganz mit dem, was sie gelernt hat,
verschmolzen ist.«[12]

Ein anderes Mal findet Seneca für diesen Vorgang ein
treffendes Bild: Die physischen Eltern können wir uns
nicht aussuchen, wohl aber die geistigen.[13] Er wollte damit
sagen, dass wir uns die geistigen Ziele, Werte und Anschauungen selbst wählen, nicht selten, indem wir uns lebende oder historische Personen, deren Verhalten und Ansichten wir bewundern, in der einen oder anderen Hinsicht
zum Vorbild nehmen. Mit dieser bewussten oder auch unbewussten Auswahl unserer »geistigen Eltern«, an denen
wir uns orientieren, nehmen wir unsere geistig-seelische
Entwicklung in die eigene Hand. Dies geschieht, indem
wir das, was wir an ihnen schätzen, uns »anverwandeln«,

uns zu eigen machen, indem wir es übernehmen, nachahmen und mit unseren eigenen Erfahrungen, Werten und Ansichten verschmelzen. Auf diese Weise schaffen wir uns eine »zweite Natur«.

»Hast du nicht bemerkt«, fragte Sokrates seinen Gesprächspartner einmal, »dass kontinuierliche Nachahmungen ... zur Gewohnheit und anderen Natur werden, in Beziehung auf den Leib ebenso wie auf Rede- und Denkweise?«[14] Diese zweite Natur, unser Charakter, unsere Persönlichkeit, das ist unser Schicksal. So wie wir denken, fühlen und handeln, so leben und erleben wir auch. Wir bestimmen auf diese Weise, woran wir Freude haben, was uns Kummer bereitet, wonach wir streben, was wir meiden, was uns erfüllt und glücklich macht, worunter wir leiden, schlechthin unser ganzes Gefühls- und Seelenleben wird von unseren Haltungen und Einstellungen maßgeblich geprägt. Selbst wenn wir nichts ändern und in den alten Mustern verharren, ist das unsere eigene Entscheidung und Verantwortung, die bestimmte seelische Auswirkungen haben.

Was wir auf diese Art erreichen und verändern können, kommt in folgender antiken Spruchweisheit zum Ausdruck: »Eine Frau stemmte jeden Morgen ein Kälbchen, am Ende einen Ochsen.«[15] Oder wie es in einem mongolischen Sprichwort heißt: »Sage nicht, ein Pass sei unüberwindlich; wenn du hinaufsteigst, kannst du ihn überschreiten. Sage nicht, es ist zu weit, ihr könnt es nicht schaffen; wer geht, langt auch an.«[16] »Die Weite des Landes überwindet man durch Vorwärtsgehen.«[17] Wenn wir entschlossen, konsequent und beharrlich sind, können wir auch ganz anders leben, als wir es augenblicklich tun, wir können »Berge versetzen«. Dazu braucht es freilich Selbstbeherrschung und Beständigkeit: »Die Dauer ist die Art des

Weisen«, heißt es im *I Ging*.[18] Der kynische Philosoph Krates zählte daher die »Selbstbeherrschung und Ausdauer«
zu den wertvollsten Gütern der Weisheitslehre und Persönlichkeitsentwicklung. Er forderte uns auf, zugleich
nach dem zu streben, was diese Eigenschaften hervorbringt
und wachsen lässt, nämlich »... die harte Arbeit (an sich
selbst), und geht ihr nicht aus dem Weg, weil sie beschwerlich ist«.[19]

Haben wir uns einmal an andere Denk-, Wollens- und
Verhaltensweisen gewöhnt und sind sie zu einem festen
Bestandteil unserer Persönlichkeit und unserer Lebenspraxis geworden, dann wird alles einfach. Wir handeln intuitiv aus dem Bauch heraus und treffen das Richtige, also
das, was am besten für uns ist. Von schwierigen Lebens-
lagen abgesehen, wo unterschiedliche Werte hart aufei-
nanderprallen und sorgfältig gegeneinander abgewogen
werden müssen, brauchen wir nicht mehr darüber nachzudenken, wie wir uns verhalten sollen und was zu tun ist.
Unsere Einsichten und Werte sind zu automatischen
Denk- und Handlungsmustern geworden. Das Ideal der
Persönlichkeitsentwicklung eines Samurai war es, dass er
in jedem Moment, ohne nachzudenken, spontan aus seiner
Mitte heraus das Richtige und Angemessene tut. Es war
das Ergebnis einer über viele Jahre praktizierten beharrlichen Selbsterziehung. Platon hatte gewiss etwas Ähnliches
im Sinn, als er einmal meinte, am Ende aller Gedanken-
arbeit werde die Philosophie überflüssig. Im Buddhismus
wird die Lehre mit einem Boot verglichen, das uns an das
andere Ufer bringt. Dort angekommen – sprich: weise geworden und erleuchtet –, wird das Boot überflüssig.

Erleuchtung oder vollkommene Weisheit ist für uns
Menschen freilich ein unerreichbares Ideal. Wir werden
immer wieder Fehler machen, uns werden Zweifel kom-

men, wir werden Krisen durchlaufen und Irrwege gehen. »Die den rechten Weg ganz mühelos treffen, das sind die heiligen Menschen«, heißt es im *Buch der Sitten, Riten und Gebräuche*.[20] Auf einen vollendeten Weisen stoßen wir in dieser Welt alle 500 Jahre nur einmal, meinte Seneca. Wir Sterbliche sind weder Heilige noch vollendete Weise, sondern fehlbar und unvollkommen. Aber als Wanderer wissen wir, dass der Weg das Ziel ist. Entscheidend ist, dass der Entwurf und die Beschreibung eines Ideals unserer Seele Schwung und Motivation gibt, eine klare und sichtbare Orientierung. Das Ideal wird so zu einem wertvollen Kompass für unsere Lebensführung. Je mehr wir uns ihm annähern, umso leichter und »einfacher« wird unser Leben.

Konfuzius, für den die Mitmenschlichkeit der höchste Wert im Leben des Einzelnen wie der Gemeinschaft war, sagte einmal: »Im innersten Herzen in der Güte [Mitmenschlichkeit] ruhen, das kommt auf Erden äußerst selten vor … Wer das erreichen will, der muss sich auf den Weg machen und wandern, ob er auch auf halbem Wege zusammenbricht. … Den Blick aufs Ziel gerichtet, gibt er sich täglich alle Mühe, und erst im Tode hört er auf.«[21] Bei Horaz lesen wir: »Wandre getrost Teilstrecken, wenn unerreichbar das Endziel!«[22] Kaibara Ekiken bringt es auf den Punkt: »Indem wir das höchste Ziel anstreben [das Ideal der Weisheit], können wir die Mitte [der Strecke bis zum Ziel] erreichen; wenn wir auf die Mitte zielen, werden wir nur wenig erreichen. Wenn wir nur wenig anstreben, landen wir nirgendwo.«[23] Je weiter wir wandern, umso zufriedener werden wir mit unserem Leben. Das Ziel bleibt immer der Weg, denn wie alle Lebewesen wandelt sich der Mensch, solange er lebt.

Die Einfachheit in Verbindung mit Wandern hat noch

andere Aspekte. Wie bereits erwähnt, waren die Denker der Antike der Meinung, dass wir, um Glück und Freude zu erleben, nur wenige äußere Dinge benötigen. Der Weise genügt sich selbst. Seine auf Äußeres gerichteten Wünsche und Bedürfnisse sind gering. Laotse empfahl daher:

> ... erheben sich die Begierden,
> so würde ich sie bannen durch namenlose Einfalt
> [Einfachheit].
> Namenlose Einfalt bewirkt Wunschlosigkeit.
> Wunschlosigkeit macht still,
> und die Welt wird von selber recht.[24]

»Die Welt wird von selber recht« meint, dass sich für den Weisen alles zum Rechten fügt. Was auch immer geschieht, er versteht, das Beste daraus zu machen und seinen inneren Gleichmut und seine Heiterkeit zu bewahren. Über Konfuzius sagte einer seiner Schüler: »Unser Meister ist milde, einfach, ehrerbietig, mäßig und nachgiebig: dadurch erreicht er es.«[25] Von seinem Lieblingsschüler Hui hieß es: »Eine Holzschüssel voll Reis, eine Kürbisschale voll Wasser, in einer elenden Gasse. Andre Menschen hätten es in einer so trostlosen Lage gar nicht ausgehalten. Aber Hui ließ sich seine Fröhlichkeit nicht rauben.«[26] Was ihm wertvoll war und Freude bereitete, das trug er in seinem Innern. Dort, in seiner inneren Burg, ist er den Anfeindungen und Verwicklungen des äußeren Lebens entzogen. »Wer einfältig [einfach] wandelt, der wandelt am sichersten«, lautet ein altes Sprichwort.[27] Da aber dieser innere Bereich für die Weisen des Altertums der wichtigere war, wurde das äußere Leben für sie einfach. Sie maßen ihm keine entscheidende Bedeutung für unser Wohlbefinden zu.

Die antiken Philosophen meinten zudem, dass Einfachheit, Genügsamkeit und Bescheidenheit unserer Natur gemäßer sind und uns besser bekommen als Luxus und Überfluss. Diese können sehr schnell ins Dekadente umschlagen, also in einen Zustand des Zerfalls, ins Unnatürliche, Unechte und Gekünstelte. »Was wahr, einfach und aufrichtig ist, das ist der Natur des Menschen am gemäßesten«, sagt Cicero.[28]

Dies entspricht der Erfahrung des Wanderns in der freien Natur, bei der wir die Nähe zu unseren Wurzeln, unserer Mitte und unserer Authentizität spüren. Der Ruf »Zurück zur Natur!« tauchte in der Kulturgeschichte der Menschheit immer dann auf, wenn ein Leben im Überfluss materieller Güter als fad, leer und sinnlos empfunden wurde. Die Anhäufung und Steigerung immer neuer Vergnügungen und Zerstreuungen wurde zur Flucht vor sich selbst. In solchen Phasen sehnen wir uns nach Einfachheit und Entschleunigung, die wir beim Wandern in der Natur für Stunden erleben können. Aus diesem Grund schätzte der bedeutende stoische Lehrer Musonius Rufus das Leben auf dem Lande: »Daher preise ich nach allem das Leben des Hirten. Wenn aber einer zugleich ein Freund der Weisheit und ein Landmann ist, dann lässt sich kein anderes Leben mit seinem vergleichen, und kein anderes Einkommen würde ich seinem vorziehen. ... So ist denn das Leben vom Landbau wirklich schön und eine Quelle des Seelenfriedens ... wenigstens, wenn man dabei das Streben nach dem Guten nicht vernachlässigt. Daher hat ja der Gott den Myson [nach Platon einer der Sieben Weisen] für weise erklärt und den Aglaos aus Psophis glückselig genannt; beide lebten ganz für sich, bearbeiteten selber ihren Acker und hielten sich fern von dem Treiben in der Stadt. Und da sollte es sich nicht lohnen, ihnen nachzueifern und sich mit ganzer Liebe dem Landbau zu widmen?«[29]

Es ist leicht, diese Hirtenidylle als eine romantische Idealisierung eines in Wirklichkeit harten und entbehrungsreichen Landlebens zu kritisieren und abzutun. Aber dabei übersehen wir den wahren Kern, den Musonius und die Quellen, auf die er Bezug nimmt, im Auge hatten. Jeder Wanderer kennt die Wahrheit und Schönheit unmittelbaren Naturerlebens, selbst wenn es mit Anstrengungen verbunden ist. Diese Erfahrung ist ein wesentlicher Grund dafür, warum wir die Natur immer wieder aufsuchen. »Kein anderes Leben ist freier und unbefleckter vom Laster … als ein Leben, das die Stadtmauern hinter sich lassend die Wälder liebt«, sagt Seneca.[30] Wir erleben, dass Glück etwas sehr Einfaches sein kann und eng mit der Natur und einer schlichten Lebensweise zu tun hat. Beim Wandern tun wir nichts als wandern, aber das erfüllt uns nicht selten mit größten Glücksgefühlen. »Des Wanderns Lust ist, dass man die Zwecklosigkeit genießt«, antwortet Liezi auf die Frage, warum er das Wandern liebt, und an anderer Stelle: »Genügen im eignen Selbst zu finden, das ist des Wanderns höchste Stufe.«[31] Wer das einmal erfahren, gelernt und verinnerlicht hat, der vermag den Alltag selbst dann zu genießen, wenn die materiellen Güter gering und die äußeren Umstände beschwerlich sind: »Sich an den einfachen Dingen des Lebens zu erfreuen bedeutet, sein Leben zu genießen«, sagt Kaibara Ekiken.[32]

Der griechische Historiker Herodot erzählt eine kleine Geschichte, die er gleichsam als »weltanschauliches Motto« an den Anfang seines Hauptwerks *Historien* gesetzt hat. Der reiche König Kroisos (»reich wie Krösus«, wie es heute noch heißt) zeigte dem Solon, einem der »Sieben Weisen«, seine unermesslichen Schätze und fragte ihn, wer denn als der glücklichste Mensch anzusehen sei. Statt der erhofften Antwort, dass er selbst, Kroisos, dieser Mensch sei, blieb Solon skeptisch und erinnerte den König daran, dass die Götter auf allzu großen Reichtum neidisch seien und dass sich das Schicksal schnell wandeln könne. Der glücklichste Mensch sei seines Erachtens der Athener Tellos gewesen, ein einfacher Bürger, der in Familie und Staat seine Aufgaben erfüllte, ein Leben in bescheidenem Wohlstand führte und ohne Leiden einen friedvollen Tod hatte. Die Griechen verabscheuten jedes Übermaß. »Die Glückseligkeit des Tellos war etwas anderes als das, was sich Kroisos darunter vorstellte. Sie war ein bescheidenes Glück, wie es dem Menschen angemessen ist … und genügte vollkommen, um dem Befriedigung zu geben, der nichts Unmögliches erstrebt und nicht über das Menschenmaß hinauswachsen will.«[33] Glück, das rechte Maß und Einfachheit sind wesensverwandt und gehören zusammen.

Dieser Sinn liegt auch zwei Geschichten aus der altchinesischen und zenbuddhistischen Tradition zugrunde, die ich zum Abschluss dieses Kapitels wiedergeben möchte. Sie beschreiben treffend den Gedanken der Einfachheit und seine Bedeutung für ein glückliches Leben. Die erste stammt von dem chinesischen Daoisten Zhuangzi und betont den Aspekt der Bedürfnislosigkeit im Gegensatz zu Reichtum, Begehrlichkeit und Selbstsucht. Zhuangzi erzählt von einem Gespräch zwischen einem Weisen und dem Fürsten von Lu, der sich darüber beklagt, dass er trotz Befolgung aller heiligen Riten »dem Leid nicht entgehen« könne. Der Weise antwortet ihm: »Ihr Fell ist es, das sie ins Unglück bringt. Ist nicht das Reich Lu das Fell Eurer Hoheit? Ich würde wünschen, dass Eure Hoheit sich entkleidet und auf dieses Fell verzichte, das Herz besprenge, die Begierden abtöte und wandere nach den Gefilden jenseits der Menschenwelt! … das Volk dort ist einfach und gerade, ohne Selbstsucht und frei von Begierden. Sie verstehen

Dinge zu machen, aber wissen sie nicht aufzuspeichern …
Unbekümmert dem Zug des Herzens folgend wandeln sie
und treffen doch das große Rechte [Tau, Dao, der rechte
Weg] … So machet Selbstlosigkeit und Entsagung zu eurem Wagen! … Verringert Euren Aufwand, beseitigt Eure
Begierden … Wer Menschen beherrscht, kommt in Verwicklung; wer von Menschen beherrscht wird, kommt in
Betrübnis. … Und ich möchte Eure Verwicklungen lösen
und Euch von der Betrübnis heilen, also dass Ihr allein mit
dem Dao wandelt ins Reich des großen Nichts.«[34]

Das Wandern »jenseits der Menschenwelt« im »Reich
des großen Nichts«, das Abtöten der Begierden, Entsagung
und Selbstlosigkeit müssen nicht als Weltabgewandtheit
und vollständiger Verzicht auf weltliche Freuden verstanden werden. Zhuangzi selbst lebte zwar zurückgezogen,
aber nicht als Heiliger in der Waldeinsamkeit. Er hatte
Kontakt mit den geistigen Größen seiner Zeit und erfreute
sich daran. Es genügt, wenn wir das Gesagte als zugespitzte Beschreibung unseres Materialismus und unserer Ausrichtung auf äußere Werte verstehen. Was Zhuangzi uns
sagen will, ist, dass wir nicht an Äußerlichkeiten haften
sollen, unser Glück nicht mit der Erreichung äußerer Ziele
oder Güter verknüpfen oder es von Entscheidungen und
dem Verhalten anderer Menschen abhängig machen sollen.
Wir sollen unser Leben und Streben vereinfachen und unseren Alltag sowie die Freude am bloßen Sein und am Gegenwärtigen so weit wie möglich von welt- und zukunftsorientierten Absichten, Plänen, Wünschen und Streben
freihalten.

Das bedeutet nicht, dass wir keine Wünsche und Absichten haben sollen, sondern dass wir imstande sind, sie in
dem Augenblick, wo wir etwas genießen und erleben, zu
vergessen und uns ganz auf das Hier und Jetzt zu konzen-

trieren. Wir sollen uns die Präsenz im Gegenwärtigen und die Freude daran nicht durch sorgenvolle Gedanken an die Zukunft eintrüben lassen. Wie es einer der Sieben Weisen in einem Paradox ausdrückte: »Sein Leben muss man so abmessen, als ob uns sowohl eine lange als eine kurze Lebenszeit beschieden sei.«[35] Den Moment unbeschwert genießen, aber gleichzeitig das Folgende nicht aus den Augen verlieren, das ist die Kunst.

Die Bedeutung des Gegenwärtigen für unser Glück durch achtsamen Vollzug dessen, was wir gerade tun, betont die zweite Geschichte: »Es war einmal ein sehr trauriger Schüler, der seinen spirituellen Meister fragte: ›Bitte, lieber Lehrer, kannst du mir endlich das Geheimnis verraten, um wirklich glücklich zu sein? Ich will auch so glücklich sein, wie du es immer bist.‹ Der Meister antwortete mit einem milden Lächeln: ›Wenn ich liege, dann liege ich. Wenn ich aufstehe, dann stehe ich auf. Wenn ich gehe, dann gehe ich. Wenn ich esse, dann esse ich.‹

Der Schüler schaute verdutzt: ›Was du mir sagst, mache ich doch auch. Ich liege, stehe auf, gehe und esse. Aber ich bin nicht glücklich. Was ist also dein Geheimnis?‹ Daraufhin fügte der Meister hinzu: ›Sicher liegst du auch, stehst auf, gehst und isst. Aber während du liegst, denkst du schon ans Aufstehen. Während du aufstehst, überlegst du, wohin du gehst, und während du gehst, fragst du dich schon, was du essen wirst. Solange du nicht vollkommen gegenwärtig bist, liegen deine überflüssigen Gedanken wie eine schwere Last auf deinen Schultern. Doch das wahre Leben ist leicht wie eine Feder – in Wahrheit sind wir es selber, die uns immer wieder belasten‹, sagte der Meister, noch immer lächelnd. ›Aber ...‹, wollte der Schüler einwenden, doch der Meister hob die Hand und sagte: ›Dieses Aber, mein Sohn, wiegt allein schon eine Tonne.‹«[36]

Wir sind es selbst, unser Denken, Wollen, Sprechen und Handeln, unsere Haltungen, unser Charakter, unsere Persönlichkeit, die uns das Leben schwer oder leicht machen. Das gute Leben ist etwas Leichtes und Einfaches, weil alles Wesentliche in unserer Hand liegt, und die nicht in unserer Hand liegenden äußeren Umstände auf das Wohlbefinden des Weisen, wenn überhaupt, nur wenig Einfluss haben. Was die Natur fordert, ist leicht zu beschaffen, meinte Epikur, aber wir selbst schaffen uns unbegrenzte Ängste und Begierden.[37] Je wichtiger wir Äußerlichkeiten nehmen, umso mehr belasten sie uns.

Mit zu den schönsten Momenten einer Wanderung gehört für mich das Picknick in freier Natur. Ich schätze gutes Essen, aber die besten Restaurants, die ich kenne, liegen in den Bergen am Rande des Wanderwegs. Wenn die Zeit gekommen ist, suche ich mir ein ruhiges Plätzchen unweit der Route mit einer herrlichen Aussicht. Dort mache ich es mir bequem, hole Brot und Käse hervor, ein Schlückchen Wein, und genieße das Fest der Sinne. Nirgendwo schmeckt es mir besser, und ich spüre, wie stark das sinnliche Genießen von der Umgebung, der Atmosphäre, den eigenen Gedanken und dem Gemütszustand abhängt. Es gibt keinen besseren Aperitif als eine Wanderung, kein besseres Gewürz als ein überwältigendes Panorama, die Stille und Weite der Natur, die frische Luft, die Gerüche wilder Pflanzen und Bäume und die Ruhe weitab von allem Menschengetriebe. Hier begegne ich mir selbst in der Einfachheit meines Existierens. Alles fällt von mir ab, und zurück bleibt das Bewusstsein der eigenen Lebendigkeit und der Verbundenheit mit der Natur. In solchen Momenten lernen wir loszulassen und erkennen die Leichtigkeit und Einfachheit des wesentlichen Lebens. Es braucht nicht viel, um glücklich zu sein. Unsere inneren

Haltungen, unsere Werte, unser Wollen und unser Denken reichen aus, das Glück des Augenblicks zu fassen, wo immer wir sind. »Ruhig zu sitzen in Einsamkeit ist auch eine Freude; diese stille Freude überragt bei Weitem die Freude opulenter Feste«, schreibt Kaibara Ekiken.[38] Hermann Hesse dichtet: »Ich weiß auf Erden keine reinere Lust / Als still zu ruhen an der Erde Brust ...«[39]

Aber diese Erfahrung habe ich in der Hektik des Alltags häufig wieder aus den Augen verloren. Erst im Laufe der Zeit und nach vielen Wanderungen hat sie sich in meiner Seele dauerhafter festgesetzt und wurde zu einem wesentlichen Bestandteil meines Welt- und Selbstverständnisses. Das Einfache zu suchen und zu schätzen wurde mir zu einer wohltuenden Gewohnheit, die seither mein Leben prägt. Und was die Gewohnheiten im Allgemeinen angeht, so kann ich rückblickend feststellen, dass alles Gute, Freudvolle, Gelingende und Glückliche in meinem Leben auf gute Denk-, Wollens- und Verhaltensgewohnheiten zurückgeführt werden kann, alles Belastende und Leidvolle aber auf schlechte. Ich bin nichts als die Summe meiner Gewohnheiten. Sie sind meine zweite Natur. Diese zweite Natur steht vollkommen in meiner Verfügungsgewalt. Oft ist es mir gelungen, sie durch einen beharrlichen Übungsprozess zu verändern. Wenn wir unsere Gewohnheiten im Denken, Wollen, Werten, Reden oder Verhalten aber nicht ändern, dann ändert sich auch nichts. Die Anregungen, das Selbstvertrauen und die Kraft für gelungene Veränderungen habe ich mir beim Umherschweifen in der freien Natur und in meinen Gedanken erwandert. Das wird auch in der Zukunft so bleiben, denn ich kenne keine bessere Inspirationsquelle.

Zusammenfassung

Wandern ist eine der einfachsten und kostengünstigsten Freizeitbeschäftigungen. Wir brauchen nicht viel dafür. Allerdings müssen wir uns selbst und die eigene Trägheit überwinden, losmarschieren und den eingeschlagenen Weg beharrlich fortsetzen. Mit dem gelingenden Leben ist es ebenso. Äußere Güter brauchen wir nur wenige, weil das Glück, nach dem wir uns sehnen, in unserem Innern liegt. Aber der Weg zu unserem inneren Glück setzt voraus, dass wir an unseren Schwächen arbeiten, unsere Stärken und Potenziale kultivieren und unser Seelenleben in einen Zustand harmonischer Ausgeglichenheit bringen, kurz: dass wir unsere Persönlichkeit entwickeln. Wir entwickeln unsere Persönlichkeit dadurch, dass wir uns von alten Denk-, Wollens- und Verhaltensmustern, die uns schaden, verabschieden und uns neue angewöhnen, die uns guttun. Das kann für unsere Seelenkräfte so schwer sein wie 3000 Höhenmeter für unsere Beine. Gelingt es uns aber und haben wir uns eingeübt in wohltuende und nährende Gewohnheiten, sind sie in Fleisch und Blut übergegangen und zu inneren Haltungen geworden, dann wird das Leben einfach. Ohne nachzudenken, handeln und entscheiden wir aus unserem Bauchgefühl heraus, denn wir haben gelernt und verinnerlicht, was uns auf Dauer Freude bereitet.

Mit einfachen Dingen zufrieden sein heißt,
das Leben zu genießen. …
Demgegenüber gibt es keine größere Dummheit,
als unsere eigene Zufriedenheit zu verlieren,
indem wir Dinge begehren, die wir nicht haben.[40]
Kaibara Ekiken

Gelassen und duldsam leben

Gelassen gingen sie, gelassen kamen sie.
Sie vergaßen nicht ihren Ursprung.[1]

Nahe der Einfachheit, der Seelenruhe und inneren Ausgeglichenheit wohnt die Gelassenheit. Wandern kann dabei helfen, gelassener zu werden. Der gleichförmige Rhythmus des Gehens, die Einfachheit und Gemächlichkeit dieser Art der Fortbewegung, die Weite und Schönheit der Natur, die Stille und innere Ruhe, die von ihr ausgeht, führen zu einem Zustand der Ausgeglichenheit und Gelassenheit. Sie erwachsen aus einer Art meditativen Hingabe des Wanderers an den ruhigen Fluss der äußeren und inneren Eindrücke. Der Alltag und das tägliche Besorgen vielerlei Dinge scheinen von uns abzufallen. Das Bedrängende und Treibende rücken in die Ferne. Wir lassen los.

> Wo wir uns der Sonne freuen,
> Sind wir jede Sorge los.
> Dass wir uns in ihr zerstreuen,
> Darum ist die Welt so groß.[2]

Gelassenheit ist die Fähigkeit, innerlich loslassen zu können. Im körperlich-seelischen Erlebnis der unendlichen und ewigen Natur werden unsere Sorgen klein und unbedeutend. Alle Aufregung legt sich. Für Stunden durchdringt die Stille der Natur unseren Körper und Geist. Wir werden eins mit der Natur. Wir folgen der allmählichen Veränderung von Licht und Atmosphäre. Pantha rei – alles fließt. Wir machen die Erfahrung, wie wohltuend es ist, alles fließen und sein zu lassen, wie es ist. Und es ist schön. Wir greifen nicht ein, sondern nehmen nur auf. Unser Ich tritt zurück, wir schauen und lassen uns anrühren. »Die wichtigste Ausrüstung, deren ein Wanderer bedarf, ist ein besonderes Talent im Herzen und eine besondere Schaukraft im Auge. ... sich treiben zu lassen, ist schon dieses besondere Talent, und fähig sein, gelassen dahinzuwandern, ist schon diese besondere Schaukraft.«[3]

Der gelassene Mensch greift nicht ein in den Gang der Dinge und den Zustand der Natur, wo sie sich im Gleichgewicht und »schönen Fluss des Lebens« befinden. Auch dort, wo er seinen Willen durchsetzen könnte, übt er Zurückhaltung. So wahrt er seine innere Ruhe: »Der Weise sucht auch Dinge, die sich erzwingen lassen, nicht zu erzwingen, darum bleibt er frei von Aufregung«, sagt Zhuangzi und fährt fort: »Die Menschen der Masse suchen Dinge, die sich nicht erzwingen lassen, zu erzwingen, darum sind sie fortwährend in Aufregung. Weil sie ihrer Aufregung freien Lauf lassen, so haben sie immer etwas zu machen und zu erstreben. Die Aufgeregtheit aber richtet auf die Dauer zugrunde.«[4]

Wir erleben, dass es etwas gibt, das größer und mächtiger ist als wir, das wir nicht nach unserem Willen ändern können, in das wir nicht eingreifen, sondern mit dem wir mitschwingen sollen im natürlichen Rhythmus des Lebens. Konfuzius verglich seinen philosophischen Antipoden Laotse mit einem Drachen – eine teilweise noch im heutigen China angebetete Gottheit –, da er imstande sei, sich aufzuschwingen und treiben zu lassen vom Wind, ohne dass man ihn zu fassen bekomme. Er hatte die Fähigkeit zur Anpassung und Einfügung in das elementare Seinsgeschehen, in die Zyklen des Wachsens, Aufblühens, Werdens und Vergehens. Laotse fordert Konfuzius auf, sein Ego aufzugeben: »Lege ab deine hochfahrende Miene, deine Begierden, deine Eitelkeit und deinen Eifer, alles Dinge, die dir nicht guttun! Das ist alles, was ich dir zu sagen habe.« Konfuzius zog sich daraufhin zurück und sagte zu seinen Schülern: »Vom Vogel weiß ich, dass er fliegen kann, vom Fisch, dass er schwimmen kann, von den Vierfüßern, dass sie laufen können. Die Tiere, die laufen, kann man mit dem Netz, die Tiere, die schwimmen, in der Reuse fangen; die Tiere, die fliegen, sind mit dem Pfeil zu treffen. Allein der Drache lässt sich mit Gedanken nicht fassen. Er schwingt sich auf dem Wind und den Wolken in den Himmel. Heute habe ich Laotse gesehen, er ist wie ein Drache!«[5]

Es war das Ideal der Daoisten, deren Philosophie auf Laotse zurückgeführt wird, die Bewegung und den Rhythmus der Natur in sich aufzunehmen und sie zur Grundlage des eigenen Lebens zu machen. Das von ichbezogenen Bedürfnissen und Vorstellungen getriebene Eingreifen und Umgestalten der natürlichen Verhältnisse war ihnen Entfremdung, Entwurzelung, Hybris, Auflehnung gegen die Natur, ja ihre Zerstörung, der Anfang vom Ende. Das mag übertrieben klingen, aber auch die nüchternen Stoiker forderten uns immer wieder auf, »naturgemäß« zu leben. Laufen wir nicht gerade Gefahr, durch Missachtung dieser Maxime unsere Lebensgrundlagen zu zerstören? Ahnte Laotse vielleicht, dass wir durch unsere Lebensweise eines Tages unseren Kindern und Enkeln den notwendigen Lebensraum nehmen? Von den »wahren Menschen« der Vorzeit – vielleicht bloß ein fiktives Ideal – sagten die Daoisten: »Gelassen gingen sie, gelassen kamen sie. Sie vergaßen nicht ihren Ursprung; sie strebten nicht ihrem Ende zu; sie nahmen ihr Schicksal hin und freuten sich darüber, und (des Todes vergessend) kehrten sie (ins Jenseits) zurück. So beeinträchtigten sie nicht durch eigene Bewusstheit den SINN [Dao, der rechte Weg, hier: Natur] und suchten nicht durch ihr Menschliches der Natur zu Hilfe zu kommen. So leben die wahren Menschen.«[6]

Wir sind nicht der Schöpfer weder unseres Ichs noch unserer Lebenswelt. Bestenfalls bestimmen wir den Weg, den wir gehen, und schaffen Ordnung in unserem Seelenleben und in unserem engeren Umfeld. Aber an den Rahmenbedingungen unseres Lebens und an den inneren und äußeren Gesetzen unseres Seins ändern wir nichts. Diese sind uns vorgegeben. Das können wir auch beim Wandern in der freien Natur erfahren. Sie lehrt uns Bescheidenheit und Demut. Aus ihr fließen Gelassenheit und die Kraft, uns dem Lauf der Dinge zu fügen, wo wir ihn nicht ändern können. Beim Wandern sollten wir uns auf die Schritte konzentrieren, einer nach dem anderen, nicht schauen auf das, was hinter uns liegt, nicht auf das, was noch auf uns zukommt. »Dein Leben ist nicht dein Eigen«, heißt es bei Liezi, »es ist das Gleichgewicht der Kräfte, das Himmel und Erde [das Geistige und Körperliche] dir zugeteilt. Deine Natur und dein Schicksal sind nicht dein Eigen, sie sind der Lauf, den Himmel und Erde dir zugeteilt. Deine Söhne und Enkel sind nicht dein Eigen … Darum: Wir gehen und wissen nicht, wohin, wir bleiben, und wissen nicht, wo.«[7] Zhuangzi sagt: »Das Bekommen hat seine Zeit, das Verlieren ist der Lauf der Dinge. Wer es versteht, mit der ihm zugemessenen Zeit zufrieden zu sein und sich zu fügen in den Lauf der Dinge, dem vermag Freude und Leid nichts anzuhaben. Ich nahe mich jetzt dem Augenblick, den die Alten bezeichnet haben als Lösung der Bande. …

Nun ist die Natur der große Schmelzofen, der Schöpfer ist der große Gießer: Wohin er mich schickt, soll es mir recht sein. Es ist vollbracht; ich schlafe ein, und ruhig werde ich wieder aufwachen.« [8]

Stoßen wir uns nicht daran, dass gesagt wird, »die Freude« vermag uns nichts anzuhaben. Gemeint sind die ungezügelte Lust und das flüchtige Vergnügen, durch das wir uns an die Welt binden. Wo wir diese Lust nicht mäßigen und regulieren, führt sie zu einem Anhaften, das unsere Begierden und Hoffnungen ständig antreibt und erneuert und unser Glück vom Zufall sowie dem Verhalten anderer Menschen abhängig macht. Abhängigkeiten führen zu Beunruhigungen, zu Sorgen und Ängsten, zu einem Seelenzustand, der das Gegenteil ist von Gelassenheit und Duldsamkeit. »Lasse nicht den Hochmut wachsen«, heißt es im *Buch der Riten, Sitten und Gebräuche,* »folge nicht den Trieben, suche nicht, deine Wünsche restlos zu erfüllen, in der Freude gehe nicht bis zum Äußersten. Ein Weiser kann mit jemand vertraut sein, ohne die Sorgfalt zu verlieren ... kann jemand lieben und doch seine Fehler kennen, kann jemand hassen und doch seine Vorzüge kennen. Er kann Güter sammeln und doch freigebig sein. Er kann gelassen und ruhig und doch entschlossen sein.« [9]

Gegen Enthusiasmus, Euphorie und ausgelassene Freude ist nichts einzuwenden, solange sie uns nicht aus unserer Mitte reißen und uns zu einem Denken oder Verhalten verleiten, das wir später bereuen, wenn wir darunter zu leiden beginnen. Es war die durchgängige und feste Überzeugung des gesamten antiken, insbesondere griechischen Weisheitsdenkens, dass ungezügelte Leidenschaften das höchste Gut des Menschen zerstören: die innere Freiheit und Unabhängigkeit, die Fähigkeit, Herr im eigenen Haus zu sein und sein Leben nach den eigenen Vorstellungen und Einsichten zu gestalten, die Geborgenheit in sich selbst, der »besten Freude, des Wohnens in sich selbst«, wie sich Goethe ausdrückte.[10]

Es ist kein Zufall, dass diese altchinesische Kritik am eigenmächtigen Eingreifen in den natürlichen Lauf der Dinge, in die Natur, in den sich selbst erhaltenden und ständig neu belebenden Prozess der Regeneration eine auffallende Ähnlichkeit mit der Kritik Heideggers an der Technik und dem »rechnenden« Denken des modernen Menschen aufweist. Er war der große Wanderer unter den Philosophen des 20. Jahrhunderts. Das hat sich in manchen seiner Buchtitel niedergeschlagen wie *Holzwege, Wegmarken* und *Unterwegs zur Sprache*. In seiner abgeschiedenen Hütte in Todtnauberg brütete er über den Fragen des Seins und der menschlichen Existenz, immer wieder angeregt und belebt durch ausgedehnte tägliche Spaziergänge durch den Schwarzwald. Dieses intensive Naturerleben hat sein Denken maßgeblich geprägt.

Heidegger schrieb eine kurze Abhandlung über die »Gelassenheit«. Darin finden sich folgende Sätze zur Stille, zum Schritt-Anhalten und zur Besinnung: »Das rechnende Denken hält nie still, kommt nicht zur Besinnung.« Zur Einfachheit des Weisheitsdenkens: »Denn der Weg zum Nahen ist für uns Menschen jederzeit der weiteste und darum schwerste. Dieser Weg ist ein Weg des Nachdenkens.« Oder zum Denken auf »zwei Ebenen«, der weltlichen, relativen, und der innerseelischen, absoluten: »Wir können ›Ja‹ sagen zur unumgänglichen Benützung der technischen Gegenstände, und wir können zugleich sagen, insofern wir ihnen verwehren, dass sie uns ausschließlich beanspruchen und so unser Wesen verbiegen, verwehren und zuletzt veröden. Wenn wir jedoch auf diese Weise gleichzeitig ›Ja‹ und ›Nein‹ sagen zu den technischen Gegenständen, wird dann unser Verhältnis zur technischen Welt nicht zwiespältig und unsicher? Ganz im Gegenteil. Unser Verhältnis zur technischen Welt wird auf eine wundersame Weise einfach und ruhig. Wir lassen die technischen Gegenstände in unsere tägliche Welt herein und lassen sie zugleich draußen, d. h. auf sich beruhen als Dinge, die nichts Absolutes sind, sondern selbst auf Höheres angewiesen bleiben. Ich möchte diese Haltung des gleichzeitigen Ja und Nein zur technischen Welt mit einem alten Wort nennen: die Gelassenheit zu den Dingen.«[11]

Der Gedanke der »inneren Burg«, der in der Antike in Abgrenzung zu unserem Handeln in der Welt und zur Relativität der äußeren Werte als der Königsweg zur inneren Freiheit und Unabhängigkeit, zur Seelenruhe und zur Grundstimmung heiterer Gelassenheit angesehen wurde, lebt hier in dem Gegensatz von denkerischer Besinnung und technisierter Welt wieder auf. Im selben Aufsatz identifiziert Heidegger den Charakter unseres Zeitalters mit einem rechnerischen, funktionellen, technikverfallenen Denken und sieht darin einen »Verlust an Bodenständigkeit«.[12] Die Digitalisierung der Welt, die diese Tendenz noch verstärkt, hatte damals noch nicht einmal eingesetzt.

Unser Denken und Sein verändert sich, wenn wir regelmäßig wandern. Unsere Seele nimmt »die Farbe unserer Vorstellungen« an, wie sich der Philosophenkaiser Marc Aurel einmal ausdrückte, die Farbe dessen, was wir denken, erleben und tun.[13] Wenn wir wandern, dann speichert unser Gehirn die intensiven Eindrücke unseres Naturerlebens mit allem, was dabei bewusst und unbewusst empfunden und geahnt wird, was dabei angeregt und angesprochen wird und wovon das vorliegende Buch eine Vorstellung geben will. Die Folge davon ist auf lange Sicht, dass diese tiefen Empfindungen und Erfahrungen unsere

Seelenverfassung, unsere Haltungen und Wertvorstellungen gestalten und formen. Das Ergebnis dieses Veränderungsprozesses aber ist nicht selten, dass wir innerlich ruhiger und gelassener werden. Gewiss, das Wandern allein macht uns weder weise noch dauerhaft glücklich, heiter und gelassen. Aber es trägt seinen Anteil dazu bei, und dieser Anteil ist nicht zu unterschätzen.

Eng verwandt mit der Gelassenheit ist die Duldsamkeit, die »Kunst des Tragens«, wie Seneca sich ausdrückt, auf sie müsse man sich verstehen.[14] Während die Gelassenheit eine Grundbefindlichkeit innerer Ausgeglichenheit, Ruhe und Unerschütterlichkeit ist, bezeichnet die Duldsamkeit die Fähigkeit, Schmerzliches und Leidvolles, Enttäuschungen und Wunschversagung auszuhalten, ohne seine Integrität und Mitte zu verlieren. »Hätte ich ein Herz, das Leid tragen kann, dann würde ich bei ihm Ruhe finden«, heißt es in den altägyptischen »Klagen des Cha-Cheper-Re-Seneb« aus dem 19. Jahrhundert v. Chr. [15]

Das Wandern kann uns diese »Kunst des Tragens« lehren. Nicht immer scheint die Sonne, ist es angenehm warm, weht eine leichte, erfrischende Brise, ist der Weg eben und trittsicher. Die Natur pflegt uns Wanderer gelegentlich auch zu strapazieren und uns durch Regen, Schnee, Sturm, Gewitter, Nebel, Kälte, übermäßige Hitze, endlose Aufstiege und anstrengende Kletterpassagen bis an unsere Grenzen und darüber hinaus zu fordern. Es kommt auch vor, dass wir die Wanderung abbrechen müssen und wir uns statt einer lang ersehnten Gipfelbesteigung nur noch in das traute Heim zurücksehnen. Dann gilt es durchzuhalten, den Mut nicht zu verlieren und nicht in Missstimmung oder Trübsal zu verfallen. »Der ist kein Wandersmann, der Not nicht tragen kann«, sagt ein altes Sprichwort.[16] Wir lernen anzunehmen, was uns das Schicksal zuteilt.

Wir erfahren und begreifen dabei, dass es manchmal unvermeidbar ist, auch schwer Erträgliches auszuhalten. Aber auch ein solches Aushalten kann ein erhabenes Gefühl wecken, etwa wenn wir im heftigen Schneegestöber stehen und der Natur trotzen. Wir machen eine Grenzerfahrung, erleben das Ausgeliefertsein an stärkere Mächte, das Unbändige und Überwältigende von Natur und Schicksal. Wir erfahren und lernen, dass Duldsamkeit eine Form der Demut und Bescheidenheit ist, die unserem beschränkten und endlichen menschlichen Wesen entspricht (»Erkenne dich selbst!«). »Zu der Natur, die alles gibt und wieder nimmt«, lesen wir bei Marc Aurel, »sagt der wirklich gebildete und bescheidene Mensch: ›Gib, was du willst; nimm zurück, was du willst!‹«[17]

Während die Gelassenheit darin besteht, unsere manchmal engen Vorstellungen, Erwartungen und Wünsche loszulassen, ist Duldsamkeit gefragt, wo wir Schmerzhaftes und Leidvolles erleben. Hier gilt es, mit dem frühen griechischen Dichter Theognis von Megara sich selbst zu sagen: »Halte denn aus, mein Herz, auch in unerträglichen Leiden!«[18] Wir können uns auch vorstellen, dass es um eine Prüfung und ein Training unserer inneren Stärke und Tapferkeit, unseres Durchhaltevermögens geht. Solche Herausforderungen werden von erfahrenen Wanderern oftmals gerade gesucht, wenn sie sich etwa für eine sehr anspruchsvolle Tagestour entscheiden. Die Kräfte und Fähigkeiten, die dabei gefordert sind und trainiert werden, können uns helfen, die eigene Persönlichkeit zu entwickeln, zu stärken und zu festigen. »Dies also ist die Lehre des Bushido [Weg des Samurai zur Entwicklung seiner Persönlichkeit]: Ertrage und begegne allem Unglück und aller Not mit Geduld und reinem Gewissen. Denn wie Menzius [bedeutender Nachfolger des Konfuzius] schon gelehrt hat: »Wenn der Himmel die Absicht hat, einem Menschen ein großes Amt zu verleihen, dann schult er zunächst durch Leid seinen Geist und seine Sehnen und Knochen durch Mühsal. Er lässt seinen Körper hungern, ihn selbst unterwirft er äußerster Armut. Und er vereitelt, was immer er unternimmt. Mit all diesen Mitteln belebt er seinen Geist, stärkt seinen Charakter und beseitigt seine Fehler.‹«[19]

Das klingt nach strenger Askese, bringt aber eine Wahrheit zum Ausdruck, nämlich dass ein gewisses Maß an Leiden und Entbehrung der Entwicklung des eigenen Charakters förderlich sein kann. Bei dem griechischen Tragiker Aischylos heißt es: »Zeus weist den Sterblichen den Weg zur Weisheit: Durch Leiden lernen; dieses Gesetz gilt ewig.«[20] Auch darum wandern wir, um die innere Trägheit zu überwinden, unsere körperlichen Kräfte zu spüren, anzuregen und zu trainieren. Darin liegt eine Selbstvergewisserung der eigenen Stärke, des eigenen Willens, der Beharrlichkeit und Widerstandsfähigkeit. Wie jede sportliche Betätigung stärkt auch das Wandern das eigene Selbstvertrauen, das mit den Herausforderungen wächst und uns für ein selbstbestimmtes, in sich ruhendes Leben große Dienste leistet. Das hatte Sokrates im Auge, als er einmal sagte, dass wir auch den Muskel der Selbstbeherrschung trainieren können.[21]

Schließlich üben wir uns in der »Kunst des Tragens« von Schicksalsschlägen, wenn wir beim Wandern in widrige Umstände geraten und diese beherzt meistern. Platon lässt den Sokrates die »Heilmittel« zum duldsamen Ertragen von Schicksalsschlägen referieren: »Es lehrt die Sitte wohl, es sei am schönsten, bei Unglücksfällen möglichst ruhig sich zu verhalten und nicht dem Ausbruche seines Schmerzes sich zu überlassen: Denn man könne ja erstens nicht wissen, ob ein Gut oder ein Übel mit dergleichen Zufällen verbunden sei; zweitens komme einem etwas Erprießliches dabei für die Zukunft nicht heraus, wenn man sie ungeduldig ertrage; drittens sei keiner der menschlichen Verluste eines so großen Aufhebens wert; viertens sei das ewige ›Ach und Weh‹ dem Geistesvermögen hinderlich, was in jenen menschlichen Zufällen augenblicklich zur Hand sein muss. Welchem Geistesvermögen …? Dem Vermögen … bei einem geschehenen Unfall mit sich vernünftig zurate zu gehen und wie beim Würfeln nach dem, was liegt, seine Maßregeln zu treffen, wie der vernünftig berechnende Verstand nach den gegebenen Verhältnissen es für das Beste hält … man soll die Seele stets daran gewöhnen, so bald als möglich an das Heilen und Wiedergutmachen des Unglücksfalles … zu gehen …«[22]

Das sind wirksame Mittel, die uns helfen, wirkliche oder scheinbare Missgeschicke und Unglücksfälle gelassener zu ertragen. So insbesondere der Gedanke, dass niemand wissen kann, ob sich aus einem Unglück in der weiteren Folge nicht etwas Positives entwickelt; dass Lamentieren nicht weiterhilft; dass aus gelassener Ruhe am ehesten die Kraft geschöpft werden kann, auf ein Missgeschick auf die beste Art zu reagieren und es vielleicht sogar dahin zu bringen, »Unglück in Glück zu verwandeln«.[23] Darin sah Konfuzius ein Zeichen höchster Weisheit.

Haben wir uns beim Wandern im gelegentlichen Ringen mit den Naturwidrigkeiten in dieser Kunst des Tragens geschult, sind wir vielleicht auch fähig, im Alltag mit solchen Mitmenschen gelassener umzugehen, die uns – wie ein verregneter Wandertag – einen Strich durch unsere Planungen, Vorstellungen und Wünsche machen oder uns auf andere Weise Probleme bereiten. Leider sind zwischenmenschliche Begegnungen dieser Art nicht selten. Meistens reagieren wir darauf mit Verärgerung, Wut oder Zorn und, wenn es ganz schlimm kommt, mit Hass oder Verzweiflung. Halten die negativen Gefühle länger an, können daraus massive körperliche Krankheiten entstehen.

Häufig können wir an dem Ereignis oder der Konstellation, die uns zu Opfern eines Fehlverhaltens, einer Aggression, einer Beleidigung, Missachtung oder Erniedrigung macht, nichts ändern. Manchmal, wie in Arbeitssituationen, können wir der Situation nicht einmal entfliehen. Dann ist die Fähigkeit des Duldens gefragt, die nicht im Verdrängen oder in einem ungesunden Herunterschlucken des Ärgers besteht, sondern in einem tapferen, standfesten Aushalten der Situation unter Wahrung der inneren Ruhe und des Gleichmuts. Noch besser ist es allerdings, wenn wir schon vorher für eine Seelenverfassung und innere Haltung gesorgt haben, in der wir uns erst gar nicht angegriffen oder beleidigt fühlen. Das ist dann der Fall, wenn wir fest in der »inneren Burg« des eigenen Selbst ruhen und unser Selbstwertgefühl nicht von anderen abhängig gemacht haben. »Der wahren Größe ist es eigen, sich von Beleidigungen nicht getroffen zu fühlen«, sagt Seneca. »Mache, was du willst, du bist doch nicht mächtig genug, meine heitere Stimmung zu trüben.«[24]

Die Natur zeigt uns, was »wahre Größe« ist. Wenn wir uns daran ausrichten und imstande sind, unserem Geist eine solche Weite und Größe zu geben, dann prallt an uns wirkungslos ab, worüber wir uns ohne ausreichende Gelassenheit sinnlos aufregen und uns den Seelenfrieden rauben lassen würden. »Und wenn ein Philosoph nicht Schläge oder Beschimpfung verachten könnte, was taugte er dann überhaupt, wo er doch beweisen müsste, dass er selbst den Tod verachtet?«, fragt der Stoiker Musonius Rufus und fährt fort: »Aber ein Mensch, der rechte Einsicht und Verstand hat, wie es der Philosoph haben muss, der wird von keiner solchen ›Misshandlung‹ aus der Fassung gebracht und wähnt nicht, dass er dadurch etwas Schimpfliches erlebt; vielmehr hält er das Unrechttun für schändlich. … es ist ja engstirnig, sich über solche Dinge zu ärgern oder aufzuregen! Vielmehr wird er die ihm widerfahrene Herabsetzung mit Milde und in aller Gemütsruhe tragen.«[25]

Wie wir beim Wandern die Natur hautnah erleben, sie spüren und allmählich ihr Wesen und ihre Gesetze in all ihrer Gewalt und Schönheit verstehen lernen, so sollten wir auch versuchen, das Seelenleben unserer Mitmenschen zu verstehen, uns in sie hineinfühlen und, gemäß Marc Aurel, erkennen, »wes Geistes Kind sie sind«. Das ist besonders dann wichtig, wenn wir es mit ihren Schwächen und Fehlern zu tun bekommen. Auch solchen Menschen sollten wir mit Achtung begegnen und daran denken, dass auch wir nicht frei von Fehlern sind. Wir haben nicht das Recht, uns über andere zu erheben. Jeder Hochmut ist zu vermeiden. In einem alten ägyptischen Papyrus heißt es:

Achte den anderen,
dann wirst auch du geachtet werden.
Liebe die Menschen,
dann werden die Menschen auch dich lieben. …
Schreite nicht allzu frei (stolz) auf deinem Wege.[26]

Wo wir können, da sollten wir versuchen zu helfen, wo das nicht möglich ist, zu dulden. Seneca mahnt uns, »nachsichtig gegen Verirrungen zu sein, kein Feind der Fehlenden, sondern als Führer zum Besseren«.[27] Das Fehlverhalten von Menschen ist nichts anderes als ein Zeichen ihrer unausgeglichenen, leidenden, kranken oder verwundeten Seele. Die Aggression, die von solchen Menschen ausgeht, ist Ausdruck ihres inneren Leids und fällt doppelt auf sie selbst zurück. »Die Bosheit trinkt den größten Teil ihres Giftes selbst«, zitiert Seneca seinen Lehrer Attalus.[28] Wir aber sollten dafür sorgen, dass solche Angriffe und Beleidigungen an der Mauer unserer inneren Burg wirkungslos verpuffen, ohne unsere heitere Gelassenheit und Ausgeglichenheit zu verlieren. »Alle Beruhigung der Seele liegt im Anblick der menschlichen Natur«, sagt Cicero. »Damit man sie leichter in ihrer Gestalt erkenne, muss man durch die Rede die gemeinsame Lage aller und das Gesetz des Lebens darlegen. So soll nicht ohne Grund, als Euripides den Orestes aufführte, Sokrates die drei ersten Verse wiederholt haben: ›Es gibt keine noch so schreckliche Kunde, noch ein Schicksal, noch ein durch den Zorn der Himmlischen gesandtes Unglück, das die menschliche Natur mit Geduld nicht aushalten könnte.‹«[29]

Wir sollten uns darin üben, das Gefühl des Beleidigtseins, das in übertriebener Selbstliebe gründet, zu überwinden und duldsamer und gelassener zu reagieren. Epiktet, der ehemalige Sklave und bedeutende Lehrer der stoischen Philosophie, meinte, wir sollten jeden Angriff und jede Beleidigung eines anderen als Übung verstehen, unsere Duldsamkeit zu festigen. Was als Attacke auf uns abgefeuert wurde, wird uns willkommener Anlass zum täglichen seelischen Training werden: »Ein böser Nachbar? Doch nur sich selbst; aber mir ein guter! Übt er mich doch in der Gelassenheit und Nachgiebigkeit. … Das ist der Zauberstab des Hermes: ›Berühre damit, was du willst, und es wird zu Gold!‹ Nein, aber bring mir, was du willst, und ich werde es zum Guten zu wenden wissen.«[30]

Das ist die große Kunst der Weisheit, was als Unglück daherkommt, in etwas Positives zu verwandeln oder doch das Beste daraus zu machen. Wie der Wanderer im beschwerlichen Aufstieg seine Muskeln trainiert und festigt, so stärkt im widrigen Alltag derjenige seine Seelenkräfte, der nach Weisheit, innerer Ruhe und Gelassenheit strebt. Im Laufe der Zeit werden wir eine Seelenverfassung erlangen, in der Wut und Ärger erst gar nicht mehr aufkommen, weil eine Grundhaltung der Milde, Nachsicht und Duldsamkeit ihnen den Nährboden entzogen hat. So fordert uns Kaibara Ekiken auf: »Überwinde deine Wut und die selbstbezogenen Begierden; zeige einen weiten Geist und denke nicht schlecht von den anderen. Auf diese Weise bewahrst du deine innere Ruhe und deine Zufriedenheit, weil keine Missstimmung die Harmonie deines Geistes erschüttern kann. ... Die Menschen vollbringen viele schlechte Handlungen. Tue dein Bestes, um die Verirrten auf den rechten Weg zu führen. Aber wenn sie weder hören noch ihre Fehler abstellen, lass sie gehen – sie sind Unwissende und verdienen, bedauert zu werden. Mit solchen Menschen kann auch der Weise nichts anfangen – lass dich durch Charakterschwächen der anderen nicht ärgern.«[31]

Zusammenfassung

Die Monotonie des Gleichschritts verbunden mit körperlicher Anstrengung führt zum Abbau von Spannungen und zu innerer Ruhe. In dieser Ruhe erleben wir die Weite, Unendlichkeit und Ewigkeit der Natur im Gegensatz zu unserer eigenen Endlichkeit und Beschränktheit. Daraus entspringt das Gefühl von Demut und Bescheidenheit. Wer demütig und bescheiden ist, der hat gelernt, dass er das wenigste von dem, was geschieht, beherrschen oder beeinflussen kann. Aus dieser Haltung heraus fällt es ihm leicht, loslassen zu können. Loslassen können führt zur Gelassenheit und ist ihr Wesen. Sie ist innere Freiheit, da sie sich an nichts Äußeres gebunden fühlt. Gelassenheit macht unverwundbar gegen äußere Ereignisse sowie Angriffe und Beleidigungen anderer. Sie bildet die Mauer der inneren Burg, in deren Mitte Seelenruhe, Ausgeglichenheit und Übereinstimmung mit sich selbst herrschen. Diese Authentizität und innere Wahrhaftigkeit geben uns die Kraft und Widerstandsfähigkeit, schwere Erschütterungen und Anfeindungen ruhig zu ertragen und auszuhalten. Nach einem vorübergehenden Schwanken gelangen wir wieder schnell in unsere Mitte und stellen unser inneres Gleichwicht her. Gelassenheit gibt uns die Kraft zu erdulden, was wir nicht ändern können. Duldsamkeit ist die Fähigkeit des Tragen-Könnens.

Es ist ein großes Unglück,
das Unglück nicht ertragen zu können.[32]
Bion von Borysthenes

Die Vergänglichkeit annehmen

Verachte nicht den Tod, sondern befreunde dich mit ihm,
da auch er naturgewollt ist …
Du wirst in dem verschwinden, was dich erzeugt hat …
Durchwandere das Winzige deiner Zeit naturgemäß
und beende es heiter,
als fiele die reif gewordene Olive herab,
preisend den Boden, der sie trug
und dankend dem Baum, der sie nährte. [1]

Marc Aurel

Beim Wandern in der freien Natur weckt die Unend-lichkeit des Raumes, eines Bergpanoramas, des Meeres, des Himmels, der vorüberziehenden Wolken und vieles mehr in uns die Vorstellung von Ewigkeit. Zugleich aber ruft der Wandel des Wetters, des Lichts, der Tageszeit, der Atmosphäre auch die Vorstellung des Gegenteils hervor, der Vergänglichkeit und Flüchtigkeit. Geburt und Tod, Leben und Sterben, Vergänglichkeit und Wandel lassen die Dinge entstehen, wachsen und vergehen. Sie sind das Wesen der Natur. Bei jeder Wanderung, bei jedem auf-merksamen Hinschauen können wir uns dieses Wesens bewusst werden. Es umgibt uns. Wir fühlen und erleben es körperlich. Von da aus ist es nur ein kleiner Schritt, uns unserer eigenen Vergänglichkeit, unseres eigenen Todes und des Weges dorthin – dem, wie Seneca es bezeichnet, »täglichen Sterben« – bewusst zu werden.

In den Legenden zum Jainismus, einer alten indischen

Religion, wird folgende Geschichte über die Bekehrung des guten Königs Aravinda erzählt: Der König plante den Bau eines Jaina-Heiligtums, »als er eines Tages am Himmel eine dahintreibende Wolke erblickte, die wie ein majestätischer, sich langsam fortbewegender Tempel aussah. Während er dies aufmerksam voll Entzücken betrachtete, kam ihm der Gedanke, seine Andachtsstätte in ebendieser Form zu bauen. Darum ließ er sich schnell Pinsel und Farben bringen, um die Form festzuhalten. Als er aber aufschaute, hatte sie sich bereits gewandelt. Da kam ihm ein sonderbarer Gedanke. Ist die Welt, grübelte er, nur eine Reihe solch vorübergehender Zustände? Warum soll ich dann irgendetwas mein Eigen nennen? Was für einen Sinn hat es, das Leben eines Königs fortzusetzen? Er rief seinen Sohn zu sich, übergab ihm den Thron, verließ sein Königreich und wanderte als zielloser Bettelmönch von einer Wildnis zur anderen.«[2]

Welche Erkenntnis wir auch immer aus der Allgegenwart der Vergänglichkeit ziehen – diese Erkenntnis und ihre Verinnerlichung wird uns bereichern, denn sie ist eine der Grundtatsachen unserer menschlichen Existenz. Wir dürfen sie nicht verdrängen, sondern müssen sie in all ihren Erscheinungsformen annehmen und in unserem Denken, Fühlen und Anschauen verankern.

Den meisten Menschen ist es unangenehm, sich Tod und Vergänglichkeit vorzustellen. Sie werden solche Gedanken verdrängen wollen oder haben bereits vorher bewusst oder unbewusst innere Schranken errichtet, die solche Gedanken erst gar nicht aufkommen lassen. Es ist schwer und erfordert Mut, sich mit dem Tod zu beschäftigen. In ihm erscheint das Nichts, das uns Angst macht, der »horror vacui«, die Angst vor der Leere. Aber wir versäumen viel, wenn wir diesem existenziellen Thema ausweichen, ja vielleicht eine der wichtigsten Lektionen, die uns ein intensives Naturerlebnis vermitteln kann. Denn der Tod ist »das wesentlichste Merkmal des Lebens auf Erden«, wie es der indische Philosoph Shankara formulierte.[3] Der Indologe Heinrich Zimmer, der uns die oben wiedergegebene Geschichte übermittelt hat, findet in seinem Buch über indische Mythen und Symbole einen tiefen Ausdruck für die Grundtatsache unserer Endlichkeit: »Aber der Tod verwaltet das Gesetz der Zeit; von ihr eingesetzt ist er der Gott aller Dinge.«[4] Genauso stark wie unser Lebens von der Geburt und dem Anfang bestimmt wird, so wird es beherrscht von unserem Ende. Das alte Wort für Mensch lautete bei den Griechen daher »Sterblicher«.[5] Dieses Ende ragt in vielfältiger Weise in unser Leben hinein und bestimmt es. Daher ist es ein wesentlicher Bestandteil jeder Suche nach sich selbst, Tod und Vergänglichkeit zu bedenken. »Nur angesichts des Todes wird das Selbst des Menschen geboren«, schreibt der heilige Augustinus.[6] Das intensive Naturerlebnis beim Wandern kann uns dazu einladen, darüber nachzudenken.

Wenn wir Tod und Vergehen tief bedenken, werden wir erkennen, dass der Tod nur so aussieht wie ein Übel, in Wahrheit aber gar keines ist, sondern bei genauer Betrachtung eine Wohltat, wie Seneca meint.[7] »Dass ich dich lieb habe, mein Leben, das verdanke ich dem Tod!«, ruft er einmal aus.[8] Wer diesen Gedanken gründlich durchdacht und begriffen hat – da waren sich die Weisen in Orient und Okzident einig –, der hat für sein Leben und sein Wohlbefinden viel gewonnen. Er kann damit nicht nur die Furcht vor dem Tod überwinden, sondern gleichzeitig zahlreiche andere Ängste ablegen oder vermindern. »Denn keinerlei Furcht wird es wagen, in deine Brust einzudringen, aus der du die Todesfurcht verbannt hast«, sagt Seneca.[9] Es lohnt sich deshalb, die Vorbehalte, die wir gegenüber diesem scheinbar so düsteren und traurigen Thema haben, einmal beiseitezulassen, um uns der Lehre zu öffnen, die uns die Natur geben kann, wenn wir sie achtsam wandernd durchschreiten, erleben und eins mit ihr werden.

Wenn wir nicht nur bei schönem Wetter und angenehmen Temperaturen, sondern zu allen Jahreszeiten wandern, also auch im Spätherbst und Winter, zeigt uns die Natur, dass der Tod nur ein Ausruhen ist, nur die Notwendigkeit, Kraft zu sammeln und Platz für neues Leben zu schaffen. So »erneuert doch die Natur aus dem einen das andere und lässt nichts entstehen, wenn nicht Vergehen und Werden einander hilfreich ergänzen«, heißt es bei dem römischen Dichter Lukrez.[10]

Der chinesische Philosoph Liezi erzählt uns dazu eine hübsche Geschichte: »Herzog Ging von Tsi wanderte auf dem Kuhberg. Als er von Norden der Hauptstadt seines Landes nahte, da vergoss er Tränen und rief aus: ›Wie schön bist du, o Land! So üppig, so prächtig, glitzernd im Tau! Muss ich dieses Land verlassen und sterben? Oh, gäbe es doch keinen Tod in der Welt! Wenn ich von hier scheide, wohin werde ich dann kommen?‹ … [Es folgt eine Belehrung des Meisters Yän, dass wenn niemand sterben würde, auch zahlreiche böse Menschen noch leben würden und dem Herzog Schwierigkeiten machen würden.] In diesem bemitleidenswerten Zustand hättet ihr keine Muße gehabt, ans Sterben zu denken, und wie wäre es dann überhaupt möglich geworden, dass Eure Hoheit auf den Thron gekommen wären? Dadurch, dass in beständigem Wechsel jeder weilte und dann wieder ging, kam die Reihe an Eure Hoheit. Darüber nun aber Tränen zu vergießen ist nicht wahre Seelengröße.«[11]

Im Winter ruht die Natur, erholt sich und sammelt Kraft, um uns im kommenden Frühling und Sommer mit einem neuen Blüten- und Blumenmeer zu beschenken. Wir selbst sollten uns als der Frühling und Sommer der Natur begreifen und von daher verstehen und akzeptieren, dass auch der Herbst, das Verblühen, Reifen und Ernten, sowie der Winter, das Ausruhen, Erholen und Absterben, ein notwendiger Teil unseres Lebens sind. Ohne ihn können sich der Mensch und das Leben nicht erneuern. Wer das nicht bedenkt und verinnerlicht, der hat seine Bestimmung und sein Wesen noch nicht verstanden. Er konfrontiert sich nicht mit der Wahrheit und Grundtatsache seiner Existenz, sondern läuft vor seinem Wesen davon. Bei Liezi lesen wir:

Alles Gestaltete muss ein Ende nehmen …
Was Leben hat, muss wieder zur
Leblosigkeit zurückkehren.
Was Gestalt hat, kehrt wieder zur
Gestaltlosigkeit zurück …
Wer nun aber ewig währendes Leben ersehnt
und verhindern möchte sein Ende,
der täuscht sich in Wahnwitz über die
Bestimmung des Seins. …
Im Dahinsterben und Vergehen aber geht er
[der Greis] ein in die Ruhe des Ausgelöschtseins,
und so kehrt er zurück zur Vollendung alles Seins.
Groß ist der Tod! Groß fürwahr! …[12]

Die Erfahrung der Vergänglichkeit als ein fundamentales Lebensprinzip ist uralt und schon von den ersten Menschen gemacht worden. »Geschlechter gehen vorüber, andere treten an ihre Stelle, seit der Zeit der Vorfahren, so sicher als der Sonnengott sich früh am Morgen einstellt und abends untergeht im Ozean. Die Männer zeugen, die Frauen empfangen«, heißt es in einem alten ägyptischen Papyrus aus dem 2. Jahrtausend v. Chr., dem *Lied des Harfners*.[13] Häufig wird diese Erfahrung der Vergänglichkeit verbunden mit der Mahnung, sich davon nicht betrüben zu lassen. Wo uns der Tod eines Geliebten nahegeht, sollen wir nicht in unmäßige Trauer verfallen, die kein Ende findet und von der wir uns nicht mehr erholen. Liezi erzählt eine bemerkenswerte Geschichte (die erwähnten Namen sind unerheblich):

»Unter den Leuten von We lebte ein Mann namens Wu vom Osttor. Als sein Sohn starb, war er nicht traurig. Da sprach sein Hausverwalter zu ihm: Auf der ganzen Welt gab es keinen Menschen, der seinen Sohn so liebte wie Ihr. Nun Euer Sohn gestorben ist, warum seid Ihr nicht traurig? Wu vom Osttor sprach: Es gab eine Zeit, da ich immer ohne Sohn war, und in jener Zeit, da ich noch keinen Sohn hatte, war ich nicht traurig. Nun ist mein Sohn gestorben, und es ist wieder ebenso wie früher, da ich noch keinen Sohn hatte. Was sollte ich da traurig sein?«[14]

In der buddhistischen Überlieferung wird folgende Episode erzählt: Eine Mutter hatte ihre Tochter verloren. Vom Schmerz übermannt, irrt sie umher und ruft ihren Namen: Jiva! Jiva! Sie kommt an die Stätte, wo nach indischer Tradition die Toten verbrannt werden. Als jemand ihr Rufen vernimmt, sagt er zu ihr: »Vierundachtzigtausend Jungfrauen, die alle Jiva hießen, hat man an dieser Leichenstätte verbrannt, welche von diesen ist es, um die du weinst?«[15]

Im alten Griechenland dichtete Pindar:

Hier ist nichts Beständiges,
In stetem Wechsel
Gewähret die Erde
Dem Sterblichen bald
Die Fülle des Segens,
dann wieder ruht sie ...[16]

Im gleichen Sinne vernehmen wir den griechischen Tragiker Euripides:

Kein Mensch geht durch das Leben frei von Leid.
Ins Grab legt Kinder er; ihm werden andre,
Er selbst muss sterben. Und da klagt man nun,
Weil Erde man zu Erde bringt! ...
Wozu beklagen der Natur Verlauf?
Was ihr Gesetz ist, kann der Mensch ertragen.[17]

Das mag gefühlskalt klingen, ist aber so nicht gemeint.
Trauer und Mitgefühl hat kein Weiser für überflüssig gehalten. Aber es ging ihnen darum, dem Menschen die Kraft
zu geben, auch über schwerste Schicksalsschläge hinweg-
zukommen, weiterzuleben und die Freude am Leben zu-
rückzugewinnen.

Sehr erhellend interpretiert der bedeutende Altphilolo-
ge Werner Jaeger unter Berufung auf den Vorsokratiker
Heraklit die philosophische und religiöse Bedeutung eines
konsequenten und verinnerlichten Verständnisses von Tod
und Vergänglichkeit. Bei Heraklit werden Tod und Leben
so eng zusammengedacht, dass sie eins werden. Jaeger
führt aus:

»Der ganze Prozess der Welt ist ein Tausch ... des einen
Tod ist immer des anderen Leben, ein ewiger Weg auf und
ab. [Es folgen Heraklit-Zitate] ›Sich wandelnd ruht es sich

aus.‹ ›Lebendiges und Totes, Wachendes und Schlafendes, Junges und Altes sind im Grunde eins und dasselbe. Dieses ist umschlagend jenes und jenes wieder dieses.‹ ›Hat einer … meinen Logos [Wort, Vernunft] vernommen, so ist es weise zuzugestehen, dass alles eins ist.‹«[18] »Heraklits Eindringen in den Sinn der Welt ist die Geburt einer neuen höheren Religion, eines geistigen Verstehens der Wege der höchsten Weisheit.«[19] Heraklit hat, so Jaeger, in dem Phänomen von Tod und Vergänglichkeit »die Lebensnorm des philosophischen Menschen« gesehen.[20] Die Natur wird uns Vorbild. Sie lehrt uns, wer und was wir sind und wie wir leben und sterben sollen. Sie lehrt uns die Natürlichkeit des Todes und weist uns damit den Weg, mit Tod und Vergänglichkeit umzugehen. Wo wir im Leben auf sie stoßen, sollen wir gelassen und unerschüttert unsere Mitte wahren, uns nicht beunruhigen lassen, nicht verzweifeln und nicht übermäßig trauern.

Schon in der ältesten Dichtung, die uns überliefert wird, dem *Gilgamesch-Epos* aus dem 2./3. Jahrtausend v. Chr., werden wir aufgefordert, uns unserer Vergänglichkeit bewusst zu werden. Dieses Wissen braucht uns nicht zu deprimieren oder schwermütig zu machen. Im Gegenteil: Es soll uns helfen, das Leben mit seinen Schönheiten und in all seiner Fülle und Flüchtigkeit zu genießen und uns an ihm zu erfreuen:

»Als die Götter die Menschen schufen, bestimmten sie den Tod für die Menschen, das [ewige] Leben behielten sie für sich selbst. Drum, Gilgamesch – iss und trink, fülle dir deinen Leib, Tag und Nacht freue dich nur! Mache dir jeden Tag ein Freudenfest! Freue dich Tag und Nacht bei Harfen, Flöten und Tanz! … Sieh froh die Kinder an, die deine Hand erfassen! Freue dich in den Armen des Weibes!«[21]

Immer wieder ist das Wissen um die Vergänglichkeit von den Weisen nicht als eine betrübliche Erfahrung, sondern, wie Seneca es ausdrückt, als eine Art Befreiung vom »grausamen Lebensdrang« empfunden worden. Dieses Wissen soll uns das Leben erleichtern und unbefangen genießen lassen, ohne dass uns sein Ende die Freude daran eintrübt. Bei Liezi finden wir folgende mythische Vorstellung, die nicht weit entfernt ist von der zitierten Aufforderung aus dem *Gilgamesch-Epos:*

»In uralten Zeiten wussten die Menschen, dass das Leben und der Tod nur ein flüchtiges Entstehen und Vergehen sind. So folgten sie in ihrem Tun den Regungen ihres Herzens und kämpften nicht an gegen die Natürlichkeit ihrer Neigungen. Was ihnen Freude machte, wiesen sie nicht von sich. So vermochte die Verheißung eines ruhmvollen Namens sie nicht anzuspornen. Sie folgten ihrem Wesen in der Ungebundenheit ihres Wanderns und setzten es nicht wider die Neigungen der unzähligen Dinge der Natur.«[22] Sich nicht den »Neigungen der unzähligen Dinge« widersetzen meint, dass wir uns nicht gegen das Unvermeidbare und den natürlichen Lauf der Dinge stemmen sollten.

In einer seiner Tragödien sieht Seneca in der Fähigkeit, sterben zu können und den Tod zu ertragen, eine Befreiung aus der Knechtschaft des wankelmütigen Schicksals. In dem Wissen um die Vergänglichkeit aller Dinge lösen wir die innere Bindung und das Anhaften an äußeres Glück und äußere Güter. Selbst das Anhaften am eigenen Leben, der Lebenstrieb, wird relativiert. Das befreit uns gemäß Seneca von zahlreichen Übeln, wie Sorgen, Ängste, Neid, Gier, Feindseligkeiten, die nicht selten aus einem ungezügelten Lebens- und Geltungsdrang erwachsen, der sich seiner Endlichkeit nicht bewusst ist:

Jedweder Knechtschaft wankelmütiger Götter
[Schicksal]
Stolzer Verächter,
Der des Acherons Flut, der den traurigen Styx
[sprich: den Tod] selbst
Ohne Trauer sieht und es wagt,
ein Ziel dem Leben zu setzen,
Königen gleich wird, Göttern gleich er sein.
O welch Elend ist's, nicht sterben können! …
Welch verführerisch Unheil wurdest den Menschen du,
Grausamer Lebensdrang! …[23]

Das Bewusstsein, dass unser Leben enden wird, kann uns die Kraft verleihen, so Seneca, ihm Ziel und Sinn zu geben. Das ist sehr viel, denn nicht wenige Menschen leiden darunter, dass sie in ihrem Tun keinen Sinn erkennen können. Auf dieses Defizit hat der österreichische Neurologe und Psychiater Viktor E. Frankl eine Reihe seelischer Störungen zurückgeführt und mit seiner Logotherapie und Existenzanalyse die sogenannte dritte Wiener Schule der Psychotherapie begründet. Sich der eigenen Sterblichkeit bewusst zu werden und keine Ewigkeit Zeit zu haben, sein Selbst zu realisieren, erzeugt einen gesunden Druck, dieses Selbst im Hier und Jetzt zu verwirklichen. In diesem Sinne sagte Epikur einmal: »Darum macht die rechte Einsicht, dass der Tod uns nichts angeht, die Sterblichkeit des Lebens genussreich, indem sie uns nicht eine unbegrenzte Zeit dazu gibt [nämlich das Leben zu genießen].«[24]

Es zeigt die Universalität von Weisheitserfahrungen, wenn es im *I Ging,* das ebenso alt sein dürfte wie das *Gilgamesch-Epos,* heißt:

Keine Ebene, auf die nicht ein Abhang folgt,
kein Hingang, auf den nicht die Wiederkehr folgt.
Ohne Makel ist, wer beharrlich bleibt in Gefahr.
Beklage dich nicht über diese Wahrheit,
genieße das Glück, das du noch hast.[25]

Richard Wilhelm, der Übersetzer dieser Passage, kommentiert sie folgendermaßen: »Alles Irdische ist dem Wechsel unterworfen. Auf Blüte folgt Niedergang. Das ist das ewige Gesetz auf Erden. … Diese Überzeugung könnte einen schwermütig machen. Aber das soll sie nicht. Sie soll nur bewirken, dass man im Glück nicht in Verblendung gerät. Bleibt man der Gefahr eingedenk, so bleibt man beharrlich und macht keinen Fehler. Solange das innere Wesen stärker und voller bleibt als das äußere Glück, solange wir innerlich dem Schicksal überlegen bleiben, so lange bleibt das Glück uns treu.«[26]

Im letzten Satz klingt an, was wir schon öfter hervorgehoben haben: Die Wurzel unseres Glücks liegt in uns selbst. Wenn wir sie dort suchen, machen wir uns von äußeren Dingen unabhängig einschließlich ihrer Vergänglichkeit und unserer eigenen. »Durch Reichtum ist der Mensch nicht froh zu machen / Wen lockte Reichtum, der dir sah ins Auge?«, antwortet in den *Upanischaden* ein Brahmanenschüler dem personifizierten Tod, als dieser ihn vergeblich mit weltlichen Gütern von seiner Suche nach der Wahrheit abbringen will.[27] Indiens bedeutendster Philosoph Shankara fasste den Konflikt zwischen dem Anhaften an Äußerem einschließlich dem körperlichen Leben und dem eigentlichen Selbst, das in der spirituellen Vorstellung der Inder identisch ist mit dem unvergänglichen Sein, einmal so zusammen:

»Höre auf, dich mit Rasse, Familie, Namen, Gestalt und

sozialer Stellung zu identifizieren. Diese gehören zum Körper, dem Kleid der Vergänglichkeit. ... Erkenne, dass du das Sein bist, das ewige Freude ist.«[28] Zu dem gleichen Ergebnis kam der griechische Philosoph Diogenes von Sinope und ihm folgend die Stoiker. Er pflegte zu sagen: »Seit Antisthenes [sein Lehrer, Schüler des Sokrates] mir die Freiheit gab, bin ich nicht mehr Sklave. ... Er lehrte mich den Unterschied zwischen dem, was mein ist, und dem, was nicht mein ist, dass Familienangehörige, Verwandte, Freunde, Ansehen, Vertraute, der Aufenthalt an gewissen Orten – dass all das nichts mit mir zu tun hat.«[29]

Wenn wir uns beim Wandern von unserem Ego und den Bezogenheiten und Verstrickungen im alltäglichen Dasein distanzieren und sie für Momente oder Stunden ganz vergessen, dann können wir das Dauerhafte und Ewige um uns herum spüren und erleben. Wenn wir dieses Erleben spirituell fassen, dann nähern wir uns – so Shankara – dem Kern der eigenen Mitte und unseres Selbst, das Teil des ewigen Seins ist. Wir erfassen das Leben und die Lebendigkeit selbst, losgelöst von unserer vergänglichen Existenz. Dieses Erlebnis ruft nach spirituellen und mystischen Weisheitstraditionen das Gefühl von Glückseligkeit und »ewiger Freude« hervor. Auch ohne diese Tradition zu kennen, können wir beim Wandern in der Natur dieses Glück nachempfinden, das in dem tiefen Erlebnis von Leben und Wandel, Vergänglichkeit und Tod gründet. Wir ahnen instinktiv, was der japanische buddhistische Mönch und Dichter Yoshida Kenkô wie folgt ausdrückte:

»Würde man nicht hinschwinden wie der Tau auf dem Adashi-Feld und nicht flüchtig vergehen wie der Rauch auf dem Toribe-Berg, sondern ewig leben – wie könnte man da die zaubervolle Melancholie erfassen, die in allen

Dingen webt? Gerade die Unbeständigkeit in der Welt ist es, die sie lebenswert macht.«[30]

Es ist kein Zufall, dass hier vor allem japanische und chinesische Autoren zu Wort kommen. Ihre Weisheitserfahrung ist im Allgemeinen enger mit dem Erlebnis der Natur verbunden, als dies bei Autoren des Abendlandes der Fall ist. In ihrer klassischen Malerei ist die Natur übermächtig, und man muss die Bilder manchmal aufmerksam studieren, um die abgebildeten Menschen und Häuser überhaupt zu entdecken. Auch scheinen viele von ihnen eifrige Wanderer gewesen zu sein. Groß ist die Zahl der fernöstlichen Weisen und Heiligen, die sich von der Welt abgewendet und sich in die Natur zurückgezogen haben, um in der Stille eins zu werden mit dem Wesensgrund allen Seins. Ihre Ehrfurcht vor der Natur war groß. Sie mögen erlebt haben, was Zhuangzi mit folgenden Worten beschreibt: »Versuche es, mit mir zu wandern in das Schloss des Nicht-Seins, wo alles Eins ist. Da wollen wir reden über die Unendlichkeit. Versuche es, mit mir zu kommen zum Nichts-Tun, zur Einfalt und Stille, zur Versunkenheit und Reinheit, zur Harmonie und Ruhe. Dort sind alle Unterschiede verschwunden. Mein Wille hat kein Ziel, und ich weiß nicht, wohin ich komme. Ich stehe und komme und weiß nicht, wo ich Halt mache. Ich wandere hin und her und weiß nicht, wo es endet. Schwebend überlasse ich mich dem unendlichen Raum. Hier findet auch das höchste Wissen keine Grenzen.«[31]

Bis zum heutigen Tag finden wir Beispiele für solche Weltentsagung. Bemerkenswert ist jenes der japanischen Industrie-Ikone Kazuo Inamori, des Gründers von Kyocera, einem der größten Hightech-Unternehmen Japans. Es erinnert stark an die zu Beginn dieses Kapitels wiedergegebene Geschichte des »guten Königs Aravinda«. Inamori zog sich mit 65 Jahren in ein Zen-Kloster zurück, wo er den Priesternamen Daiwa erhielt, was so viel heißt wie »große Harmonie«. Auf diese Weise wollte er sich auf den Tod vorbereiten und wanderte zeitweise als Bettelmönch umher. Er soll dies bis zum heutigen Tage tun, obwohl er nie etwas von der Aufforderung Epikurs gehört haben dürfte: »Übe dich im Sterben.«[32] Übrigens trat Inamori für die Auffassung ein, dass ein Unternehmen nicht der Selbstverwirklichung des Gründers dient, sondern einzig und allein dafür da ist, die Mitarbeiter glücklich zu machen – materiell und immateriell. Eine seiner Maximen war, dass Dankbarkeit zu innerer Harmonie führe.[33]

Aber auch dem westlichen Menschen ist diese Sehnsucht nach Rückzug, Stille und Seelenfrieden in Abgeschiedenheit nicht unbekannt. Häufig entspringt sie dem Erlebnis von Vergänglichkeit, Tod und Ewigkeit, das sich beim Wandern in der Natur einstellt. Acht Tage lang hielt sich Goethe in einer Jagdhütte auf dem Berg Kickelhahn bei Ilmenau auf, »um dem Wuste des Städtchens, den Klagen, den Verlangen, der unverbesserlichen Verworrenheit der Menschen auszuweichen«.[34] Dann ritzte er seine berühmte Ode an den Tod, das *Wanderers Nachtlied* – auch »Ein gleiches« genannt – in das Holz der Hütte:

Über allen Gipfeln
Ist Ruh',
In allen Wipfeln
Spürest Du
Kaum einen Hauch;
Die Vögelein schweigen im Walde.
Warte nur! Balde
Ruhest du auch.

Als er sich 50 Jahre später, kurz vor seinem Tod, nochmals an diesen Ort fahren ließ und sich die damalige Situation und seine unsterblichen Verse vergegenwärtigte, sollen ihm die Tränen über die Wangen geflossen sein. Sein Begleiter berichtet: »Ganz langsam zog er sein schneeweißes Taschentuch aus seinem dunkelbraunen Tuchrock, trocknete sich die Tränen und sprach in sanftem, wehmüthigem Ton: ›Ja, warte nur, balde ruhest du auch!‹, schwieg eine halbe Minute, sah nochmals durch das Fenster in den düstern Fichtenwald, und wendete sich darauf zu mir, mit den Worten: ›Nun wollen wir wieder gehen!‹«[35]

Es ist die mit Süße und Einsicht gewürzte Stimmung der Melancholie, in die das Erlebnis der eigenen Sterblichkeit angesichts der ewigen Natur übergehen kann. Diese »zauberhafte Melancholie«, wie sie Yoshida Kenko nennt, kann uns reinigen von negativen Gefühlen und Affekten, uns öffnen für die Schönheiten der Natur und uns mit einem Gefühl tiefer Freude erfüllen. Wie schon im *Gilgamesch-Epos* angedeutet, kann sie uns für das Wunder des Lebens öffnen und uns seine Geschenke dankbar genießen lassen. Diogenes von Sinope war der Auffassung, dass das Bedenken des Todes und das darin liegende »Einüben in das Sterben« eine Quelle der Freude sein und das Leben angenehm machen kann:

»Hast du [aber einmal] das Sterben eingeübt, so wird diese Übung dich begleiten, wenn du deinen ›Wohnsitz‹ von hier nach dort ›verlegen‹ musst [von der Welt in die Unterwelt, also wenn man sterben muss]. Erstens wird dein Leben angenehm sein, denn du wirst in Freiheit leben [frei von körperlichen Begierden], als Herrscher, nicht als Untertan, und schon bald wirst du alles abstreifen, was zum Körper gehört …, und das [führt] zur Harmonie des Ganzen: man schweigt, herrscht und betrachtet, was die

Götter für Menschen, die müßig sind und sich vor einem wilden Leben hüten ..., bereithalten.«[36]

Den Grund der Freude sieht Diogenes darin, dass wir innerlich frei werden und nicht mehr anhaften an den Dingen, Verhältnissen und Menschen. Es ist dieses Anhaften, das uns häufig daran hindert, uns am Leben zu erfreuen, denn es verursacht leidvolle Gefühle wie Angst, Sorge, Neid, Gier, Zorn, Wut, Ärger, Eifersucht. Wären wir innerlich unabhängig von allem Äußeren, weil wir uns selbst genügen, aus uns selbst alle Freude schöpfen und allein unsere inneren Werte für wahrhaft wertvoll hielten, und hätten wir deshalb gelernt loszulassen und unser Wollen und unsere Begierden zurückzustellen, woher sollten dann solche leidvollen Gefühle kommen? Sie fänden in uns keine Nahrung mehr. Sie hätten keinen entscheidenden Einfluss mehr auf unser Sein und unsere Befindlichkeit. Wir lebten mit dem, was uns das Leben schenkte, ohne sehnsüchtig auf das zu blicken, was es uns vorenthält oder wieder nimmt. Daher empfahl der römische Philosoph Epiktet:

»Das Erste und Vornehmste, und was du gleichsam schon an der Schwelle zu beobachten hast, ist dies, dass du dich ja in kein Ding so verliebst, als wenn es dir nie genommen werden könnte – sondern wie denn? – Nur so, wie man sich etwa in einen irdenen Krug oder in ein Kelchglas oder in ein Ding von dieser Art verliebt, damit du, wenn es zerbricht, dich seiner Beschaffenheit [Vergänglichkeit] leicht entsinnst und ruhigen Gemüts bleibst. So auch hier. Wenn du dein Söhnchen, wenn du deinen Bruder, wenn du deinen Freund küssest, so lass der angenehmen Vorstellung niemals ihre völlige Gewalt.«[37]

Epiktet geht es nicht darum, uns die unbeschwerte Freude und das Glück des Augenblicks zu nehmen oder zu trüben. Eher im Gegenteil: In dem Bewusstsein der

Vergänglichkeit können wir Freude und Glück intensiver erleben.

Das Anhaften an Äußerem durch das Bewusstmachen der Vergänglichkeit aufzulösen steht auch im Zentrum der altindischen, besonders der buddhistischen Philosophie und Lebenslehre: »Die Einsicht in die Unbeständigkeit verhindert es, dass du dich im Leiden von Begehren, Anhaften und Verzweiflung verfängst. Aus dieser Einsicht heraus solltest du alles betrachten, was dir begegnet«, sagt der vietnamesische Mönch und Dichter Thich Nhat Hanh.[38]

Der Gedanke an die Vergänglichkeit und den Tod kann nicht nur leidvolles Anhaften verringern, sondern auch davor bewahren, uns zu überfordern und uns mehr aufzuladen, als wir mit unseren Kräften und Fähigkeiten bequem und frohen Mutes bewerkstelligen und tragen können. So heißt es bei Demokrit, einem Zeitgenossen des Sokrates: »Man muss bedenken, dass das menschliche Leben hinfällig und kurz befristet ist, … auf dass man nur einen mäßigen Besitz anstrebe und die Mühsal nach dem Notwendigen bemessen wird.«[39] Keiner kann sich davon freimachen, für das Notwendige zu sorgen. Um das aber, was darüber hinausgeht, sollten wir uns nur bemühen, solange es uns Freude macht und wir nicht unter damit verbundenen Belastungen und Verstrickungen leiden. Hier verfehlen wir oft das richtige Maß, verführt von den Gütern und Dingen der Welt und einer gewaltigen Werbemaschinerie, die uns einreden will, was wir alles brauchen, um glücklich zu leben. Das Wandern ist ein gutes Gegengewicht und eine Übung, Abstand zum Konsum zu gewinnen, den Kopf frei zu bekommen von der mentalen Dauerbelagerung durch eine allgegenwärtige Präsenz von Werbung, Warentausch und Erwerb. Während wir wandern, können wir nichts kaufen und nichts bestellen, jedenfalls solange das Smartphone ausgeschaltet ist oder kein Internetempfang besteht.

Mag das Denken an Tod und Vergänglichkeit für einige Menschen mit einer wehmütigen, melancholischen Stimmung verbunden sein, so liegt doch gerade in dieser Zwiespältigkeit der Grund für die Tiefe, Wahrhaftigkeit und Nachhaltigkeit der Freude, die wir gerade auch beim Wandern erleben können. Für den ungarischen Philosophen Béla Hamvas hat die Melancholie »den Charakter der Vergänglichkeit«. Die Einsicht in die Vergänglichkeit aber verhindert es gerade, dass unser Leben »unweigerlich verdorrt, verflacht und unbedeutend wird«. Er beruft sich auf das Werk von Robert Burton über die Melancholie aus dem 17. Jahrhundert und sagt über ihn:

»Er stieg in die Welt der Seele hinab und … entdeckte auch, dass diese Melancholie den Charakter der Vergänglichkeit hatte.« Er sei »in die Mitte von Psyches Schloss eingedrungen« und habe dort jenes Etwas gefunden, »das die Vergänglichkeit und Sterblichkeit der Seele, des Lebens, des Schicksals, des Menschen, der Welt ist. … Melancholisch wird jeder, der erkennt, dass er nicht unsterblich ist. Die Melancholie ist die Krankheit der Unsterblichkeit …«[40]

»… aber jemand, der nicht wenigstens einmal die Unterwelt betreten und sich dort wenigstens einmal umgesehen und sie erlebt hat, hat für andere etwas Wesentliches eigentlich nicht zu sagen. Warum? Einfach deshalb, weil ein Mensch, der die tiefsten Sphären des Seins nicht kennt, in allen dunklen und ungewissen Fragen des Schicksals unwissend sein muss. … [Er] hat überhaupt keine Ahnung und keinen Begriff vom Menschenschicksal, er versteht auch die Welt selbst nicht. Und wer die Unterwelt entweder absichtlich vergisst oder verschleiert, muss unweigerlich verdorren, verflachen und unbedeutend werden.«[41]

»Wer nie sein Brot mit Tränen aß, … der kennt euch nicht ihr himmlischen Mächte«, lässt Goethe den alten Harfner in *Wilhelm Meisters Lehrjahre* singen.[42] Ich denke, dass diese Tränen aus dem Urgrund existenzieller Erfahrung auch etwas Befreiendes, vielleicht sogar Beglückendes haben können. Wer in der Melancholie oder der Wehmut bei seinen Gefühlen bleibt und der Empfindung nachspürt, die ihnen zugrunde liegt, der bemerkt, dass es oft nur ein kleiner Schritt ist von der Melancholie zu einem Gefühl der Freude. Das mag daran liegen, dass wir einerseits spüren, dass unsere tiefste Sehnsucht nie vollständig befriedigt werden wird, andererseits aber ahnen wir, dass dies von der Natur so gewollt und auch gut ist, um das Leben durch ein endloses Streben in Gang zu halten. »Doch alle Lust will Ewigkeit – will tiefe, tiefe Ewigkeit«, dichtete Nietzsche.[43]

Mir jedenfalls sind schon auf einigen Gipfeln Tränen tief empfundenen inneren Glücks gekommen. Es waren reinigende, kathartische Erlebnisse, wie sie nach der Beschreibung des Aristoteles die Zuschauer im alten Griechenland am Ende einer Tragödie empfunden haben mögen. Vielleicht lag dem eine ganz ähnliche Erfahrung des Ausgeliefertseins an übermenschliche Gewalten und Mächte zugrunde, wie es der Wanderer im Gebirge, im Sturm oder angesichts des unendlichen Horizonts von Meer und Sternenhimmel erleben kann. Gefühle von Einssein mit der Natur, aber auch von Wehmut und Melancholie spielen mit hinein. Melancholie, das Gefühl der Vergänglichkeit und Glück liegen nah beieinander und werden in solchen Grenzerfahrungen bisweilen eins.

Thich Nhat Hanh betont immer wieder, dass unser Glück das Leiden braucht, weil es aus diesem erwächst wie die Lotosblüte aus dem Schlamm.

In dem altchinesischen *Buch der geheimen Ergänzungen* heißt es:

> Das Leben ist Wurzel des Todes,
> Der Tod ist die Wurzel des Lebens;
> Segen entsteht im Unheil,
> Unheil entsteht im Segen.[44]

Solche melancholischen Stimmungen müssen also keineswegs düster und trübe sein. Sie erwecken vielleicht diesen Anschein, gehören aber in Wahrheit zu unserem Leben dazu, bereichern es und sind der Nährboden für tiefe Empfindungen und nachhaltige Glückserlebnisse. Diese sind keine momenthaften, schnell vergänglichen Hochgefühle, ausgelöst von einem glücklichen äußeren Zufall, sondern gründen in einer stimmigen, harmonischen Seelenverfassung, wachsen buchstäblich aus ihr hervor. Wenn wir beim Wandern Glück erleben, so nicht, weil wir ein günstiges Geschäft abschließen, ein Wunsch in Erfüllung geht oder eine Unternehmung gelingt. Vielmehr geschieht äußerlich nichts. Wir sind tief in unserer Mitte angelangt, haben den Alltag und alles, was damit zusammenhängt, vergessen. Wir erleben in und um uns herum Stille und Natur. Wir »wandern im Nichts und pflücken die Wahrheit«, wie sich ein chinesischer Philosoph einmal ausdrückte.[45] Wir ahnen in solchen Momenten die Quelle, den Ursprung und das Wesen unseres Seins wie allen Seins. Wir verschmelzen mit der Natur und werden eins mit ihr.

Das ist es, was uns das *I Ging* und die alten chinesischen Weisen wie Laotse, Liezi und Zhuangzi sagen wollten: Werde eins mit der Natur, nimm ihr Wesen auf, ihren Rhythmus und ihre Lebendigkeit und lebe ihr gemäß. Das heißt aber auch, dass wir ihr Entstehen, Wachsen, Blühen und Vergehen akzeptieren, auch und vor allem in Bezug auf uns selbst. Sie nannten dies den »rechten Weg« (Dao, Tao), die innere Bestimmung des Kosmos, von »Himmel und Erde«, aber auch die Bestimmung eines jeden Menschen. Diesen Weg zu beschreiten bedeutete für sie, dass wir unser Wesen erfüllen. Das aber gehe nur »wandelnd«, indem wir die äußeren Veränderungsprozesse – im *I Ging* ist von »Wandlungszuständen« die Rede – in uns und bei der Entwicklung unserer Persönlichkeit nachvollziehen, indem wir werden »wie der Dinge Wandlung«. Wesentlich dabei ist die Einsicht in die Vergänglichkeit aller Dinge. Im *I Ging* lesen wir: »Das Wissen von den Wandlungen stimmt überein mit dem Wesen des Himmels und der Erde. Darum vermag es den ›Rechten Weg‹ [Dao, Tao] des Himmels und der Erde in seiner Ordnung zu erfassen … Da das Wesen des Weisen dem des Himmels und der Erde ähnlich ist, handelt er ihnen nie zuwider … so vermag er zu sein wie der Dinge Wandlung, nicht gebunden an die Starrheit der Gestalt.«[46]

In dem »nicht gebunden an die Starrheit der Gestalt« klingt an, dass wir nicht anhaften an Äußerlichkeiten, sondern mitschwingen im »schönen Fluss des Lebens«, weich, flexibel und anpassungsfähig bleiben. Für Laotse waren Weichheit und Anpassungsfähigkeit weibliche Qualitäten, die nach seiner Auffassung stets über das Männlich-Starre siegen. »Das Weibliche siegt immer durch seine Stille über das Männliche.«[47] Es gleicht dem fließenden Wasser, das sich jeder Landschaft anpasst und überall hingelangt, ohne sein Wesen zu verändern. Mit seiner glatten Oberfläche und unermesslichen Tiefe aber ähnelt das Wasser der Weisheit: »Das Wasser fließt so glatt dahin, und doch hat es unermessliche Tiefen: Darin gleicht es der Weisheit.«[48] Weisheit ist Anpassungs- und Wandlungsfähigkeit bei

Wahrung der eigenen Identität und Authentizität. Wir folgen dem Wechsel der Zeiten und Umstände. Wir gehen mit dem Vergehen und erneuern uns ständig.

Die Stille ist innere Ruhe, das Ausruhen allen Wollens und Betreibens, aller Pläne und Absichten, eben das, was wir beim Wandern anstreben, wenn wir dem Alltag entfliehen und die Einsamkeit in den Bergen oder der Landschaft aufsuchen. Haben wir diese innere Stille gefunden, dann finden wir uns selbst wieder, sind zur »Geborgenheit im eigenen Innern«[49] zurückgekehrt, sind eins geworden mit uns selbst. Wir haben unsere Wertehierarchie wieder zurechtgerückt und können uns aus dem Wiedererleben und Wiederspüren unserer Mitte kraftvoll und mit frischer Energie unseren Alltagsaktivitäten zuwenden.

»Wenn du deine Kräfte ganz nötig hast, so gehe in die Einsamkeit«, lautet eine alte östliche Weisheit.[50] Wir werden dieses Gefühl des In-die-Mitte-Kommens nicht bei jeder Wanderung erleben. Den meisten Wanderern aber wird dieses Gefühl bekannt sein. Wandern ist ein Weg dahin. Jeder Schritt bringt uns diesem Ziel näher. Es liegt an uns, ob wir diesen Weg nur mit den Füßen oder auch mit Kopf, Geist und Seele beschreiten. Das chinesische Zeichen für den »rechten Weg«, das sich aus »Fuß« und »Kopf« zusammensetzt, hat die Doppelbedeutung von »Lehre, Prinzipien« und deren Umsetzung im praktischen Verhalten, dem »Weg«.[51] Darin kommt auch zum Ausdruck, dass für die Chinesen das bloße Verstehen und intellektuelle Begreifen einer Lehre oder einer Einsicht bedeutungslos war, wenn sie nicht auch gelebt, praktiziert und umgesetzt werden.

Durch den »rechten Weg«, so das Verständnis der alten Chinesen, gelangen alle Dinge zu ihrem Wesen und die Dinge untereinander in eine Ordnung, in der alles an seinen richtigen Platz kommt und seine Bestimmung im Kreislauf des Lebens erfüllt. Das Sich-Zusammen- und Ineinanderfügen war ihnen das Ordnungs-, Lebens- und Gestaltungsprinzip, das für den Gang und die Entwicklung des Kosmos, der Natur, des Menschen und seines Seelenlebens maßgeblich ist. Ein Abweichen davon führe zu Störungen, Unausgeglichenheiten, zu Leiden und Krankheiten. Dieser Prozess sei dynamisch und entfalte sich im Spannungsfeld konträrer Pole, die sie Yin und Yang nannten. Er entwickelt sich zwischen Anfang und Ende, zwischen Geburt und Tod. Diesen Gegenpolen kam daher eine große Bedeutung zu. Das ist der Grund dafür, warum das Verstehen von Leben und Tod wichtig ist. Es ist die Essenz unseres Lebens und seiner Entwicklung von Geburt bis zum Tod. Wir müssen das Leben von seinem Anfang und Ende her verstehen, und das bedeutet, dass wir uns mit dem Tod als wesentlichem Teil unseres Lebensweges »befreunden« sollen.[52] Wir müssen gleichermaßen lernen, gut zu leben und gut zu sterben, worin die alten Griechen das Wesen der Weisheit sahen.[53] Bei dem chinesischen Philosophen Han Fei lesen wir:

»Der Rechte Weg – das Dau – ist es, wodurch alle Dinge so sind, wie sie sind, wodurch sich die Innere Ordnung – das Li – aller Dinge zusammenfügt. Die Innere Ordnung wird zur Gestalt der Dinge; wodurch sich alle Dinge gestalten, das ist der Rechte Weg. So ist der Rechte Weg das ihre Innere Ordnung Formende ... Da durch ihn sich das Innere Wesen aller Dinge zusammenfügt, muss er wandelnd wirken. Und da der Rechte Weg wandelnd wirkt, kann er in seinem Wirken nicht beständig sein. So stützen sich die Kräfte des Todes und des Lebens auf ihn; alles Wissen strömt aus von ihm; aller Aufstieg und Verfall entstammt ihm. ... Alle Dinge gelangen durch ihn zum Tode, durch ihn zum Leben. Alle Dinge vergehen durch ihn und entstehen durch ihn.«[54]

Alle Dinge, die lebenden und toten, verdanken ihre Existenz der gestaltenden Kraft des Dao/Tao als ihren Ursprung und ihre letzte Ursache, als das kosmische Prinzip. Dieses Prinzip ist im höchsten Maße schöpferisch, denn alles geht aus ihm hervor. Es wirkt, indem es alle Dinge ständig bewegt und wandelt, entstehen und vergehen lässt – so auch das Leben, so auch die Menschen. Sterben und Tod sind ein integraler Bestandteil dieses ewigen Prozesses. Wir erinnern an Platons Wort, das wir bereits in der Einführung zitiert hatten: »Das Vergehen also und Werden wählt derjenige, der dieses Leben wählt.«[55] Wer Ja zum Leben sagt, sollte mit ebenso fester Stimme auch Ja zum Tod sagen.

In dem berühmten *Tao te king* (Daodejing) des Laotse, dem Buch »Vom Leben und dem rechten Weg«, gibt es eine Stelle, wo das Erlebnis des Zurückkommens zu sich selbst, das »Werde, der du bist«, beschrieben wird. Will Durant, ein bedeutender Kulturhistoriker, sagte über diese Passage, es gebe vielleicht keine Stelle in der gesamten Literatur, die mehr Weisheit enthalte.[56] Das mag übertrieben sein, aber es lohnt sich, die Worte Laotses zu bedenken. Es handelt sich um den 16. Abschnitt des *Tao te king:*

Schaffe Leere bis zum Höchsten!
Wahre die Stille bis zum Völligsten!
Alle Dinge mögen sich dann zugleich erheben.
Ich schaue, wie sie sich wenden.
Die Dinge in all ihrer Menge,
ein jedes kehrt zurück zu seiner Wurzel.
Rückkehr zur Wurzel heißt Stille.
Stille heißt Wendung zum Schicksal.[57]

Die Bedeutung der ersten beiden Zeilen dürfte sich aus dem zuvor Gesagten von selbst erschließen. Ein anderer Übersetzer benutzt hier Worte, die uns Wanderern näherliegen: »Wer den Gipfel der Entäußerung erreicht hat, bewahrt unerschütterliche Ruhe.«[58] »Entäußerung« meint das Sich-Freimachen vom Alltag, das Vergessen unserer äußeren Unternehmungen, Bestrebungen und Verstrickungen, das innerliche Zur-Ruhe-Kommen. Die nächsten Zeilen bedeuten, dass wir aus dieser Stille heraus den Lauf und Wandel aller Dinge erkennen – ihr Entstehen, Wachsen und Vergehen. Die Dinge kehren zurück zu ihrer Wurzel, sprich: zu ihrer Bestimmung: Sie treten ein in ihr eigenes Wesen, auf Menschen übertragen: Wir gelangen in unsere Mitte, werden wir selbst, authentisch, wahrhaftig. Wenn wir in unsere Mitte gelangen, dann vollziehen wir unser Schicksal, leben das, was wir sind. Das Schicksal ist hier nicht das, was uns von außen zustößt, sondern das, was wir aus dem, was uns zustößt, machen. Das aber ist das Entscheidende. Am äußeren Geschehen – daran sei nochmals erinnert – können wir selten etwas ändern, an dem, was es mit uns macht, alles. Hier stimmt Laotse mit dem bereits besprochenen Zitat des griechischen Philosophen Heraklit überein: »Der Charakter des Menschen ist sein Schicksal.«[59]

Unsere Überlegungen haben uns weit ins Dickicht philosophischer Spekulation geführt. Wir haben aber nicht den Weg verloren, allenfalls an gedanklicher Höhe – oder Tiefe – gewonnen, also »geistige Höhenmeter zurückgelegt«. Was wir hier als einen Kerngedanken der altchinesischen Philosophie herausgearbeitet haben, dass wir aus der inneren Ruhe der eigenen Mitte heraus am besten den natürlichen Fluss der Dinge aufnehmen und uns ihm anpassen können, das finden wir wieder in der modernen

Psychotherapie und Biomedizin. Dort wird beschrieben, dass die Gesundheit von Leib und Seele und damit unser Wohlbefinden maßgeblich von unserer Fähigkeit abhängt, uns geistig und seelisch auf Veränderungsprozesse einzustellen, uns den jeweiligen sozialen und Umweltbedingungen anzupassen, mitzuschwingen und immer wieder in uns und unserem Körper ein Gleichgewicht herzustellen. »Resilienz« nennen wir das heute und meinen damit die Fähigkeit, in all den Veränderungen und Erschütterungen, die von außen auf uns eindringen, immer wieder unsere Mitte und Authentizität zu finden. Wem das nicht gelingt, der gerät ins Leiden und Unwohlsein.

Resilienz hat in unserem alltäglichen Leben viel damit zu tun, dass wir fest in uns selbst ruhen, unsere Werte, Kräfte und Freuden aus uns selbst schöpfen, uns selbst genügen, Vertrauen in uns haben und aus diesem Selbstvertrauen heraus innere Unabhängigkeit und Distanz zu allem Äußeren halten. Unsere Mitte ist der wahre Wurzelgrund unseres Glücks, in viel geringerem Maße unsere Ausbreitung und Tätigkeit in der Welt. Die Distanz und Unabhängigkeit zu der Außenwelt gewinnen wir, wenn wir das Leben in seinem ständigen Wandel und in seiner Vergänglichkeit begreifen, wenn wir uns stets unserer eigenen Vergänglichkeit und Sterblichkeit bewusst sind, wenn wir zum Sterben und zum Tod – selbst unseres eigenen – ein natürliches Verhältnis gewinnen. Den Tod zum Freund machen, nannten es die Alten.[60] Ein intensives und häufiges Naturerleben, wie wir es beim Wandern pflegen und verinnerlichen, kann dabei helfen.

Als ich vor einigen Jahren allein zu einer mehrtägigen Wanderung aufbrach, habe ich mich intensiv mit dem Tod und der Vergänglichkeit auseinandergesetzt. Angeregt durch viele Gedanken und Zitate, die sich in diesem Kapi-

tel wiederfinden, rekapitulierte ich mein bisheriges fünf-
zigjähriges Leben, betrachtete und bewertete es aus der
Vogelperspektive und in größeren, ja kosmischen Zusammenhängen. Verglichen mit den Lebensbedingungen anderer Menschen und anderer historischer Epochen kam ich
zu dem Ergebnis, dass ich keinen Grund habe, mich über
mein Schicksal zu beklagen. Im Gegenteil: Ich verspürte
eine tiefe Dankbarkeit für alles Empfangene und gestand
mir ein, dass ich selbst dann kein Recht hätte, mich zu be-
dauern, wenn mein Leben demnächst zu Ende ginge. Mir
wurde bewusst, wie reich und erfüllt mein bisheriges Leben war. Auch wenn es mit den üblichen Schwierigkeiten,
mit Höhen und Tiefen verlief, so waren doch viele, wenn
nicht alle meine wesentlichen Wünsche und Erwartungen,
die ich als Jugendlicher an das Leben hatte, in Erfüllung
gegangen. Sie liefen ohnehin alle auf dasselbe hinaus: dass
ich mich auf meinem Lebensweg wohlfühlen möge. Und
das tue ich. In gewisser Hinsicht habe ich damals mit dem
Leben abgeschlossen und war bereit für das Ende. Es entstand in mir eine Haltung der Dankbarkeit, Demut und
Bescheidenheit dem Leben gegenüber. Seit diesem Zeitpunkt empfand ich mein weiteres Leben wie eine Art Zugabe, jeden Tag als ein weiteres großes Geschenk.

Ich habe damals die Angst vor dem Tod verloren. Damit
verschwanden auch andere Ängste oder reduzierten sich
doch beträchtlich, sodass ich nicht mehr unter ihnen litt.
Indem ich mir seither die Vergänglichkeit des Lebens
immer wieder einmal bewusst mache, habe ich mir diese
Haltung bis heute bewahrt. Ob ich tatsächlich dem Tod
angstfrei begegne, wenn er kommt, weiß ich nicht; es ist
aber gleichgültig. Entscheidend ist, dass meine Seelenruhe
jedenfalls bis dahin durch keine Angst gestört wird.

Jahre später, nachdem ich den beschriebenen Lernprozess durchlaufen hatte, ergab sich die Gelegenheit, den Ernstfall zu proben. Der Tod trat an mich heran – aber die Angst blieb aus. Es erfüllte mich mit tiefer Befriedigung zu sehen, dass verinnerlichte Weisheit hält, was sie verspricht, dass sie in schwierigen Lebenssituationen tatsächlich helfen kann. Unverrichteter Dinge zog der Tod wieder ab. Er scheint jene Menschen nicht zu mögen, die keine Angst vor ihm haben. Umgekehrt meinte der Vorsokratiker Demokrit einmal: »Menschen, die den Tod zu fliehen suchen, laufen ihm in den Rachen.«[61]

Zusammenfassung

Eine wichtige Erfahrung beim Wandern ist das Erlebnis von unendlicher Weite und zeitloser Ewigkeit. Diese Erfahrung lässt uns die Kleinheit und Vergänglichkeit unseres Lebens sowie unsere eigene Sterblichkeit bewusst werden. Wenn wir solchen Gedanken nicht ausweichen und lernen, Vergänglichkeit und Tod, einschließlich unseres eigenen, als etwas Natürliches zu begreifen, dann können wir die Angst vor dem Sterben überwinden. Gelingt uns dies, so befreien wir uns zugleich von vielen anderen Ängsten. Damit geht eine Relativierung unserer äußeren Ziele und Bestrebungen einher. Sie haben nicht mehr die Wichtigkeit, die alles andere verdrängt, die häufig Ursache von belastenden Ängsten und Sorgen ist und uns die Kraft für das Wesentliche in unserem Leben raubt. Wir werden innerlich ruhig und gelassen, werden auf uns selbst verwiesen und kommen in unsere Mitte, in die Geborgenheit im eigenen Innern. Dieses Zurückkommen zu uns selbst, die Wiedererlangung innerer Stimmigkeit, das Wieder-eins-Werden erleben wir als tiefes Glück.

Aus dieser Erfahrung heraus, die wir beim stillen Wandern in der Natur bewusst oder unbewusst machen können, schöpfen wir Kraft, Selbstvertrauen und neue Energie, um uns den Herausforderungen des Alltags zu stellen und gleichzeitig bei uns selbst zu bleiben. Wir stärken unsere innere Burg und werden widerstandsfähiger gegenüber äußeren Erschütterungen und Belastungen. Dazu trägt viel die verinnerlichte Erkenntnis bei, dass Tod und Vergänglichkeit notwendige Bestandteile alles Lebendigen und eine treibende Kraft im universellen Schöpfungsgeschehen darstellen. Sie sind eine existenzielle Grundtatsache unseres Lebens und Voraussetzung dafür, dass wir dieses Leben genießen und Freude und Glück erleben können.

Klagt nicht, Wildgänse!
Überall ist's die gleiche
vergängliche Welt.[62]
Issa

Die Menschen lieben

Meine Freundlichkeit machte aus meinen Feinden
meine Anhänger.[1]
Altes Ägypten

Abschließend soll von einem der wichtigsten Ziele des Weisheitsdenkens die Rede sein: dem gelingenden Miteinander.

Wir haben viel davon gesprochen, was mit uns geschieht, wenn wir allein in der Natur wandern oder mit unseren Gedanken vor allem bei uns selbst und unserem Leben sind. Für mich ist das eine der intensivsten Formen des philosophierenden Wanderns. Ich wandere deshalb meistens allein, ein Akt innerer Einkehr. Die meisten Menschen wandern aber mit ihrem Lebenspartner, der Familie, mit Freunden oder in einer Gruppe. Auch im Alltag verbringen wir mehr Zeit mit anderen Menschen als allein. Und das ist gut so, denn weise Lebensführung vollendet sich in der Gemeinschaft. Das beglückende Erlebnis einer Gipfelbesteigung oder einer einzigartigen Wandertour ist für viele erst dann vollkommen, wenn sie das Erlebnis mit anderen teilen können. So verhält es sich mit vielen Erlebnissen. Nur der Gott oder ein Tier kann allein leben, meinte Aristoteles.[2] Der Mensch hingegen ist auf Gemeinschaft, Resonanz, Wahrnehmung und Spiegelung durch andere angewiesen. Er braucht Zugewandtheit und zwischenmenschliche Wärme, braucht emotionale Beziehungen, Liebe.

Dieses Bedürfnis wird durch Wandern in mehrfacher Hinsicht erfüllt, nicht nur, wenn wir mit der Familie oder in einer Gruppe wandern. Wenn in diesem Buch viel von Persönlichkeitsentwicklung und Selbstkultivierung die Rede war, so war damit kein selbstbezogener Egoismus gemeint. Wenn wir wahrhaft unser Selbst erforschen, finden wir als einen unserer stärksten Triebe den nach Gemeinschaft und Geselligkeit, nach Geborgenheit und Verbundenheit mit anderen – danach, zu lieben und geliebt zu werden – sowie den Drang zur »Zeugung im Schönen«, wie es bei Platon heißt.[3] Er beherrscht uns Menschen ebenso wie die Natur im Ganzen. Die Griechen identifizierten den Liebestrieb mit Eros, der nach Zenon, dem Begründer der stoischen Philosophie, nicht nur der Gott der Liebe und der Erotik, sondern auch der Gott der Freundschaft war, der das gedeihliche Zusammenleben der Bürger bewirkt.[4] Bei dem römischen Dichter Lukrez lesen wir gleich am Anfang seines Lehrgedichts *Über die Natur der Dinge* im Hinblick auf den Liebestrieb als Quelle und Kraft zur Erhaltung des Lebens und der Arten:

In den Bergen, zur See,
in den machtvoll sprudelnden Flüssen,
laubüberschatteten Nestern der Vögel,
auf grünenden Fluren
bewegst du [Venus] in jedem Geschöpf ein
willkommenes Liebesverlangen,
spornst es zu eifrigem Fortpflanzen an,
zur Erhaltung der Arten.
Derart beherrschst du den Gang der Natur
als einzige Herrin. [5]

Die Sehnsucht nach Liebe und Geliebtsein in ihrer körperlichen wie in ihrer seelisch-geistigen Erscheinungsform ist ebenso wie die Sehnsucht nach Gemeinschaft und menschlichem Miteinander einer der prägendsten Bestandteile unserer Persönlichkeit. »Wer die Menschen nicht lieben kann, ist nicht im Besitz seiner Persönlichkeit. Wer seine eigene Persönlichkeit nicht besitzt, der kann sich nicht an seinem Platz wohlfühlen«, heißt es im chinesischen *Buch der Riten, Sitten und Gebräuche*.[6] Selbstverwirklichung war für die Weisen des Altertums nur denkbar in der Gemeinschaft, im zugewandten Miteinander, im liebevollen Geben und Nehmen. »Wie könnte auch irgendjemand glücklich leben«, fragt Seneca, »der immer nur an sich denkt und alles seinem persönlichen Vorteil dienstbar zu machen sucht? Für einen anderen musst du leben, wenn du für dich selbst leben willst.«[7]

Wir verwirklichen und vollenden die Entwicklung unserer Persönlichkeit nur, wenn wir einen guten und friedvollen Umgang mit den anderen Menschen pflegen, wenn wir fürsorglich und liebevoll mit ihnen zusammenleben. Ohne emotionale Bindungen und wohltuende zwischenmenschliche Beziehungen vereinsamen wir, verkümmern emotional und verlieren unsere Lebensfreude und Lebendigkeit. Wegen dieser notwendigen Verknüpfung von persönlichem Glück und erfülltem Wirken und Aufgehen in der Gemeinschaft war individuelle und soziale Ethik in der Antike dasselbe. Die größte Wirkung auf unser soziales Umfeld entfalten wir durch eine gute Seelenverfassung. Umgekehrt sind gelingende Beziehungen ein notwendiger Bestandteil und Voraussetzung für wahre Selbstverwirklichung und persönliches Glück.

Daher stellte die Mitmenschlichkeit für Konfuzius den höchsten Wert und das Ziel aller Persönlichkeitsentwicklung und Weisheit dar. »Was ist Weisheit?«, wurde er einmal gefragt. »Die Menschen kennen«, antwortete er. »Und was ist weises Verhalten?« – »Die Menschen lieben.«[8] Sein Nachfolger Menzius führt diesen Gedanken aus: »Worin der Weise sein eigentliches Wesen sieht, das ist Liebe und Pflicht und Ordnung und Weisheit. Die wurzeln ihm im Herzen, und die Wirkungen, die sie nach außen hervorbringen, zeigen sich in der milden Heiterkeit seines Gesichts, in der Würde, die man ihm selbst von hinten ansieht, und der ganzen Art seiner Bewegungen. Er braucht seine Bewegungen nicht vorher einzuüben, und doch drücken sie sein Inneres aus.«[9] Nur wenn wir in unserem Alltagsleben Liebe, Menschlichkeit und Weisheit praktizieren, verwirklichen wir unser Wesen, kommen in unsere Mitte, werden authentisch und geraten in eine Grundstimmung heiterer Gelassenheit und Zufriedenheit, die der fruchtbare Nährboden ist für das Aufsprießen von Glück und dem Gefühl tiefer und dauerhafter Freude.

In der Selbstkultivierung, die durch das Wandern in so vielfältiger Weise gefördert und unterstützt wird, sahen die Weisen des Altertums daher zugleich den Königspfad zu einem friedlichen und gelingenden Gemeinschaftsleben, sei es in der Zweierbeziehung, der Familie, in der Nachbarschaft, in Vereinen, bei der Arbeit, im Unternehmen, im Staatsdienst oder in einer politischen oder gemeinnützigen Organisation. Die Wurzel und Grundlage für jede Form gedeihlichen Zusammenseins ist die eigene Persönlichkeit. Wir müssen immer bei uns selbst anfangen. Herrscht Friede in unserer Seele, so hat das wohltuende Auswirkungen auf die Gemeinschaft. Nichts bleibt hier ohne Wirkung, mag diese auch manchmal nicht leicht zu erkennen sein. Verstehen und lieben wir uns selbst, so verstehen und lieben wir auch die anderen. Pflegen und achten wir unser eigenes Seelenleben, so werden wir auch verständnisvoll und zugewandt mit anderen umgehen. »Der Gütige«, sagt Konfuzius, »der sich selbst zu festigen sucht, hilft anderen, sich zu festigen: was er selbst zu erreichen sucht, das hilft er anderen zu erreichen. Gleichnishaft in anderen verstehen zu können, was man an sich selbst erkannt hat, das könnte man die Kunst der Güte nennen.«[10]

Das »gleichnishafte« Verstehen des anderen meint, dass wir uns in den anderen hineinversetzen können. Wir stellen uns vor, wie wir uns in seiner Situation fühlen würden. Je besser wir uns und unser eigenes Seelenleben verstehen, umso eher verstehen wir auch unsere Mitmenschen. Tiefe Selbsterkenntnis ist die beste Voraussetzung, andere Menschen zu verstehen. Wenn wir aber unsere Mitmenschen verstehen, dann können wir Brücken bauen und gelingende Beziehungen entwickeln, selbst dort, wo wir es mit schwierigen Menschen zu tun haben. Wenn unser Gegenüber erkennt, dass wir aufrichtig gewillt sind, ihn zu verstehen, und wenn er unsere ehrliche Zugewandtheit und unser Wohlwollen spürt, dann wird er am ehesten bereit sein, sich zu öffnen und – nach dem Gesetz der Spiegelneuronen – unsere Gefühle zu erwidern. So heißt es im *Buch der Riten, Sitten und Gebräuche:* »Der Mensch gewinnt andere durch seine Person, er bildet seine Person durch den Weg, er bildet den Weg durch Menschlichkeit. … Die Liebe zu den Nächsten ist das Größte daran.«[11] Bei den alten Griechen klingt das so: »Wenn du geliebt werden willst, so liebe!«[12] Oder negativ formuliert: »Wer niemand Liebe erweist, kann, wie mir scheint, auch bei niemand Liebe finden.«[13]

Je mehr wir in unsere Mitte kommen, je ausgeglichener und gelassener wir werden, umso mehr Gefühle entwickeln wir auch für unsere Mitmenschen. Wir werden milde, sind eher bereit zu verzeihen, haben keine Furcht, uns zu öffnen, entwickeln Gefühle der Zuneigung, der Sympathie, der Liebe. Die damit verbundene innere Ruhe geht auf die anderen über und wirkt beruhigend. Das ist die Ausstrahlung und das Charisma einer in sich ruhenden Persönlichkeit. Sie wirkt anziehend durch die Harmonie und Schönheit, durch die Ausgerundetheit, Stimmigkeit und Weisheit ihres Charakters. Das ist es, was Menzius meint, wenn er sagt, das Wesen des Weisen zeige sich »in der milden Heiterkeit seines Gesichts, in der Würde, die man ihm selbst von hinten ansieht«.

Es gibt eine chinesische kanonische Weisheitsschrift, in der die Wechselwirkung von Persönlichkeitsentwicklung und einem gelingenden Zusammenleben treffend zum Ausdruck kommt. Sie heißt *Das große Lernen* oder *Die große Wissenschaft* (chinesisch Daxue) und findet sich im *Buch der Riten, Sitten und Gebräuche*. Die Kernsätze daraus lauten:

»Indem die Alten auf der ganzen Erde die klaren Geisteskräfte klären wollten [Weisheit, Menschlichkeit und Frieden], ordneten sie zuerst ihren Staat; um ihren Staat zu ordnen, regelten sie zuerst ihr Haus [Familie]; um ihr Haus zu regeln, bildeten sie zuerst ihre Persönlichkeit; um ihre Persönlichkeit zu bilden, machten sie zuerst ihr Bewusstsein recht [Haltungen einnehmen]; um ihr Bewusstsein recht zu machen, machten sie zuerst ihre Gedanken wahr [Aufrichtigkeit, Authentizität]; um ihre Gedanken wahr zu machen, brachten sie zuerst ihre Erkenntnis aufs Höchste [Selbsterkenntnis und Welterkenntnis]. Die höchste Erkenntnis besteht darin, dass die Wirklichkeit beeinflusst wird [Selbst- und Welterkenntnis verändern die Welt].

Nur wenn sie die Wirklichkeit beeinflusst, dann erst ist

die Erkenntnis auf ihrer Höhe; wenn die Erkenntnis auf ihrer Höhe ist, dann erst werden die Gedanken wahr; wenn die Gedanken wahr sind, dann erst wird das Bewusstsein recht; wenn das Bewusstsein recht ist, dann erst wird die Persönlichkeit gebildet; wenn die Persönlichkeit gebildet ist, dann erst wird das Haus geregelt; wenn das Haus geregelt ist, dann erst wird der Staat geordnet; wenn der Staat geordnet ist, dann erst kommt die Welt in Frieden.«[14]

Jede Veränderung hat bei einem selbst anzufangen, beginnt mit der Selbsterkenntnis, setzt sich fort über die Weiterentwicklung der eigenen Persönlichkeit, der »Reinigung« von negativen Affekten und Charaktereigenschaften, der Ausbildung neuer Denk-, Wollens- oder Verhaltensgewohnheiten, und vollendet sich in der Harmonisierung der eigenen Seelenkräfte und der Verinnerlichung tragfähiger Werte und Haltungen. Aus der dadurch bewirkten inneren Ruhe, Ausgeglichenheit, Souveränität und Weisheit heraus, durchdrungen von einer Grundstimmung heiterer Gelassenheit, wirkt die Persönlichkeit nachhaltig auf ihre Mitmenschen und die Gemeinschaft, schon allein durch ihr Vorbild. Wer das Gute in sich verwirklicht hat, vollbringt Gutes. Wer sich glücklich macht, macht andere glücklich. Wer den Weg zu sich selbst findet, hilft auch anderen, ihren Weg zu finden. Wer auf diese Art und Weise sein Leben durchwandert, der lädt andere dazu ein, es ihm nachzutun.

Das Wandern in der freien Natur, bei dem wir eins werden mit uns selbst und der Natur, macht uns besser, milder, menschlicher, mitfühlender – für uns selbst und für andere. »Willst du besser sein als wir«, sagt Goethe, »lieber Freund, so wandre.«[15] Neben allen anderen Qualitäten ist Wandern auch eine Schule der Empathie. Wir reifen heran zu demjenigen, der wir sind, und verwirklichen auf diese Weise, was tief in uns eingepflanzt ist: die Liebe zu den Mitmenschen. So können wir anderen geben, was Gutes in uns ist. Und das bedeutet nichts anderes, als seine Natur zu leben. Das meinte wohl auch der griechischer Tragiker Sophokles, als er die folgenden Verse dichtete:

Dass der Mensch zum Menschen werde,
stift' er einen ewgen Bund
gläubig mit der frommen Erde,
seinem mütterlichen Grund.[16]

Schluss

Sonne leuchte mir ins Herz hinein,
Wind verweh mir Sorgen und Beschwerden!
Tiefere Wonne weiß ich nicht auf Erden,
Als im Weiten unterwegs zu sein.[1]
Hermann Hesse

Wir haben es geschafft! Die Wanderung durch die philosophischen Landschaften des antiken Weisheitswissens ist beendet. Es mag bisweilen anstrengend gewesen sein, aber umsonst gewähren die Götter nichts. Ich hoffe, dass sich – wie bei einer schönen Bergtour – die Mühe gelohnt hat und dass wir uns Erkenntnisse und einen Standort erwandern konnten, der unseren Blick geöffnet und neue Horizonte erschlossen hat. Vielleicht konnten auch ein paar Nichtwanderer zum Wandern und ein paar Nichtphilosophen zum Philosophieren animiert werden.

Zahlreichen weisen Wanderern aus Orient und Okzident sind wir begegnet, und wir haben uns mit ihnen unterhalten. Wir haben ihren Gedanken gelauscht und mit ihnen über unser Leben gesprochen. Es wäre schön, wenn wir uns bei der nächsten Wanderung an die eine oder andere ihrer Weisheiten erinnern könnten und diese unser inneres Gespräch mit uns selbst über unser Leben oder die Herrlichkeiten dieser Welt beleben würden. Vielleicht verspüren wir dann noch mehr Freude – am Wandern und am Leben.

Ich verabschiede mich nun von Ihnen, gehe meiner Wege und wünsche Ihnen alles Gute und viel Glück auf den Ihrigen. Ich würde mich freuen, wenn Ihnen unsere Tour gefallen hat. Mir war es ein Vergnügen. Ich habe viel dabei gelernt und werde auf meinen zukünftigen Wanderungen gewiss noch oft an diesen gemeinsamen Ausflug denken.

Die Freude beim Lesen eines Buches ist tief.
Bücher machen das Herz still und friedvoll,
auch wenn es mehr bewegt wird
durch Berg und Bäume.[2]
Kaibara Ekiken

Literaturverzeichnis

Bhagavadgita, übersetzt von Robert Boxberger, neu bearbeitet und hrsg. von Helmuth von Glasenapp, Stuttgart 1955, zitiert nach Gesang (arab. Ziff.) und Vers (arab. Ziff.).

Bissing, Friedrich Wilhelm von, *Ägyptische Lebensweisheit,* Zürich 1955.

Brüll, Lydia, *Japanische Weisheit,* ausgewählt, übersetzt und herausgegeben von Lydia Brüll, Stuttgart 1999.

Brunner, Hellmut, *Die Weisheitsbücher der Ägypter. Lehren für das Leben,* übersetzt und erläutert von Hellmut Brunner, Düsseldorf/Zürich 1991.

Capelle, Wilhelm, *Die Vorsokratiker,* übersetzt und eingeleitet von Wilhelm Capelle, Stuttgart 1968.

Cicero, Marcus Tullius, *Gespräche in Tusculum,* übersetzt von Olof Gigon, München 1991, zitiert nach Buch (röm. Ziff.) und Kapitel (arab. Ziff.).

Das Buch der Riten, Sitten und Gebräuche, *Li Gi. Das Buch der Riten, Sitten und Gebräuche,* herausgegeben und übersetzt von Richard Wilhelm, Köln 2007.

Dhammapada, Nyanatiloka Mahathera, 3. Auflage, Uttenbühl 1995, zitiert nach Vers.

Diogenes Laertios, *Leben und Meinungen berühmter Philosophen,* übersetzt von Otto Apelt, 3. Auflage, Hamburg 1990, zitiert nach Buch (röm. Ziff.) und Paragraf (arab. Ziff.).

Durant, Will, *Kulturgeschichte der Menschheit,* in 25 Bänden, Editions Rencontre Lausanne ohne Jahresangabe, zitiert nach Band (arab. Ziff.) und Seite (arab. Ziff.).

Easwaran, Eknath, *Die Upanischaden,* eingeleitet und übersetzt von Eknath Easwaran, München 2008.

Ekiken, Kaibara, *The Way of Contentment,* translated by Ken Hoshino, London 1913 (aus dem Englischen übersetzt vom Verfasser).

Epiktet, *Unterredungen* und *Handbüchlein der Moral,* herausgegeben von Alexander von Gleichen-Rußwurm; zitiert nach Seite sowie Titel, Buch (röm. Ziff.) und Kapitel (arab. Ziff.), bei *Handbüchlein der Moral* nur Abschnitt (röm. Ziff.).

Epiktet, Teles und Musonius. *Wege zum glückseligen Leben,* übertragen und eingeleitet von Wilhelm Capelle, Zürich 1948, in Klammern Angabe der Diatribe.

Epikur, *Von der Überwindung der Furcht,* übersetzt von Olof Gigon, München 1991.

Goethe, Johann Wolfgang von, *Sämtliche Werke nach Epochen seines Schaffens,* hrsg. von Karl Richter, Münchner Ausgabe 2006, zitiert nach Band und Seitenzahl.

Greshake, Gisbert, *Gehen. Wege – Umwege – Kreuzwege,* Stuttgart 2016.

Grün, Anselm, *Auf dem Wege. Zu einer Theologie des Wanderns,* Münsterschwarzach 1983.

Hesiod, *Sämtliche Werke,* übersetzt von Thassilo von Scheffer, Wiesbaden 1947, zitiert nach Werk und Vers.

Homer, *Ilias,* übersetzt von Johann Heinrich Voss, diverse Ausgaben, zitiert nach Epos, Buch und Vers (beides arab. Ziff.).

Homer, *Odyssee,* übersetzt von Johann Heinrich Voss, diverse Ausgaben, zitiert nach Epos, Buch und Vers (beides arab. Ziff.).

HWPh, *Historisches Wörterbuch der Philosophie,* hrsg. von Joachim Ritter, Darmstadt 1971 ff.

I Ging, *Text und Materialien,* übersetzt von Richard Wilhelm, 15. Auflage, München 1988.

Jaeger, Werner, *Paideia. Die Formung des griechischen Menschen,* 3 Bände, Berlin und Leipzig 1934.

Konfuzius, *Gespräche,* herausgegeben und übersetzt von Ralf Moritz, Reclam, Ditzingen 2005, zitiert nach Kap. (röm.) und Abschnitt (arab.); teilweise wird auf die Übersetzung von Richard Wilhelm (1910) zurückgegriffen.

Kungfutse, *Schulgespräche,* übersetzt von Richard Wilhelm, Düsseldorf, Köln 1961, zitiert nach Kapitel und Abschnitt (beides arab. Ziff.).

Laotse, *Tao te king,* übersetzt von Richard Wilhelm, München 1998, zitiert nach Abschnitt (arab. Ziff.).

Liä Dsi, *Das wahre Buch vom quellenden Urgrund,* übersetzt von Richard Wilhelm, Düsseldorf 1968, zitiert nach Buch (röm. Ziff.) und Kapitel (arab. Ziff.).

Luck, Georg, *Die Weisheit der Hunde,* Stuttgart 1997.

Marc Aurel, *Selbstbetrachtungen,* übertragen mit einer Einleitung von Wilhelm Capelle, Stuttgart 1948, zitiert nach Buch und Abschnitt (beides arab. Ziff.).

Nestle, Wilhelm, *Die Nachsokratiker,* herausgegeben und eingeleitet von Wilhelm Nestle, 2 Bände, Jena 1923, zitiert nach Band (röm. Ziff.) und Seite (arab. Ziff.).

Nestle, Wilhelm, *Die Vorsokratiker,* Düsseldorf-Köln 1978.

Nestle, Wilhelm, *Griechische Geistesgeschichte,* 2. Auflage, Stuttgart 1944.

Nestle, Wilhelm, *Griechische Lebensweisheit und Lebenskunst,* Stuttgart 1949.

Nietzsche, Friedrich, *Werke in drei Bänden,* hrsg. von Karl Schechta, 7. Auflage, München 1973.

Otto, Walter F., *Die Götter Griechenlands,* Frankfurt a.M. 1947.

Patañjali, *Die Wurzeln des Yoga,* Übertragung von Bettina Bäumer, mit einem Kommentar von P.Y. Deshpande, 7. Auflage, Bern u.a. 1993, zitiert nach Teil (röm. Ziff.) und Sutra (arab. Ziff.).

Platon, *Sämtliche Dialoge,* herausgegeben von Otto Apelt, 7 Bände, Hamburg 1993, zitiert nach Buch und Ziffer der Stephanusausgabe.

Platon, *Sämtliche Werke,* herausgegeben von Erich Loewenthal, 3 Bände, 6. Auflage, Köln 1969, zitiert nach Buch und Ziffer der Stephanusausgabe.

Pohlenz, Max, *Der hellenische Mensch,* Göttingen ohne Jahresangabe.

Pohlenz, Max, *Die Stoa,* 4. Auflage, Göttingen 1970, zitiert nach Band (röm. Ziff.) und Seite (arab. Ziff.).

Pohlenz, Max, *Gestalten aus Hellas,* München 1950.

Schwarz, Ernst, *So sprach der Weise, Chinesisches Gedankengut aus drei Jahrtausenden,* übersetzt und herausgegeben von Ernst Schwarz, Berlin 1981.

Seneca, Lucius Annaeus, *Naturales quaestiones. Naturwissenschaftliche Untersuchungen,* Lateinisch – Deutsch, übersetzt und herausgegeben von Otto und Eva Schönberger, Stuttgart 1998, zit. nach Buch, Kapitel, Abschnitt, ggf. Seite.

Seneca, Lucius Annaeus, *Philosophische Schriften,* übersetzt von Otto Apelt, Wiesbaden 2004, zitiert nach Band (röm. Ziff.) und Seite (arab. Ziff.), ggf. Schrift und Abschnitt; *Briefe an Lucilius:* Brief und Nr.

Seneca, Lucius Annaeus, *Philosophische Schriften,* Lateinisch – Deutsch, übersetzt und herausgegeben von Manfred Rosenbach, 5 Bände, 2. Auflage, Darmstadt 1995.

Thich Nhat Hanh, *Einfach Gehen,* München 2016.

Upanischaden, herausgegeben und eingeleitet von Peter Michel, Übersetzung Paul Deussen, 2. Auflage, Neuausgabe Stuttgart 2007, zitiert nach Seite und Upanishad.

Xenophon, *Erinnerungen an Sokrates,* Reclam 1992, Übersetzung Rudolf Preiswerk, Nachwort von Walter Burkert.

Zhuangzi, Dschuang Dsi, *Das wahre Buch vom südlichen Blütenland,* übersetzt von Richard Wilhelm, Neuausgabe Kreuzlingen/München 2006, zitiert nach Buch (röm. Ziff.) und Kapitel (arab. Ziff.).

Weitere Werke, auf die im Text Bezug genommen wird, sind in den Anmerkungen genannt.

Leseempfehlung zur Einführung in antike Weisheitslehren

Bhagavadgita, übersetzt von Robert Boxberger, neu bearbeitet und herausgegeben von Helmuth von Glasenapp, Stuttgart 2008

Epikur, *Philosophie des Glücks,* übersetzt von Bernhard Zimmermann, München 2006

Konfuzius, *Gespräche,* herausgegeben und übersetzt von Ralf Moritz, Reclam, Ditzingen 2005

Marc Aurel, *Selbstbetrachtungen,* Stuttgart 2009, übersetzt und eingeleitet von Albert Wittstock

Seneca, *Vom glückseligen Leben und andere Schriften,* Stuttgart 1986

Zhuangzi, *Das wahre Buch vom südlichen Blütenland,* übersetzt von Richard Wilhelm, Neuausgabe Kreuzlingen/München 2006

Die zitierten Philosophen

Aischylos 525–456 v. Chr., neben Sophokles und Euripides der bedeutendste griechische Tragödiendichter und der älteste, von seinen 90 Stücken sind nur 7 ganz erhalten.

Antisthenes ca. 445–365 v. Chr., bedeutender griechischer Philosoph, Schüler des Sokrates und mit Diogenes von Sinope Begründer der kynischen Schule.

Archilochos ca. 680–645 v. Chr., einer der ersten griechischen Lyriker, sein Einfluss auf die spätere Lyrik wird mit dem Homers verglichen.

Ariston von Chios 3. Jh. v. Chr., griechischer Philosoph und Schüler des Zenon von Kition.

Aristoteles 384–322 v. Chr., neben seinem Lehrer Platon der bedeutendste Philosoph der abendländischen Antike.

Bias von Priene ca. 590–530 v. Chr., einer der »Sieben Weisen«, berühmt durch seine Reden und seine Überzeugungskraft.

Bion von Borysthenes ca. 335–245 v. Chr., griechischer Philosoph der kynischen Schule, der einige Jahre als Wanderlehrer auftrat.

Buddha (Siddhartha Gautama) ca. 563–483 v. Chr., Begründer des Buddhismus.

Chrysippos von Soloi ca. 281–208 v. Chr., griechischer Philosoph, bedeutender Vertreter der Stoa.

Cicero, Marcus Tullius 106–43 v. Chr., römischer Redner, Politiker, Schriftsteller und Philosoph.

Demokrit ca. 460–370 v. Chr., bedeutender griechischer

Philosoph, der mit Leukipp als der Begründer der Atomistik gilt.

Diogenes Laertius 2./3. Jh. n. Chr., Philosophiehistoriker.

Diogenes von Sinope ca. 400–323 v. Chr., bedeutender griechischer Philosoph, mit Antisthenes Begründer der kynischen Schule.

Dion Chrysostomos ca. 40–120, griechischer Redner und Philosoph, führte ein ärmliches Wanderleben im kynisch-stoischen Geist.

Dogen (Dōgen Zenji) 1200–1253, bedeutender jap. Zen-Meister.

Epicharmos (Epicharm) ca. 540–460 v. Chr., griechischer Komödiendichter und Verfasser berühmter Sinnsprüche.

Epiktet ca. 50–130 n. Chr., bedeutender Vertreter der späten Stoa. Er kam als Sklave aus Kleinasien nach Rom, hatte großen Einfluss u. a. auf Marc Aurel.

Epikur 341–270 v. Chr., bedeutender griechischer Philosoph und Begründer der epikureischen Schule.

Euripides ca. 485–406 v. Chr., neben Aischylos und Sophokles der bedeutendste griechische Tragödiendichter, von seinen rd. 90 Stücken sind 18 ganz erhalten.

Favorinus 1./2. Jh. n. Chr., skeptischer Philosoph aus Arles.

Han Fei (Han Fe Dse, Han Feizi) ca. 280–233 v. Chr., bedeutender chinesischer Philosoph.

Hekaton von Rhodos ca. 160–90 v. Chr., Stoiker und Schüler des Stoikers Panaitios.

Heraklit von Ephesos (Herakleitos) ca. 550–480 v. Chr., einer der bedeutendsten Vorsokratiker, der bis heute weitreichenden Einfluss ausübte, wegen der aphoristischen Verkürzung seiner Aussagen auch der »Dunkle« genannt.

Herodot ca. 490–424 v. Chr., griechischer Historiker und Völkerkundler, »Vater der Geschichtsschreibung« (Cicero).

Hesiod um 700 v. Chr., griechischer Dichter, dessen Werke neben Homer eine Hauptquelle für die griechische Mythologie darstellen, Verfasser eines Lehrgedichts.

Homer etwa 8. Jh. v. Chr., wohl aus Kleinasien stammender griechischer Dichter, Schöpfer der *Ilias* und der *Odyssee,* die als der Beginn der europäischen Kultur- und Geistesgeschichte angesehen werden können.

Horaz (Quintus Horatius Flaccus) 65–8 v. Chr., einer der bedeutendsten römischen Dichter.

Issa 1763–1827, bedeutender japanischer Dichter.

Jakuan Sôtaku japanischer Teemeister, Lebensdaten unbekannt.

Kaibara Ekiken 1630–1714, japanischer Neo-Konfuzianer, Gelehrter und Arzt.

Konfuzius (Kung-tse, K'ung-tzu, Kongzi, Kungfutse) 551–479 v. Chr., der bedeutendste chinesischer Philosoph, dessen Wirkung bis heute andauert.

Krates von Theben ca. 365–285 v. Chr., griechischer Philosoph, er verschenkte sein Vermögen und wurde Kyniker, Schüler des Diogenes von Sinope.

Kukai (Kôbô Daishi) 774–835, japanischer buddhistischer Mönch, Gelehrter und Künstler.

Laotse (Laozi, Lao-tzu) 6. Jh. v. Chr., legendärer chinesischer Philosoph, dem das Buch Daodejing (Tao te king) zugeschrieben wird. Er gilt als Begründer des Daoismus (Taoismus).

Liezi (Liä Dsi, Lieh-tzu) ca. 5. Jh. v. Chr., daoistischer Philosoph.

Lü Buwei (Lü Bu We, Lü Pu-wei) ca. 300–235 v. Chr., chinesischer Kaufmann, Politiker und Philosoph.

Lucilius (Lucilius Iunior) 1. Jh. n. Chr., römischer Patrizier, bekannt durch die Briefe Senecas an ihn.

Lukrez (Titus Lucretius Carus) ca. 97–55 v. Chr., römi-

scher Dichter und Philosoph, der ein berühmtes Lehrgedicht über die Philosophie Epikurs geschrieben hat *(De
rerum natura)*.

Marc Aurel 121–180 n. Chr., römischer Kaiser und stoi-
scher Philosoph, dessen *Selbstbetrachtungen* große Wirkung auf die Nachwelt ausübten.

Menandros (Menander) ca. 342–290 v. Chr., bedeutender
griechischer Komödiendichter, der über einhundert Ko-
mödien verfasst hat.

Menzius (Mengzi, Meng-Tse, Mong Dsi, Mong Ko) ca.
370–290 v. Chr., chinesischer Philosoph, einer der bedeutendsten Nachfolger des Konfuzius.

Metrodoros von Lampsakos 330–277 v. Chr., griechischer
Philosoph, Freund und Schüler Epikurs.

Musonius (Gaius Musonius Rufus) ca. 30–100 n. Chr., bedeutender römischer Philosoph und Lehrer der stoischen Richtung.

Musô Soseki 1275–1351, japanischer Zen-Meister, Dichter,
Kalligraf, gilt als Begründer der japanische Teezeremonie.

Patañjali 5. oder 2. Jh. v. Chr., indischer Gelehrter und Verfasser der Yoga-Sutras, der grundlegenden Schrift zur
Philosophie und Praxis des Yoga.

Periander 7./6. Jh. v. Chr., Tyrann von Korinth und einer
der »Sieben Weisen«.

Petrarca 1304–1374, italienischer Dichter und Geschichtsschreiber der Frührenaissance, gilt als Mitbegründer des
Humanismus.

Pindar (Pindaros) ca. 522–445 v. Chr., bedeutender griechischer Lyriker aus Böotien.

Platon 427–348/347 v. Chr., neben Aristoteles der bedeutendste Philosoph der abendländischen Antike, Schüler
des Sokrates.

Plutarch ca. 45–125 n. Chr., griechischer Schriftsteller, dessen Schriften von weitreichender Wirkung waren.

Poseidonios 135–51 v. Chr., bedeutender griechischer Philosoph der Stoa, Schüler des Panaitios.

Pythagoras ca. 570–500 v. Chr., griechischer Philosoph und Mathematiker, der in Unteritalien die philosophische Schule begründete.

Seneca, Lucius Annaeus ca. 4 v. Chr. – 65 n. Chr., einer der bedeutendsten römischen Philosophen und Stoiker, Erzieher Neros, Staatsmann.

Shankara ca. 788–820 n. Chr., einer der bedeutendsten Philosophen Indiens, religiöser Lehrer.

Shissai Chozan 18. Jh., japanischer Schriftsteller.

Sieben Weisen von der Nachwelt so bezeichnete Gruppe hochstehender Persönlichkeiten der griechischen Antike, die im 7. und 6. Jh. v. Chr. durch ihre Weisheitssprüche bekannt wurde.

Sokrates ca. 470–399 v. Chr., einer der bedeutendsten griechischen Philosophen, Lehrer des Platon; auf ihn beziehen sich fast alle philosophischen Schulen der griechisch-römischen Antike.

Solon ca. 640–560 v. Chr., griechischer Staatsmann und Dichter, einer der »Sieben Weisen«, gab Athen bedeutende Gesetze und Weisheiten.

Sophokles ca. 496–406 v. Chr., neben Aischylos und Euripides der bedeutendste griechische Tragödiendichter, von seinen rund 123 Stücken sind 7 vollständig erhalten.

Stilpon 3./4. Jh. v. Chr., griechischer Philosoph aus Megara.

Thales von Milet ca. 624–547 v. Chr., einer der »Sieben Weisen«, Mathematiker, Astronom, gilt als der erste griechische Philosoph.

Theognis von Megara ca. 6. Jh. v. Chr., griechischer Dichter, der wegen seiner Spruchdichtungen berühmt wurde.

Xenophon ca. 426–355 v. Chr., Geschichtsschreiber, Schrift-steller und Philosoph, Schüler des Sokrates.

Xunzi (Hsün-Tse, Hsün-Tzu) ca. 298–220 v. Chr., bedeu-tender chinesischer Philosoph.

Yamaga Sokô 1622–1685, japanischer konfuzianischer Ge-lehrter.

Yoshida Kenkô ca. 1283–1350, japanischer Dichter und buddhistischer Laienmönch.

Zenon von Kition ca. 334–263 v. Chr., griechischer Philo-soph, Schüler des Kynikers Krates und Begründer der Stoa.

Zhuangzi (Chuang-tzu, Dschuang Dsi) ca. 365–290 v. Chr., Daoist und einer der bedeutendsten chinesischen Philo-sophen der Antike.

Dank

An erster Stelle danke ich meiner Frau Susanne für die vielfältige, liebevolle Unterstützung und ihre Geduld. Für Letzteres gilt mein Dank auch meinen Töchtern Chiara und Gaia. Für die gründliche Durchsicht des Manuskriptes und zahlreiche Anregungen bin ich Harald Lunzer sehr verbunden. Schließlich danke ich meinen Lektoren Jürgen Bolz und Dr. Thomas Tilcher.

Anmerkungen

Einführung

1 Werner Jaeger, Bd. 2, S. 42 (Epidemi VI, 5,5; in der Anmerkung heißt es, das Denken wird an andere Stelle zu den Übungen gerechnet).

2 Ricarda Huch, Untergang des Römischen Reiches Deutscher Nation, Frankfurt am Main 1954, S. 218; das vollständige Zitat wird im Kapitel »Dankbar und bescheiden werden« wiedergegeben.

3 Seneca, III, 92, Brief 24: »... wir sterben täglich. Denn täglich wird uns ein Teil des Lebens entzogen, und selbst, wenn wir noch wachen, nimmt das Leben auch schon wieder ab.«

4 Platon, Philebos, 55.

5 Zweite Pythische Ode, 72, zitiert nach Bruno Snell, Die Entdeckung des Geistes, Studie zur Entstehung des europäischen Denkens bei den Griechen, 2. Auflage, Hamburg 1948, S. 151.

6 Schwarz, S. 296 und Liä Dsi, IV, 7.

7 Das Buch der Riten, Sitten und Gebräuche, S. 55 f.

8 Allein zu wandern ist je nach Gegend nicht ungefährlich. Wir sollten dafür ausreichend Erfahrung und einen guten Orientierungssinn haben und insbesondere strikt alle gängigen Vorsichtsmaßregeln beachten.

9 Hesiod, Werke und Tage, 292 ff., zitiert nach Marion Giebel, Antike Weisheit, Stuttgart 1995, S. 24. Weiter heißt es dort: »Wohlüberlegt, was später und bis zum Ende am besten. / Aber auch jener ist edel, der gutem Rate vertraut hat. / Wer

aber weder selbstständig denkt noch anderen zuhört, / Um sich ihr Wort zu eigen zu machen, den nenne ich unnütz.« Aus einem Brief an Karoline von Günderrode, zitiert nach Ulrich Growe, Das Briefleben Bettine von Arnims – Vom Musenanruf zur Selbstreflexion, Würzburg 2003, S. 48.

Wanderwege – Lebenswege – Denkwege

1 Goethe, 17, S. 245 (Wilhelm Meisters Wanderjahre).
2 Eknath Easwaran, S. 414 (Maitri-Up., VI.34.3) und S. 70: »Darum sagt man, dass wir sind, was unser Begehren ist. Wie unser Begehren ist, so ist unser Wille. Wie unser Wille ist, so sind unsere Handlungen. Wie wir handeln, so werden wir.« (Brihadaranyaka-Up., IV.4.5)
3 Wörtlich: »So wenig als möglich sitzen; keinem Gedanken Glauben schenken, der nicht im Freien geboren ist und bei freier Bewegung, in dem nicht auch die Muskeln ein Fest feiern.« Nietzsche, II 1084 f. (Ecce homo, Kap. Warum ich so klug bin).
4 Im Zusammenhang: »Ich laufe mir jeden Tag das tägliche Wohlbefinden an, und entlaufe so jeder Krankheit; ich habe mir meine besten Gedanken angelaufen, und ich kenne keinen Gedanken, der so schwer wäre, dass man ihn nicht beim Gehen loswürde. ... Beim Stillsitzen aber, und je mehr man still sitzt, kommt einem das Übelbefinden nur umso näher. Allein in Bewegung ist die Gesundheit und das Heil zu finden.« Zitiert nach Greshake, S. 26.
5 Sog. aitiologische oder Erklärungslegende, HWPh, Artikel »Peripathetisch«.
6 Durant, 1, 396 (10. Tafel).
7 Lehre des Papyrus Chester Beatty, IV, aufgeschrieben zur Ramessidenzeit (13.–12. Jh. v. Chr.), Brunner, S. 229.

8   Anmerkung Moritz zu Konfuzius, IV, 15 (S. 139).

9   François Cheng, Fünf Meditationen über die Schönheit, aus dem Französischen von Judith Klein, München 2008, S. 41, 140 und 80 f.

10   Er lautet: Rechtes Denken, rechtes Wollen, rechtes Sprechen, rechtes Tun, rechter Broterwerb, rechte Achtsamkeit, rechtes Üben, rechte Meditation. Dazu: Thich Nhat Hanh, Das Herz von Buddhas Lehre. Leiden verwandeln – die Praxis des glücklichen Lebens, Freiburg i. Br. 1999, S. 55 ff.

11   Volker Zotz, Geschichte der buddhistischen Philosophie, Hamburg 1996, S. 121.

12   Dogen, in: Brüll, S. 236. Weiter heißt es dort: »Das Selbst lernen heißt das Selbst vergessen. Das Selbst vergessen heißt von allen Dharma (Dingen) erleuchtet werden.«

13   Hesiod, Werke und Tage, 289 ff.

14   Mt. 7,13 f., Joh. 14,6.

15   Grün, S. 33. Die nachfolgenden Ausführungen folgen im Wesentlichen diesem schönen Bändchen.

16   Ebenda, S. 36.

17   HWPh, Artikel »Weg« (Sam. 24,20).

18   In Anlehnung an Ex. 18,20: »… unterrichte sie in den Gesetzen und Weisungen und mach sie mit dem Weg bekannt, auf dem sie gehen, und mit dem Tun, nach dem sie handeln sollen!«

19   Zum Ganzen: HWPh, Artikel »Weg«.

20   Neumann, Kulturentwicklung und Religion, Zürich 1953, S. 59 ff.

21   So Brüll, S. 16 f.

22   Zitiert nach Inazo Nitobe, Bushido. Der Ehrenkodex der Samurai, aus dem Amerikanischen übersetzt von Kim Landgraf, Köln 2006, S. 70 f.

23   Miyamoto Musashi, Das Buch der fünf Ringe, aus dem Englischen von Jürgen Bode, mit dem japanischen Urtext vergli-

chen und bearbeitet von Siegfried Schaarschmidt, Düsseldorf 1983, S. 135 (Schlussworte). Viele asiatische Kampfsportarten bezeichnen sich als »Weg«: z. B. Judo, Taekwondo, Aikido, Kendo.

24 Deutsches Sprichwörter-Lexikon, hrsg. von Karl Friedrich Wilhelm Wander, Bd. 1–5; Wiederabdruck, Darmstadt: Wissenschaftliche Buchgesellschaft, 1964.

25 Grün, S. 24 f.

26 Jan Heiner Schneider, Weg und Bewegung. Zur religionsgeschichtlichen Ausfaltung eines christlichen Leitmotivs: Kat. Bl. 105 (1980), S. 172 f., zitiert nach Grün, S. 7 f.

27 Gen 12,1.4.

28 Grün, S. 20.

29 Martin Heidegger, Wegmarken, Frankfurt am Main, 2. Aufl. 1978, S. 311 (Brief über den Humanismus).

30 Grün, S. 18.

31 So Greshake, S. 32, unter Verweis auf: Nietzsche, II 662 (Jenseits von Gut und Böse).

32 Augustinus: »Du bist tot an dem Tage, da du sprichst: es ist genug! Darum tu immer mehr, gehe immer vorwärts, sei immer unterwegs; niemals gehe zurück, und weiche nie vom Wege ab.« Zitiert nach Grün, S. 24.

33 Zitiert nach Bruno Snell, Die Entdeckung des Geistes, Studien zur Entstehung des europäischen Denkens bei den Griechen, 2. Auflage, Hamburg 1948, S. 151 (Zweite Pythische Ode, 72); Wolfgang Schadewaldt, Die Anfänge der Philosophie bei den Griechen, Tübinger Vorlesungen, 4 Bände, Frankfurt am Main 1978, Bd. 3, S. 336.

34 Beim quälenden Albtraum mag es anders sein.

35 Homer, Ilias, 1, 1; und auch er musste lange umherirren, bevor er seine Heimat erreichte. Die zweite Zeile lautet: »welcher so weit geirrt, nach der heiligen Troja Zerstörung«.

36 Greshake, S. 52. Dort auch die vorhergehenden Zitate im

Text, S. 51 f. und 99. Das Heidegger-Zitat stammt aus Martin Heidegger, Holzwege, 5. Auflage, Frankfurt am Main 1972, S. 3 (Motto).

37 Ulrich Grober, Vom Wandern. Neue Wege zu einer alten Kunst, Reinbek 2006, S. 164 f.

38 HWPh, Artikel »Methode«.

39 C.G. Jung, Gesammelte Werke, Olten 1973, Bd. 5, S. 258.

40 Wilhelm Pape, Griechisch-Deutsch. Altgriechisches Wörterbuch, Bd. 2, S. 265; vgl. Luc Ferry, Leben lernen: Die Weisheit der Mythen, aus dem Französischen von Liz Künzli, München 2009, S. 212. Die Ambivalenz von Ferne und Heimkehr findet sich auch in dem Gedicht *Fiesole* von Hermann Hesse: »Über mir im Blauen reisen / Wolken, die mich heimwärts weisen. / Heimwärts in die namenlose Ferne, / In das Land des Friedens und der Sterne.« Hermann Hesse, Die Gedichte, Frankfurt am Mein 1992, S. 165.

41 Buch der Riten, Sitten und Gebräuche, S. 56.

42 Grün, S. 30. Ebenda, S. 25: »Im ständigen Weitergehen üben wir das innere Weitergehen ein.« Die Rückführung des Wortes »Sinn« auf »gehen, reisen« ist umstritten. Anders Johann Christoph Adelung, Grammatisch-kritisches Wörterbuch, Leipzig 1793–1801, Artikel »Sinnen«.

43 Novalis, Werke in einem Band, ausgewählt von Hans-Dietrich Dahnke, Berlin und Weimar 1983, S. 279 (Blütenstaub). Dazu auch Goethes Gedicht *Wandersegen:* »Und jeder Schritt des Wanderers ist bedenklich. ... Doch wendet er, sobald der Pfad verfänglich, / Den ersten Blick, wo Nebel ihn umtrüben, / Ins eigne Herz und in das Herz der Lieben.« Goethe, *Gedichte,* hrsg. und kommentiert von Erich Trunz, München 1981, S. 374.

44 Thich Nhat Hanh, S. 57.

45 Frédéric Lenoir, Sokrates, Jesus, Buddha. Die Lebenslehrer, München 2010, S. 98.

46 Thich Nhat Hanh, S. 34.

47 Sprichwörter-Lexikon, hrsg. von Karl Friedrich Wilhelm Wander, Bd. 1–5; Wiederabdruck, Darmstadt: Wissenschaftliche Buchgesellschaft, 1964, Artikel »Weg«, Nr. 83.

Gesundheit und Glück

1 Wörtlich: »Die Gesundheit des Leibes und die Beruhigtheit der Seele sind die Erfüllung des seligen Lebens«, Epikur, S. 102; Text geringfügig geändert.

2 Sie sind aber nicht notwendig Voraussetzungen für Glücksempfinden. Auch kranke Menschen können das Beste aus ihrer Krankheit machen und Freude und Glück erleben, mag das auch unter Umständen äußerst schwierig sein.

3 Bundesministerium für Wirtschaft, »Grundlagenuntersuchung Freizeit- und Urlaubsmarkt Wandern«, Berlin 2010, Kapitel 10 »Wandern und Gesundheit«. Die folgenden Ausführungen geben die wissenschaftlichen Erkenntnisse wieder, die in dieser Untersuchung zusammengestellt wurden.

4 Ebenda.

5 Greshake, S. 9, sinngemäße Wiedergabe eines Gesprächs mit Neumann.

6 Ebenda. Psychologie Heute compact, Natur und Psyche, Heft 54, (2018), S. 7 ff.

7 Ebenda.

8 Die Studie des BMWi verweist auf Erfahrungen des VW-Konzerns.

9 Im Ostseebad Heringsdorf auf Usedom wurde 2017 im Anschluss an einen großen internationalen Kongress der »erste europäische Kur- und Heilwald« eröffnet. Dazu und zum Ganzen: Psychologie Heute compact, Natur und Psyche, Heft 54, (2018), S. 77 ff.

10 Sogenannte Terpene. Das im Wald durch die Baumkronen gedämpfte Licht soll den Melatoninspiegel ansteigen lassen und dadurch den Kortisolspiegel absenken, ebenda, S. 79.

11 Psychologie Heute compact, Natur und Psyche, Heft 54, (2018), S. 37.

12 Zitiert nach Marion Giebel, Antike Weisheit, Stuttgart 1995, S. 108 (Platon, Apologie, 42); Text geringfügig geändert.

13 Schwarz, S. 265.

Den Schritt anhalten

1 Upanischaden, S. 263/199 (Chandogya 8, 11, 1), im wörtlichen Sinn ist die Versenkung in Meditation gemeint: »Wenn nun einer so eingeschlafen ist, ganz und gar und völlig zur Ruhe gekommen, dass er kein Traumbild erkennt, das ist das Selbst …«.

2 Zhuangzi, XXIII, 3.

3 Epikur, S. 108.

4 Zhuangzi, XXII, 1.

5 Goethe, 17, S. 351 (Wilhelm Meisters Wanderjahre, 1829).

6 Buch der Riten, Sitten und Gebräuche, S. 203 (Buch der Lieder); im Text steht »Edler« statt »Weiser« ohne größeren Unterschied.

7 I Ging, S. 123.

8 Laotse, Nr. 64.

9 Michel de Montaigne, Essais, Auswahl und Übersetzung von Herbert Lüthy, Zürich 1953, S. 658 (Buch III, 3).

10 Brief vom 14.10.1797; zur Weltflucht als Mittel der Selbstfindung: Emil Ludwig, Goethe. Geschichte eines Menschen, Bertelsmann Lesering, Hamburg (ohne Jahreszahl), S. 179.

11 Emil Ludwig, Geschichte eines Menschen, Bertelsmann Lesering, Hamburg (ohne Jahreszahl), S. 246.

12 Lutz Geldsetzer, Han-ding Hong, Chinesische Philosophie, Stuttgart 2008, S. 112 f., verweist auf Meister Eckhart und Bernhard von Clairvaux.

13 Brüll, S. 172.

14 Das Buch der Riten, Sitten und Gebräuche, S. 201; man nimmt an, dass Konfuzius dieses kanonische Weisheitsbuch der Chinesen mindestens redigiert hat. Jedenfalls ist es durch und durch konfuzianisch.

15 So der Kommentar zu dieser Stelle durch Richard Wilhelm, I Ging, S. 91 f.

16 Zhuangzi, XXVI, 9.

17 Bhagavadgita, 6, 25.

Sich besser kennenlernen

1 Laotse, Nr. 33.

2 Patañjali, I, 41 (70).

3 Seneca, II, 123 (Von der Kürze des Lebens, Kap. 7).

4 »Übrigens aber ist der Mensch ein dunkles Wesen, er weiß nicht, wo er herkommt, noch wohin er geht, er weiß wenig von der Welt und am wenigsten von sich selber. Ich kenne mich auch nicht – und Gott soll mich davor behüten.« Zitiert nach: Goethe erzählt sein Leben, hrsg. von Hans Egon Gerlach und Otto Herrmann, Hamburg 1949, S. 281 (aus »Gespräche mit Eckermann«). Trotz des Zitats schätzte Goethe die Selbsterkenntnis hoch ein: »Das Höchste, wozu der Mensch gelangen kann, ist das Bewusstsein eigner Gesinnungen und Gedanken, das Erkennen seiner selbst, welches ihm die Einleitung gibt, auch fremde Gemütsarten innig zu erkennen.« Goethe, 11.2., S. 174 (Schriften zur Literatur, Shakespeare und kein Ende!).

5 Xenophon, S. 120 f.

6 Xenophon, S. 98.

7 Griechisch: psychopompos (Seelengeleiter, von pempo = führen, geleiten), Pohlenz, Der hellenische Mensch, S. 49.

8 Olaf Graf, Kaibara Ekiken. Ein Beitrag zur japanischen Geistesgeschichte des 17. Jahrhunderts und zur chinesischen Sung-Philosophie, Leiden 1942, S. 370; Übersetzung geringfügig geändert; erster Teil nach Brüll, S. 100.

9 Carlo Schmid, Europa und die Macht des Geistes, Zweiter Band der gesammelten Werke, Bern u. a. 1973, S. 324.

10 Ludwig Tieck, Franz Sternbalds Wanderungen, hrsg. von Alfred Anger, Stuttgart 1994, S. 78 f.

11 Vgl. den Ausspruch des irisch-britischen Schriftstellers und Philosophen Edmund Burke: »Die Leidenschaft, die von dem Großen und Erhabenen in der Natur verursacht wird … heißt Erschauern.« Zitiert nach Wanderlust. Von Caspar David Friedrich bis Auguste Renoir, Katalog zur Ausstellung vom 10. Mai bis 16. September 2018, Alte Nationalgalerie, München 2018, S. 27. Nach Schiller soll das Erschauern eine ganzheitliche Läuterung im Sinne einer aristotelischen Katharsis herbeiführen. Ebenda, S. 28.

12 HWPh, Artikel »Staunen, Bewunderung, Verwunderung«, mit Fundstellen.

13 Seneca, Naturales quaestiones, 6, 4.2.

14 Lin Yutang, Weisheit des lächelnden Lebens, Stuttgart 1979, S. 384.

15 Liä Dsi, IV, 7. Eine andere Übersetzung dieser Stelle lautet: »Die höchste Meisterschaft im Wandern besteht darin, nicht mehr zu wissen, wohin man geht. Die höchste Meisterschaft im Betrachten besteht darin, nicht mehr zu wissen, was man sieht. Die Dinge allesamt zu erreichen im Wandern, die Dinge allesamt zu schauen im Betrachten, das ist die höchste Meisterschaft im Wandern, das ist die höchste Meisterschaft im Betrachten.« Schwarz, S. 296.

16 Griechische Lyrik, übersetzt und herausgegeben von Dietrich Ebener, Sonderausgabe, Bayreuth 1985, S. 70.

17 Nietzsche, II, S. 227 (Vom Nutzen und Nachteil der Historie).

18 Zhuangzi, V, 1; Übersetzung geringfügig geändert.

19 Buddha, »Reden des Buddha«, aus dem Pâli-Kanon übersetzt von Ilse-Lore Gunsser, Einleitung von Helmuth von Glasenapp, Stuttgart 1957, S. 64.

20 Epiktet, S. 285 (Handbüchlein 5).

21 Nestle, Nachsokratiker, II, 248 (Metrodoros von Lampsakos).

22 Seneca, Philosophische Schriften, III, 116, Brief 31.

23 Bruno Snell, Leben und Meinungen der Sieben Weisen, 3. Auflage, München 1952, S. 101.

24 Patañjali, II, 10.

25 Vor allem »Wie lebe ich ein gutes Leben? Philosophie für Praktiker«, »Denken heilt! Philosophie für ein gesundes Leben« und »Leben lernen – ein Leben lang. Eine praktische Philosophie«.

26 Nietzsche II 404 (Also sprach Zarathustra, 3. Teil, Der Wanderer).

27 Walther Heissig, Wort aus tausend Jahren. Weisheit der Steppe, Verlag der Greif, Wiesbaden (ohne Jahresangabe), S. 48.

28 Deutsches Sprichwörter-Lexikon, hrsg. von Karl Friedrich Wilhelm Wander, Bd. 1–5; Wiederabdruck, Darmstadt: Wissenschaftliche Buchgesellschaft, 1964, Artikel »Wandern«.

29 I Ging, S. 93; für das Wort »Eigensucht« steht im Text das veraltete »Selbstischkeit«.

30 Nach Xenophon, Erinnerungen an Sokrates, S. 121; Platon, Apologie (Des Sokrates Verteidigung), 38A.

31 Bissing, S. 94.

32 Marc Aurel, 2, 8.

33 Platon, Des Sokrates Verteidigung, 38A.

34 Dion Chrysostomos, in: Luck, S. 340.

35 Das Buch der Riten, Sitten und Gebräuche, S. 55 f.

36 Die Regisseurin und Autorin Ana Zirner, die in 60 Tagen
     die Alpen von Ost nach West allein durchwanderte, be-
     merkte in einem Interview, dass sie dabei insbesondere an
     Ehrlichkeit gewonnen habe. Interview auf BR5, Das Fit-
     nessmagazin, Sendung vom 06.01.2019.

37 Ebenda.

38 Nietzsche II 403 (Also sprach Zarathustra, 3. Teil, Der Wan-
     derer).

39 Karl Noetzel, Östliche Weisheit, gesammelt und übersetzt
     von Karl Noetzel, Verlag der Greif Walther Gericke, Wies-
     baden 1954 (zuvor schon bei Söcking über Starnberg, Bach-
     mair 1946), S. 9.

Dankbar und bescheiden werden

1 Hellmut Brunner, Die Weisheitsbücher der Ägypter, Düs-
    seldorf/Zürich 1991, S. 134.

2 Homer, Odyssee, 18, 23 f.

3 Durant, 8, 62.

4 Ricarda Huch, Untergang des Römischen Reiches Deut-
    scher Nation, Frankfurt am Main 1954, S. 218 f.

5 Zitiert nach Wanderlust. Von Caspar David Friedrich bis
    Auguste Renoir, Katalog zur Ausstellung vom 10. Mai bis
    16. September 2018, Alte Nationalgalerie, München 2018,
    S. 45.

6 Jacob Burckhardt, Kunst und Kultur der Renaissance in Ita-
    lien, Stuttgart 1987, S. 329; dort heißt es: »verlassen sich
    selbst darob«.

7 Goethe, 17, S. 490 (Wilhelm Meisters Wanderjahre, erweiterte Fassung 1829, 2. Buch, 10. Kap.). Dazu noch die Abwandlung: »Steine sind stumme Lehrer, sie machen den Beobachter stumm, das Beste, was man von ihnen lernt, ist nicht mitzuteilen.« Goethe, 17, S. 703 (aus Makariens Archiv).

8 Schopenhauer, Die Welt als Wille und Vorstellung, 3. Buch, § 39, zitiert nach Wanderlust. Von Caspar David Friedrich bis Auguste Renoir, Katalog zur Ausstellung vom 10. Mai bis 16. September 2018, Alte Nationalgalerie, München 2018, S. 29.

9 Nach Schiller soll das Erschauern eine ganzheitliche Läuterung im Sinne einer aristotelischen Katharsis herbeiführen. Wanderlust. Von Caspar David Friedrich bis Auguste Renoir, Katalog zur Ausstellung vom 10. Mai bis 16. September 2018, Alte Nationalgalerie, München 2018, S. 28.

10 Nestle, Griechische Lebensweisheit, S. 27 (Theognis).

11 Kaibara Ekiken, S. 31.

12 Jean-Jacques Rousseau, Schriften Bd. 2, hrsg. von Henning Ritter, Frankfurt am Main 1988, S. 724 (Träumereien eines einsamen Spaziergängers, 7. Spaziergang).

13 Ebenda, S. 718.

14 Zitiert nach Ekiken, S. 49.

15 Seneca (Rosenbach), Über die Wohltaten 4, 34, 4 f.

16 Ebenda, S. 718 f.

17 Deutsches Sprichwörter-Lexikon, hrsg. von Karl Friedrich Wilhelm Wander, Bd. 1–5; Wiederabdruck, Darmstadt: Wissenschaftliche Buchgesellschaft, 1964, Artikel »Wandeln«.

18 Bissing, S. 45; im Text heißt es: »besitzt seine volle Erleuchtung«.

19 Liederdichtung und Spruchweisheit der alten Hellenen, ausgewählt und übersetzt von Lorenz Straub, Verlag W. Spemann, Berlin und Stuttgart ohne Jahreszahl, S. 87.

20 Kungfutse, Schulgespräche, 2, 1; statt der »Weise« steht im Text der »Edle«.

21 Capelle, S. 66.

22 Mong Dsi (Mong Ko), übersetzt und erläutert von Richard Wilhelm, Jena 1916, III B 1 (S. 61); im Text steht »Mann« für »Mensch«.

23 Nestle, Nachsokratiker, II, 90. Text geringfügig ergänzt.

24 Mahavagga, V, 1, 15 f. (aus einem Gespräch Buddhas mit seinem Schüler Sona); zitiert nach Hermann Oldenburg, Buddha. Sein Leben. Seine Lehre. Seine Gemeinde, hrsg. von Helmuth von Glasenapp, Magnus Verlag, Stuttgart (ohne Jahresangabe), S. 201. Ebenda, S. 185: Es kommt auf das »Gleichmaß der Kräfte, das innere Ebenmaß« an, nicht auf den Erfolg.

25 Bhagavadgita, 2, 47 f.

26 Kungfutse, Schulgespräche, 15, 8.

27 Schwarz, S. 200. »Nichts tun (chin. wu wei)« ist ein klassischer Ausdruck dieser Richtung der altchinesischen Philosophie, dem Daoismus. Er bedeutet nicht Untätigkeit, sondern Vermeidung eines berechnenden, gewaltsamen Eingreifens in natürliche Geschehensabläufe, vergleichbar der Zerstörung unserer natürlichen Umwelt, die wir im Augenblick betreiben. Manche asiatischen Kampfarten beruhen auf dem Prinzip, ohne eigenen Kraftaufwand den Angriff des Gegners abzulenken und gegen ihn selbst zu wenden, um auf diese Weise den Kampf für sich zu entscheiden.

28 Vgl. Konfuzius, I, 10 (Ü. Wilhelm): »Unser Meister ist milde, einfach, ehrerbietig, mäßig und nachgiebig: dadurch erreicht er es.«

29 Brüll, S. 261.

30 Kungfutse, Schulgespräche, 20, 2; im Text steht »der Edle« für »der Weise« ohne größeren Unterschied.

31 Das ist der Sinn der Stelle in der Ilias 24, 525 ff.: »Denn es

stehn zwei Fässer gestellt an der Schwelle Kronions, / Voll das eine von Gaben des Wehs, das andre des Heiles. / Wem nun vermischt austeilet der donnerfrohe Kronion, / Solcher trifft abwechselnd ein böses Los, und ein gutes. / Wem er allein des Wehs ausgeteilt, den verstößt er in Schande; / Und herznagende Not auf der heiligen Erde verfolgt ihn, / Daß, nicht Göttern geehrt noch Sterblichen, bang' er umherirrt. ... / Duld es (das zweigeteilte Schicksal), und jammere nicht so unablässig im Herzen ...«

32 Kungfutse, Schulgespräche, 15, 8.

33 Nach dem römischen Dichter Terenz. Der berühmte Ausspruch dürfte wohl auf den griechischen Dichter Menander zurückgehen; vgl. Lorenz Straub, Liederdichtung und Spruchweisheit der Alten Hellenen, Verlag W. Spemann, Berlin und Stuttgart ohne Jahresangabe, S. 505; Nestle, Griechische Lebensweisheit, S. 239.

34 Bissing, S. 94.

Das richtige Maß finden

1 Laotse, Nr. 77. Text geringfügig geändert.

2 Horst Rüdiger, Griechische Lyriker, übersetzt und erläutert von Horst Rüdiger, Gütersloh 1967, S. 164.

3 Capelle, S. 444: »Wer wohlgemut leben will, der darf nicht vielerlei treiben, weder in eigener noch in öffentlicher Sache. Und was er auch treibt, darf seine eigene Kraft und Begabung nicht übersteigen. Er muss vielmehr so scharf auf seiner Hut sein, dass er sich selbst dann, wenn das Glück über ihn kommt und ihn allem Anschein nach emporführen will, nicht darum kümmert und nichts anfasst, was über seine Kräfte geht. Denn rechtes Maß ist sicherer als Übermaß.«

4 Capelle, S. 444.

5 Bissing, S. 93 f; im Text steht »hochmütig« für »übermütig«.

6 Laotse, Nr. 29.

7 Brüll, S. 136 (Jakuan Sôtaku).

8 Kungfutse, Schulgespräche, 7, 7.

9 Schwarz, S. 236; ganz ähnlich spricht Platon von einer Messkunst, Platon, Protagoras, 357a.

10 Dhammapada, 7.

11 Adolf Ehrmann, Die Literatur der Ägypter, Leipzig 1923, S. 167 (Klagen des Landmanns).

12 Schwarz, S. 236; Text geringfügig geändert.

13 Konfuzius, VI, 29; im Text steht »Tugend« statt »Weisheit«; ich setze hier wie auch sonst beide Begriffe gleich, »weil die Weisheit gleichsam die Seele jeder Tugend« ist (so Apelt, Anm. zu Platon, Staat, 444 C ff.). Ein Echo auf das Zitat des Konfuzius vernehmen wir bei dem frühen griechischen Dichter Hesiod, Werke und Tage, S. 694: »Wahre die richtige Mitte; solch Maß ist in allem das beste.«

14 Schwarz, S. 305 (aus: »Satzungen der Schrift«, um 190 v. Chr., unbekannter Text, der 1973 gefunden wurde und auf Aussprüche des Laotse zurückgehen soll). Text geringfügig geändert.

15 Das Buch der Riten, Sitten und Gebräuche, S. 134; Satzbau geringfügig geändert.

16 Plutarch, Lebensklugheit und Charakter, aus der »Moralia«, ausgewählt, übersetzt und eingeleitet von Rudolf Schottlaender, Leipzig 1979, S. 271 f; Text geringfügig geändert.

17 Konfuzius, VII, 33: »Konfuzius sprach: Was Wissen und Bildung angeht, so stehe ich anderen Leuten nicht nach. Aber mich selbst im praktischen Leben immer wie ein Weiser zu verhalten – das habe ich noch nicht erreicht.« Im Text steht »Edler« für »Weiser«.

18 Goldene Verse, 38 f., Dietrich Ebener, Griechische Lyrik, Sonderausgabe, Bayreuth 1985, S. 438.

1 Schwarz, S. 98.

2 Brüll, S. 27.

3 Nestle, Nachsokratiker, II, 56; im Text steht »tugendhaftes Leben« für »weises Leben«.

4 Cicero, IV, 70 f.; Text geringfügig umformuliert.

5 Thomas Mann, in: Über Arthur Schopenhauer, hrsg. von Gerd Haffmanns, 3. Auflage, Zürich 1981, S. 102.

6 Otto, S. 80.

7 Otto, S. 81; Pohlenz, Der hellenische Mensch, zu Tafel IV.

8 Otto, S. 78.

9 Upanischaden, S. 478/383 (Brihadaranyaka, 1, 2, 1); Heinrich Zimmer, Philosophie und Religion Indiens, Frankfurt am Main 1973, S. 118 f. Vgl. Kungfutse, Schulgespräche, 15, 6: »Es gibt eine Musik ohne Töne; dass ist die Freude.«

10 Lin Yutang, Weisheit des lächelnden Lebens, Stuttgart 1979, S. 398.

11 Otto, S. 115 f., S. 125.

12 Pohlenz, Der hellenische Mensch, S. 49.

13 Seneca, Philosophische Schriften (Rosenbach), IV, 7,1 und IV, 8,2.

14 Dazu Wilhelm Dilthey, Weltanschauung und Analyse des Menschen seit Renaissance und Reformation, in: Gesammelte Schriften, Bd. 2, S. 312 ff.

15 Marc Aurel, 4, 3.

16 Musô Soseki, zitiert nach Brüll, S. 41.

17 Otto, S. 66.

18 Seneca, IV, 86, Brief 90.

19 Jaeger, Bd. 2, S. 122; wird auch dem Bias von Priene zugeschrieben; schließlich Menandros: »Der Weise führt die ganze Habe bei sich selbst.« Liederdichtung und Spruchweisheit der alten Hellenen, ausgewählt und übersetzt von Lo-

renz Straub, Verlag W. Spemann, Berlin und Stuttgart ohne Jahreszahl, S. 503.

20 Nestle, Vorsokratiker, S. 104.

21 Capelle, S. 442 f.

22 Platon, Phaidros, 279A/B.

23 Jaeger, Bd. 3, S. 306.

24 Das Buch der Riten, Sitten und Gebräuche, S. 49, statt »Weiser« steht im Text »Edler« ohne größeren sachlichen Unterschied.

25 Schwarz, S. 337; vgl. Übersetzung Wilhelm in: Das Buch der Riten, Sitten und Gebräuche, S. 32 f. mit wichtigen Anmerkungen.

26 Ebenda; im Text steht für der »weise Mensch« der »edle Mensch« – ohne größeren Unterschied; vgl. ebenda, S. 252 ff.

27 Laotse, Nr. 25; Übersetzung nach Graf Hermann Keyserling, Das Reisetagebuch eines Philosophen, 2 Bände, Darmstadt 1921, Bd. 2, S. 488.

28 Diels/Kranz, Die Fragmente der Vorsokratiker, 6. Auflage, Berlin 1952, Fr. 112, hier zitiert nach Hölscher, Heraklit über göttliche und menschliche Weisheit, in: Aleida Assmann, Weisheit. Archäologie der literarischen Kommunikation III, München 1991, S. 78 f.

29 I Ging, S. 272 ff. Man fühlt sich erinnert an Kants berühmtes Wort vom »gestirnten Himmel über mir und dem moralischen Gesetz in mir«.

30 Zitiert nach Luc Ferry, Leben lernen: Die Weisheit der Mythen, aus dem Französischen von Liz Künzli, München 2009, S. 213.

31 Goethe, 10, S. 36 (Entwurf einer Farbenlehre, 1. Abt. 38; Botanik, Fragmente, Pflanzen und Tiere).

32 Zitiert nach dtv-Lexikon der Goethe-Zitate, hrsg. von Richard Dobel, München 1972, zu »Systole« (Botanik, Fragmente, Pflanzen und Tiere). Dazu noch: Goethe, 14, S. 292

(Tages- und Jahres-Hefte 1820): »Da gewahrt' ich denn, daß eine Systole und Diastole immerwährend in mir vorging.« Goethe, 11.1.2, S. 12 (West-östlicher Divan, Buch des Sängers, Talismane): »Im Atemholen sind zweierlei Gnaden: / die Luft einziehen, sich ihrer entladen; / jenes bedrängt, dieses erfrischt; / so wunderbar ist das Leben gemischt. / Du danke Gott, wenn er dich preßt, / und dank ihm, wenn er dich wieder entläßt.«

33 Brüll, S. 15 f.

34 Platon, Philebos, 31. Das geht zurück auf den Vorsokratiker Pythagoras, für den die Seele »eine Art Harmonie« war. Apelt, VII,I 5 aE; übersetzt: »besäße eine Harmonie«. Vgl. Capelle, S. 483: »Denn auch die Harmonie sei eine Mischung und Vereinigung entgegengesetzter ›Kräfte‹ und der Körper sei aus entgegengesetzten ›Stoffen‹ zusammengesetzt.« Vgl. noch Platon, Phaidon, 86 B/C.

35 Der Gelbe Kaiser. Das Grundlagenwerk der chinesischen Medizin, hrsg., kommentiert und übersetzt von Maoshing Ni, aus dem Englischen von Ingrid Fischer-Schreiber, 2. Auflage, Bern u.a. 1999, S. 37; Satzbau angepasst.

36 Seneca, Philosophische Schriften, III, 15 ff. (Briefe an Lucilius, Nr. 7).

37 Jean-Jacques Rousseau, Schriften Bd. 2, hrsg. von Henning Ritter, Frankfurt am Main 1988, S. 755 (Träumereien eines einsamen Spaziergängers, 9. Spaziergang).

38 Ebenda, S. 741 (8 Spaziergang). Vgl. »Weißt du nicht, dass die Bäume der Reichtum des Landes sind?« Alter babylonischer Sinnspruch, zitiert nach Harald Braem, Der Löwe von Uruk, 5. Auflage, München und Zürich 1992, S. 6.

39 Ebenda, S. 759 (10. Spaziergang).

40 Dhammapada, Vers 6.

Zur inneren Ruhe finden

1 Brunner, S. 331, zuvor Brunner, S. 332; statt »Mensch« steht im Text »Mann«.

2 Brüll, S. 186; Text geringfügig geändert.

3 Richard Wilhelm/C. G. Jung, Geheimnis der Goldenen Blüte. Das Buch vom Bewußtsein und Leben, aus dem Chinesischen übersetzt und erläutert von Richard Wilhelm. Mit einem Europäischen Kommentar von C.G. Jung, München 1986, S. 80. Vgl. Anmerkung Moritz zu Konfuzius, VI, 23. Das »Stirb und werde« bezieht sich auf die berühmten Schlussverse von Goethes Gedicht »Selige Sehnsucht«: »… Und solang du das nicht hast, / Dieses: Stirb und werde! / Bist du nur ein trüber Gast / Auf der dunklen Erde.«

4 Konfuzius, VI, 23 (anders Wilhelm, VI, 21).

5 P. Ulrich Neumann, zitiert nach Greshake, S. 30.

6 Goethe, 17, S. 493.

7 I Ging, S. 192 f.

8 I Ging, S. 192 f.

9 Schwarz, S. 204 (Zhuangzi).

10 I Ging, S. 98; im Text steht »entnommen«, möglicherweise ein Übertragungsfehler.

11 Schopenhauer, Über Arthur Schopenhauer, hrsg. von Gerd Haffmanns, 3. Auflage, Zürich 1981, S. 101.

12 Heinrich Zimmer, Philosophie und Religion Indiens, Frankfurt am Main 1973, S. 26 f.; abschließend heißt es noch: »… der geistige Mensch ist frei von Werken; der berufene Heilige ist frei vom Namen.«

13 Zhuangzi, I, 1.

14 Nietzsche II 404 (Also sprach Zarathustra, 3. Teil, Der Wanderer).

15 Bissing, S. 110.

1 Patañjali, II, 42.

2 Brüll, S. 52.

3 Kaibara Ekiken, S. 39 f.

4 Lehre des Papyrus Chester Beatty IV, aufgeschrieben zur Ramessidenzeit (13.-12. Jh. v. Chr.), Brunner, S. 229 mit folgender Anmerkung: Das Krokodil steht vielfach als Beleg für die Gefahren des Lebens.

5 Nach Zhuangzi, V, 4; Interpunktion geringfügig geändert.

6 Seneca, III, 59, Brief 17; Text geringfügig geändert.

7 Upanischaden, S. 330/256 (Maha-Narayana, 63, 4 f.).

8 Liä Dsi, VI, 5.

9 Epikur, S. 102 f.

10 Schwarz, S. 334 f; vgl. Zhuangzi: Wer die äußeren Verstrickungen des Herzens löst, die »zerwühlen die Brust, der hat das Rechte Maß gefunden; wer das Rechte Maß gefunden hat, besitzt die Stille; wer Stille besitzt, besitzt Klarheit; wer Klarheit besitzt, dessen Herz ist so leer, dass es allem gegenüber offen steht; wer diese Art Leere besitzt, der tut nichts, und nichts bleibt ungetan.« Schwarz, S. 200; auch hier klingen die zwei Ebenen des Lebens an.

11 Sir Edmund Hillary. In der Einleitung zu dem schönen Büchlein *K3-Wandern* der österreichischen Bergwanderführerin Gaby Schuler wird das »K3-Gipfelerlebnis« dahin beschrieben, dass wir »den Berg in uns selbst bezwingen« und so zu innerer Zufriedenheit und Gelassenheit als einem »ganz speziellen Glücksgefühl« gelangen.

12 Brüll, S. 243 (Manyoshu, anonym).

13 Marc Aurel, Selbstbetrachtungen, 8, 48; Übersetzung in Anlehnung an die Übersetzung von Rainer Nickel, in: Marc Aurel, Wege zu sich selbst, München und Zürich 1992.

1 So endet ein Text aus einem ägyptischen Papyrus, der den »Streit eines Lebensmüden mit seiner Seele« enthält. Die Stelle lautet im Zusammenhang: »Da öffnete ich meinen Mund zu meiner Seele, damit ich ihr Antwort gäbe auf das, was sie gesagt hatte. Das ist zu viel für mich, dass meine Seele mit mir nicht übereinstimmt. Das geht ja über jedes Maß hinaus! Es heißt, mich im Stich lassen. Meine Seele soll nicht fortgehen, sie soll mir beistehen ... Wenn meine Seele auf mich, den Sündelosen, hört, und wenn mein Herz mit mir einig ist, so wird sie selig sein.« Bissing, S. 124 f.

2 Kaibara Ekiken, S. 42.

3 Maitri-Up., Buch 6, 34.3, zitiert nach Eknath Easwaran, Die Upanischaden, eingeleitet und übersetzt von Eknath Easwaran, München 2008, S. 414; ebenso die Einleitungsverse des Dhammapada von Buddha, ebenda.

4 Nach Nestle, Nachsokratiker, II, 203.

5 Kungfutse, Schulgespräche, 15, 6; im Text steht »Freude« für »Glück«. Anmerkung 6 zu Kap. 27 (S. 216): »Das chinesische Wort für Musik und Freude ist dasselbe.«

6 Zitiert nach Pohlenz, Der hellenische Mensch, S. 361.

7 Bhagavadgita, 2, 55.

8 Zhuangzi, XXIV, 11.

9 Pohlenz, Die Stoa, Bd. 1, S. 116 f.

10 Vollständiges Zitat im Kapitel »Dankbar und bescheiden werden«, Anmerkung 10.

11 Die sog. Oikeiosis-Lehre; dazu Diogenes Laertios, VII, 85-87; Cicero, De finibus bonorum et malorum. Über das höchste Gut und das größte Übel, übersetzt und hrsg. von Harald Merklin, Stuttgart 1989, III, 16; Wörterbuch der antiken Philosophie, hrsg. von Christoph Horn und Christof Rapp, München 2002, S. 304 f.

12 Seneca, III, 116, Brief 31.

13 Odyssee. 1. Gesang, Vers 32 ff.

14 Diels/Kranz, Die Fragmente der Vorsokratiker, 6. Auflage, Berlin 1952, Fr. 119.

15 Zitiert nach https://www.aphorismen.de/zitat/65276, zuletzt abgerufen am 06.12.2018.

16 Viktor E. Frankl, Psychotherapie für den Laien. Rundfunkvorträge über Seelenheilkunde, 9. Auflage, Freiburg i.Br. 1981, S. 156. Gerne zitierte er das Goethe-Wort: »Es gibt keine Situation, die man nicht veredeln könnte, entweder durch Leisten oder durch Dulden«, ebenda, S. 149. Das Goethe-Zitat stammt aus »Maximen und Reflexionen«, Nr. 856 (Hecker), Goethe, 17, S. 869.

17 Bissing, S. 91.

18 Bissing, S. 94.

19 Ebenda.

20 Brüll, S. 233.

21 Cicero, V, 47.

22 Seneca, III, 276, Brief 70.

23 Brihadaranyaka-Up., Buch 4, 5, Widmung von Eknath Easwaran, Die Upanischaden, eingeleitet und übersetzt von Eknath Easwaran, München 2008.

24 Jaeger, Bd. 3, S. 42 (nach Epidemi VI, 5,5, einer Hippokratischen Schrift).

25 Kaibara Ekiken, S. 51.

26 Kaibara Ekiken, Regeln zur Lebenspflege (Yōjōkun), aus dem Japanischen übersetzt von Andreas Niehaus und Julian Braun, München 2010, S. 193.

27 Dank an Soon-Ok Schalke.

28 Capelle, S. 441.

Das einfache Leben

1 Zhuangzi, XX, 3.

2 Epikur, S. 108; vgl. Kapitel »Den Schritt anhalten«, Anmerkung 3.

3 Konfuzius, VII, 16.

4 Hesiod, Werke und Tage, 289 ff.

5 Schopenhauer während einer Harzreise 1811, zitiert nach Rüdiger Safranski, Schopenhauer und die wilden Jahre der Philosophie, München 1987, S. 161.

6 Seneca, Philosophische Schriften (Rosenbach), Briefe an Lucilius, 6, 1 f. (lat. transfigurari).

7 Das Buch der Riten, Sitten und Gebräuche, S. 34.

8 Ebenda, S. 120.

9 Alexander Demandt, Zeit und Unzeit. Geschichtsphilosophische Essays, Köln, Weimar, Wien 2002, S. 5.

10 Periander, Artikel »Periander« in Wikipedia; dort allerdings in der auch möglichen Übersetzung: »Habe das Ganze im Sinn.«

11 Aristoteles, Eudemische Ethik, übersetzt von Franz Dirlmeier, Berlin 1962, II, 2 1220b1 ff.

12 Seneca, IV, 138, Brief 94 (nach Ariston von Chios).

13 Zitiert in Anlehnung an Pohlenz, Die Stoa, Bd. 1, S. 305 (Seneca, Von der Kürze des Lebens, 15, 3).

14 Platon, Staat, 395 (Loewenthal).

15 Nach Luck, S. 368 (Favorinus).

16 Walther Heissig, Wort aus tausend Jahren. Weisheit der Steppe, Verlag der Greif, Wiesbaden (ohne Jahresangabe), S. 44.

17 Ebenda, S. 50. Text geringfügig geändert.

18 I Ging, S. 265 f; aus der »großen Abhandlung«, § 7.

19 Luck, S. 214 (aus einem Krates zugeschriebenen Brief).

20 Zitiert nach Konfuzius, Gespräche in der Morgenstille. Ausgewählt und übertragen von Victoria Contag, Zürich 1964.

21 Das Buch der Riten, Sitten und Gebräuche, S. 211.

22 Horaz, Sämtliche Werke, Lateinisch – Deutsch, hrsg. von Hans Färber, übersetzt von Färber, Wilhelm Schöne u. a., München 1957, 2 Bände in einem, Briefe, Buch 1, 1.

23 Kaibara Ekiken, Regeln zur Lebenspflege (Yōjōkun), aus dem Japanischen übersetzt von Andreas Niehaus und Julian Braun, München 2010, S. 75.

24 Laotse, Nr. 37.

25 Konfuzius, I, 10 (Ü. Wilhelm); vgl. Buch der Riten, Sitten und Gebräuche, S. 52: »Des Weisen Weg ist schmucklos, aber man wird seiner nie müde; er ist einfach, aber geordnet ...«; statt »Weiser« steht dort »Edler«, was aber nicht weit auseinanderliegt.

26 Konfuzius, VI, 9.

27 Deutsches Sprichwörter-Lexikon, hrsg. von Karl Friedrich Wilhelm Wander, Bd. 1–5; Wiederabdruck, Darmstadt: Wissenschaftliche Buchgesellschaft, 1964, Stichwort »Wandeln«.

28 Zitiert nach Karl August Fritz, Weisheiten der Völker, Köln 2003, S. 334.

29 Epiktet, Teles und Musonius, S. 272 f. Zu Aglaos von Psophis: Plinius, Die Naturgeschichte des Caius Plinius Secundus, übersetzt von G. C. Wittstein, Wiesbaden 2007, 7. Buch 151: »Dies war ein alter Mann, der in der engsten Spitze Arkadiens ein kleines, aber für seinen Lebensunterhalt völlig hinreichendes Landgut bebaute, dasselbe niemals verlassen und (wie aus seiner Lebensweise deutlich hervorgeht) bei den geringsten Wünschen nicht das mindeste Unglück in seinem Leben erfahren hatte.« Schreibweise und Text geringfügig geändert.

30 Seneca, Sämtliche Tragödien, Lateinisch – Deutsch, übersetzt von Theodor Thomann, 2 Bände, 2. Auflage, Zürich 1978 (Phaedra, Verse, 483 ff.).

31 Schwarz, S. 296 und Liä Dsi, IV, 7.

32 Brüll, S. 51.

33 Pohlenz, Der hellenische Mensch, S. 94 f.

34 Zhuangzi, XX, 2; der Übersetzer Richard Wilhelm übersetzt Dao/Tao stets mit SINN; hier, wie auch anderes, geringfügig geändert.

35 Bias von Priene; Diogenes Laertios, I, 87. Ebenso Epicharm, Diels/Kranz, Die Fragmente der Vorsokratiker, 6. Auflage, Berlin 1952, Fr. 23 B 24.

36 Quelle unbekannt.

37 Epikur, S. 61 und 120.

38 Kaibara Ekiken, S. 40.

39 Hermann Hesse, Die Gedichte, Frankfurt am Main 1992, S. 209 (Reine Lust).

40 Kaibara Ekiken, S. 36, 38.

Gelassen und duldsam leben

1 Zhuangzi, VI, 1.

2 Goethe, 17, S. 238 (Schlussworte aus Wilhelm Meisters Wanderjahre, 1821).

3 Nach Lin Yutang, der Chin Shent'an zitiert, in Lin Yutang, Weisheit des lächelnden Lebens, Stuttgart 1979, S. 386 und 389; für »Wanderer« steht im Text »Reisender«.

4 Zhuangzi, XXVII, 11; im Text steht der »Berufene« für der »Weise« ohne größeren Bedeutungsunterschied.

5 Max Kaltenmark, Lao-tzu und der Taoismus, Frankfurt am Main 1981, aus dem Französischen von Manfred Porkert, S. 22. Für »die dir nicht guttun« steht im Text »die dir zu nichts frommen«.

6 Zhuangzi, VI, 1; Text geringfügig geändert.

7 Liä Dsi, I, 12.

8 Zhuangzi, VI, 3.

9 Das Buch der Riten, Sitten und Gebräuche, S. 374.

10 Zitiert nach Emil Ludwig, Goethe. Geschichte eines Menschen, Bertelsmann Lesering, Hamburg (ohne Jahreszahl), S. 116. Zum Ideal der inneren Freiheit als Grundzug der griechischen Lebensauffassung: Heinrich Gomperz, Die Lebensauffassung der griechischen Philosophen und das Ideal der inneren Freiheit. Zwölf gemeinverständliche Vorlesungen. Jena und Leipzig 1904.

11 Martin Heidegger, Gelassenheit, Pfullingen 1959, S. 15, 32 f., 24 f.

12 Ebenda, S. 18.

13 Marc Aurel, 5, 16.

14 Seneca, II, 90 f (Von der Gemütsruhe). Bei den alten Griechen hieß diese Fähigkeit »Tragekraft«, gr. tlemosyne, die Standhaftigkeit im Ertragen von Leiden und Mühen.

15 Brunner S. 382.

16 Deutsches Sprichwörter-Lexikon, hrsg. von Karl Friedrich Wilhelm Wander, Bd. 1–5; Wiederabdruck, Darmstadt: WBG, 1964, Stichwort »Wandersmann«.

17 Marc Aurel, 10, 14; im Text steht »Mann« statt »Mensch«.

18 Nestle, Griechische Lebensweisheit, S. 28 (Vers 1029); vgl. Homer, Odyssee, 20, 18: »Dulde, o Herz! Du hast noch härtere Kränkung erduldet« und Homer, Ilias, 5, 382.

19 Inazo Nitobe, Bushido. Der Ehrenkodex der Samurai, aus dem Amerikanischen übersetzt von Kim Landgraf, Köln 2006, S. 102.

20 Zitiert nach Nestle, Griechische Lebensweisheit, S. 34 (Agamemnon, 176 f.).

21 Xenophon, S. 12. Vgl. den Ausspruch seines Schülers Antisthenes: »Wer ein tüchtiger Mann werden will, muss den Körper auf dem Sportplatz und die Seele durch Erziehung trainieren.« Luck, S. 74.

22 Platon, Staat, 604 C; Übersetzung leicht geändert.

23 Kungfutse, Schulgespräche, 14, 3.

24 Seneca, I, 181 (Vom Zorn, III, 25).

25 Epiktet, Teles und Musonius, S. 269; für »Milde« steht im Text »Sanftmut«, für »Mensch« »Mann«, für »es ist ja eng-stirnig« steht »es ist ja borniert«, für »Herabsetzung« »Un-bill«.

26 Lehre des Papyrus Chester Beatty IV, aufgeschrieben zur Ramessidenzeit (13.–12. Jh. v. Chr.), Brunner, S. 227.

27 Seneca, I, 110 (Vom Zorn, II, 10); Text geringfügig geändert.

28 Seneca, III, 353, Brief 81.

29 Cicero, IV, 62 f.

30 Epiktet, Teles und Musonius, S. 121 (III, 20). Der Hermes-stab war nach griechischer Mythologie ein Geschenk des Apollon und verwandelte alles, was er berührte, in Gold.

31 Ekiken, S. 33.

32 Luck, S. 21 f.

Die Vergänglichkeit annehmen

1 Zitiert nach Durant, 8, 427.

2 Heinrich Zimmer, Philosophie und Religion Indiens, Frank-furt am Main 1973, S. 177.

3 Zitiert nach Eknath Easwaran, S. 180. Der ganze irdische Bereich wird in dieser Lehre »Mara«, der Tod, genannt.

4 Heinrich Zimmer, Mythen und Symbole in indischer Kunst und Kultur, in: Gesammelte Werke, Zürich 1951, Bd. 1, S. 12.

5 Griechisch »brotos« oder »thnetos«.

6 Zitiert nach Irvin D. Yalom, In die Sonne schauen. Wie man die Angst vor dem Tod überwindet, 7. Auflage, München 2008, S. 40. Auf S. 37 heißt es ferner: »Die Bewusstheit des

Todes kann als Weckruf dienen, als nützlicher Katalysator für immense Veränderungen in unserem Leben.« Vgl. Psalm 90: »Lehre uns, dass wir sterben müssen, auf dass wir klug werden.«

7 Seneca, IV, 130, Brief 94.

8 Seneca, I, 240 (Trostschrift an Marcia).

9 Seneca, II, 213. In einem Brief an seinen Freund Lucilius gibt er ihm folgenden Rat: »Ich aber lege dir ein Heilmittel ans Herz, das nicht nur für diese Krankheit gilt, sondern für das ganze Leben: sieh den Tod als gleichgültig an, so gibt es nichts Trauriges mehr.« Seneca III 328 Brief 78.

10 Lukrez, Vom Wesen des Weltalls, übersetzt und eingeleitet von Dietrich Ebener, Berlin und Weimar 1994, I, 626.

11 Liä Dsi, S. 132 f (VII, 12); Text geringfügig geändert.

12 Schwarz, S. 291 ff. = Liä Dsi I, 4.

13 Bissing, S. 141; im Text steht »Weiber« statt »Frauen«.

14 Liä Dsi, S. 133 f (VII, 13).

15 Hermann Oldenburg, Buddha. Sein Leben. Seine Lehre. Seine Gemeinde, hrsg. von Helmuth von Glasenapp, Magnus Verlag, Stuttgart (ohne Jahresangabe), S. 231 (Therigatha, 51).

16 Horst Rüdiger, Griechische Lyriker, übersetzt und erläutert von Horst Rüdiger, Gütersloh 1967, S. 154.

17 Nestle, Griechische Lebensweisheit, S. 38.

18 Jaeger, Bd. 1, S. 246.

19 Ebenda, Bd. 1, S. 247.

20 Ebenda, Bd. 1, S. 248. Uvo Hölscher weist darauf hin, dass das griechische Wort für Leben »bios« auch den todbringenden Bogen bedeutet, mithin für Heraklits These von der Einheit der Gegensätze steht. Uvo Hölscher, Heraklit über göttliche und menschliche Weisheit, in Aleida Assmann, Weisheit. Archäologie der literarischen Kommunikation III, München 1991, S. 78.

21 Zitiert nach Durant 1, 396 (Gilgamesch-Epos, 10. Tafel). Vgl. dazu Harald Braem, Der Löwe von Uruk, 5. Auflage, München und Zürich 1992, S. 425: »Nimm jeden Tag, wie er sich bietet, und gestalte ihn wie ein Fest. Ergötze dich an ihm, als sei er ein Geschenk, das dir nur einmal gegeben wird. Jeder Tag ist einmalig, unvergleichbar jedem anderen. Wenn du Vergleiche zwischen gestern und morgen ziehst, zwischen dem, was war, und dem, wie du es dir wünschst, versäumst du das Wichtigste schon. Denn wer zu viel denkt und sich Sorgen macht, verliert die Schönheit des Augenblicks. Warum immer nach einem Mehr suchen, das nicht erreichbar ist, und dafür die Freude der Jetztzeit schmälern?«

22 Schwarz, S. 298.

23 Zitiert nach Ludwig Friedländer, Der Philosoph Seneca, in: Maurach (Hrsg.), Seneca als Philosoph, Darmstadt 1975, S. 145. Statt »ein Ziel dem Leben zu setzen« wird auch übersetzt: »dem Leben ein Ende zu setzen«, so Seneca, Sämtliche Tragödien, Lateinisch–Deutsch, übersetzt von Theodor Thomann, 2 Bände, 2. Auflage, Zürich 1978, Bd. 2, Agamemnon, 605 ff.

24 Epikur, S. 101.

25 I Ging, S. 64; zum 11. Doppelzeichen: »Der Friede«.

26 Ebenda.

27 Upanischaden, S. 347/271 (Kathaka-Up., 1, 26–28); und weiter heißt es: »Wer, der geschmeckt hat, was nicht stirbt, nicht altert, / Hier unten steht und weiß sich altern, sterben, / Und wägt die Farbenpracht und Lust und Freuden, / Wer mag an längerem Leben Freude haben!«

28 Shankara, Das Kleinod der Unterscheidung, Bern u. a. 1981, S. 90.

29 Luck, S. 94 f. Weiter heißt es: »Was ist denn mein? Der Gebrauch meiner Vorstellungen. Er hat mir bewiesen, dass nie-

mand störend in diesen eingreifen, ihn beeinflussen, ihn hindern, dass niemand mich zwingen kann, meine Vorstellungen anders zu gebrauchen als so, wie ich will.«

30 Die Weisheit Japans, Wilhelm Heyne Verlag, München 1979 (ohne Seitenangaben); hier zitiert nach: Wikipedia, Artikel »Yoshida Kenkô«, zuletzt abgerufen am 20.09.2018.

31 Zhuangzi, XXII, 5.

32 Zum Zeitpunkt der Abfassung dieses Textes, 2018, war er 87 Jahre alt.

33 Focus (2012) Heft 51/12, S. 108; Handelsblatt, 14.01.2010: Als Bettelmönch soll er Glücksgefühle erfahren haben, die er vorher nicht kannte. Er soll viel lachen und stets heiter, gelöst und fröhlich auftreten. Auch als Mönch soll er weiterhin dem Konzern als Ratgeber zur Verfügung gestanden haben. Von der japanischen Regierung wurde er als 77-Jähriger gebeten, die Japan Airlines zu sanieren. Er ist Stifter des renommierten Kyoto-Preises für überragende Leistungen in Wissenschaft und Kunst.

34 Brief Goethes an Charlotte von Stein vom 06.09.1780; nach Goethes Briefe, Hamburger Ausgabe, hrsg. von Karl Robert Mandelkow, München 1988, I, 314 (Schreibweise geändert).

35 Goethes Gespräche, Biedermannsche Ausgabe, ergänzt und hrsg. von Wolfgang Herwig, Zürich 1969, III, 2, 811 (Nr. 6896).

36 Luck, S. 190, Anm. Luck, S. 510: »Man könnte diesen bemerkenswerten Text fast als eine kynische Eschatologie bezeichnen. Es geht um die Einübung des Todes, die im sokratischen Sinne das Ziel der Philosophie ist …« Luck bezieht sich hier auf eine berühmte Stelle bei Platon – Phaidon, 67 –, wo er die Philosophie als eine »Übung im Sterben« bezeichnet: »In der Tat also, o Simmias, trachten die richtig Philosophierenden danach, zu sterben, und der Tod ist ihnen unter allen Menschen am wenigsten furchtbar.« Der Kynismus

war eine philosophische Richtung, die sich auf Sokrates berief und aus der die Stoa entsprang.

37 Epiktet, III, 23, hier zitiert nach Luc Ferry, Leben lernen: Eine philosophische Gebrauchsanweisung, München 2006, S. 62 f.

38 Thich Nhat Hanh, Das Herz von Buddhas Lehre, aus dem amerikanischen Englisch von Irene Knauf, 3. Auflage, Freiburg i. Br. 1999, S. 112 f.

39 Demokrit, Fragmente zur Ethik, übersetzt von Gred Ibscher, Stuttgart 2007, S. 29, Fr. 285.

40 Béla Hamvas, Die Melancholie der Spätwerke, übersetzt von Akos Doma, Berlin 2008, S. 56 f.

41 Ebenda, S. 46 f. Vgl. Heidegger: »Das Leben schrumpft, wenn der Tod geleugnet wird.«; zitiert nach Meinolf Peters, Leben in begrenzter Zeit: Beratung älterer Menschen, Göttingen 2011, S. 23.

42 Goethe, 5, S. 134 (Wilhelm Meisters Lehrjahre, 2. Buch, 13. Kap.).

43 Nietzsche, II, 558 (Also sprach Zarathustra, 4. Teil, Das trunkene Lied 12).

44 Liä Dsi, S. 19 (Buch der geheimen Ergänzungen, Nr. 16).

45 Nach Zhuangzi, XIV, 5: »Die Alten nannten das: Wanderschaft, bei der man die Wahrheit pflückt.« Vollständig: »Die höchsten Menschen der alten Zeit benützten die Liebe als Pfad und die Pflicht als Herberge, um zu wandern im Raum freier Muße. Sie nährten sich vom Feld der Wunschlosigkeit und standen im Garten der Bedürfnislosigkeit. Wandern in Muße ist Nicht-Handeln. Wunschlosigkeit ist leicht zu ernähren, und Bedürfnislosigkeit braucht keinen Aufwand. Die Alten nannten das: Wanderschaft, bei der man die Wahrheit pflückt.«

46 Zitiert nach Schwarz, S. 96 f. Satzbau geringfügig geändert.

47 Laotse Nr. 61. Vgl. dazu folgende Bemerkung des Übersetzers

Richard Wilhelm: »Denn aus der alten Weisheit des Buches der Wandlungen hatte er [Laotse] erkannt, dass das Wesen der Welt nicht ein statisch-mechanischer Zustand ist. Alles, was ist, ist eben deshalb dem Tode verfallen … Das Buch der Wandlungen enthält die Anschauung, dass die ganze Welt der Erscheinungen auf einem polaren Gegensatz von Kräften beruht; das Schöpferische und das Empfangende, die Eins und die Zwei, das Licht und der Schatten, das Positive und das Negative, das Männliche und das Weibliche, alles sind Erscheinungen der polaren Kräfte, die allen Wechsel und Wandel hervorbringen … das Schöpferische und das Empfangende vereinigen sich und erzeugen die Welt.« Ebenda, S. 130.

48 Das Buch der Riten, Sitten und Gebräuche, S. 205; für »Das Wasser« steht im Text »Es«.

49 Das Buch der Riten, Sitten und Gebräuche, S. 56.

50 Karl Noetzel, Östliche Weisheit, gesammelt und übersetzt von Karl Noetzel, Verlag der Greif Walther Gericke, Wiesbaden 1954 (zuvor schon bei Söcking über Starnberg, Bachmair 1946), S. 16.

51 Anmerkung Moritz zu Konfuzius IV, 15, S. 139.

52 Dazu Lutz Geldsetzer, Han-ding Hong, Chinesische Philosophie – eine Einführung, Stuttgart 2008 (1998), S. 109 ff., etwa S. 111: »Ersichtlich ist Wu Wei [Nicht-Handeln] dort am effektivsten, wo etwas [aus dem Nichts] entsteht und wo es wieder [ins Nichts] vergeht. Deshalb seine [Laotzes] Aufmerksamkeit auf Beginne und Anfänge und ebenso auf das Ende, das Scheitern, den Tod. Mit ihnen muss der Mensch umzugehen lernen, dann ist er in der Nähe des himmlischen Dao. … Gleichsam zur Einübung dieses Umgangs mit dem Nichts empfiehlt er Jung Guan … – Achten auf die Stille – und Xu Guan … – Achten auf die Leere: ›Schaffe Leere bis zum Äußersten! Wahre Stille und Ruhe!‹«

53 Etwa Epikur, S. 101 f.: »Die Sorge für ein edles Leben und

diejenigen für einen edlen Tod ist eine und dieselbe.« Vgl.
Seneca, II 123 (Von der Kürze des Lebens, Kap. 7).

54 Schwarz, S. 249 (Han Fei, ca. 280–233 v. Chr.).

55 Platon, Philebos, 55.

56 Durant, 3, 38.

57 Laotse Nr. 16.

58 Victor von Strauß, Tao Te King, übersetzt und kommentiert
von Victor von Strauß, Zürich 1959. Satzbau umgestellt.

59 Diels/Kranz, Die Fragmente der Vorsokratiker, 6. Auflage,
Berlin 1952, Fr. 119.

60 »Achtet das Leben gering und begrüßt als Freunde die To-
desgöttinnen, wie ihr sonst die Strahlen der Sonne grüßt!«
dichtete der Grieche Tytaios (7. Jh. v. Chr.). Liederdichtung
und Spruchweisheit der alten Hellenen, ausgewählt und
übersetzt von Lorenz Straub, Verlag W. Spemann, Berlin
und Stuttgart (ohne Jahreszahl), S. 98; Text geändert.

61 Nestle, Vorsokratiker, S. 158.

62 Issa, bedeutender japanischer Dichter (1763–1827); zitiert
nach Brüll, S. 169.

Die Menschen lieben

1 Brunner, S. 404 (ca. Anfang des 1. Jt. v. Chr.); im Text steht
»Anhänger« für »Freunde«.

2 Aristoteles, Politik, übersetzt und hrsg. von Olof Gigon,
München 1973, I, 2 (1253a25 ff).

3 Platon, Gastmahl, 206 B.

4 Cancik/Cancik-Lindemaer, Senecas Konstruktion des Sapi-
ens, in Aleida Assmann, Weisheit. Archäologie der literarischen Kommunikation III, München 1991, S. 206 Fn. 9.

5 Lukrez, Vom Wesen des Weltalls, übersetzt und eingeleitet
von Dietrich Ebener, Berlin und Weimar 1994, I, 17 ff.

6 Das Buch der Riten, Sitten und Gebräuche, S. 260.

7 Seneca III, 163, Brief 48.

8 Nach Konfuzius, XII, 22. Im Text steht für »Weisheit«: »Sittlichkeit« und »sittliches Verhalten«, womit das chinesische »ren« (Mitmenschlichkeit) übersetzt wird (ebenda, Anm. 156, 152), der höchste Wert in der Weisheitslehre des Konfuzius.

9 Mong, VII A 21. Im Text steht »der Edle« für »Weise«, ohne größeren sachlichen Unterschied.

10 Konfuzius, VI, 28.

11 Das Buch der Riten, Sitten und Gebräuche, S. 41 (Kap. »Maß und Mitte«). Text geringfügig geändert. Wörtlich: »Die Menschen gewinnt der Herrscher durch seine Person, er bildet seine Person durch den Weg, er bildet den Weg durch Menschlichkeit. Menschlichkeit bedeutet Menschentum. Die Liebe zu den Nächsten ist das Größte daran.« Text geringfügig geändert.

12 Nestle, Nachsokratiker, II, 86 (Hekaton von Rhodos).

13 Nestle, Vorsokratiker, S. 167 (Demokrit).

14 Das Buch der Riten, Sitten und Gebräuche, S. 54 f.; Text geringfügig geändert.

15 Goethe, 6.1, S. 98 (aus dem Gedicht »Perfektibilität«).

16 Zitiert nach Pohlenz, Der hellenische Mensch, S. 57. Fragment, wahrscheinlich aus Sophokles erstem dramatischen Werk (nicht erhalten).

Schluss

1 Hermann Hesse, Die Gedichte, Frankfurt am Main 1992, S. 305 (Reiselied).

2 Ekiken, S. 62.

Albert Kitzler

Philosophie to go

Große Gedanken für kleine Pausen

Unterwegs mit den großen Denkern der Antike: Philosophie to go verknüpft die Weisheit der antiken Philosophen mit Erfahrungen der Menschen von heute. Die zeitlosen Wahrheiten von Seneca, Buddha, Konfuzius und anderen verändern den Blick auf die kleinen und großen Fragen des Lebens und schaffen Klarheit im Getriebe des Alltags.

»Albert Kitzler trifft die Essenz
des menschlichen Daseins.«
WDR5